U0071326

近世人物志

晚清人物傳記復刻典藏本

金梁・編著　蔡登山・導讀

金梁與《近世人物志》

蔡登山

金梁（一八七八－一九六二），字息侯，別署瓜圃老人。是滿洲正白旗人，系出瓜爾佳氏。其先人自清初即奉調駐浙江杭州，遂居於杭州之乍浦。自幼受過比較良好的教育，早年即有神童之名。光緒二十七年（一九〇一）中舉人，光緒三十年（一九〇四）考中進士，授翰林院編修，是科舉時代最後一批進士之一。曾任京師大學堂提調、內城員警廳知事、民政部參議。辛亥革命前，曾在徐世昌、錫良、趙爾巽三任東三省總督下擔任奉天旗務處總辦兼管內務府辦事處事務，因此對瀋陽故宮的文物及滿文老檔進行過整理。他與余鐵珊、金月洲等就瀋陽故宮「翔鳳閣」一處所藏自唐代至清代的四百餘幅名貴書畫，根據乾隆年間的《石渠寶笈》體例，將這些作品進行分類梳理，輯為《盛京故宮書畫錄》，於一九一二年出版，成為瀋陽故宮的藏品典籍。而早在一九〇八年秋，金梁便開始整理、翻譯一百八十冊《滿文老檔》。一九一六年，他擔任奉天政務廳廳長後，再次組織人員編譯部分《滿文老檔》，然後出版。學者孔祥吉認為《滿洲老檔秘錄》的出版，為研究清朝入關前的歷史，提供了十分可信之史料，也對滿族歷史文化研究作出了貢獻。

據周簡段在〈金息侯智護國寶〉文中提到，一九〇八年八月，已卸任的英國駐印度陸軍總司令吉青納因與曾出使過印度的梁士詒有舊交，他對清廷庫藏在奉天的古瓷垂涎已久，因此託名遊覽北京，隨即向郵傳部尚書梁士詒提出想去奉天賞瓷的要求，梁士詒不敢怠慢，在獲得攝政王載灃允准後，隨即陪同前往瀋陽。當時隆裕太后為了討好外人，特諭金梁讓吉青納自挑兩件送給他。金梁不敢違旨，於是便將名貴的歷代古瓷悉數藏起來，僅將一批價值不高的小瓷器陳放在外。但狡詐的吉青納卻堅持要金梁開放其他藏瓷的庫房，以窺全豹。金梁表示沒有，吉青納卻出示圖片多幅，咬定某物定在某所。金梁仍不動聲色，吉青納無奈只得在開放的陳列中竭力搜刮。他先取了小瓶、小罇各一對，又拿了瓷盒兩隻。瓶罇皆呈雨過天青之蘋果綠色，俱係前朝精瓷。金梁阻攔不住，於是急找東三省總督錫良要說明情況。梁士詒在旁插話道：「既是上諭賞賜，也只好隨他便了。」金梁仍有不甘冷言嘲諷說：「向聞貴國實行一夫一妻制，君既自稱以瓷為妻，何乃今日多多益善耶？」吉青納無語，惟急將瓷瓶放入袋中，雙手各持小罇一隻，瓷盒無法攜帶，竟挾在腋下，然後眉開眼笑揚長而去。此事記載在金梁所著的《光宣小記》中，後來梁士詒的年譜亦有記載，但據《錫良遺稿》中宣統元年（一九〇九）九月初八日的搯奏古瓷是吉青納向清廷請求贈送的，而非為巴結英將而贈予的。不久，這件醜聞傳到英國，英政府以為有失國體，在吉青納歸國後，即被褫去軍職，永不錄用。而金梁勇護國寶之事，卻留為一段佳話。

金梁因是滿人，對清朝依舊充滿依戀之情。當武昌革命爆發不久，他曾策動東三省總督趙爾巽帶兵入關，企圖挽救搖搖欲墜的王朝。一九一三到一九一四年間，張作霖曾請金梁為其子張學良的家庭教師，後來張學良不僅國學功底深厚，精於詩詞，更寫得一手好字，他的書法得益於三位著名的書法大家——白永貞、金梁、林汝助的悉心指導。也因此後來張作霖保薦金梁做了北洋政府農商部次長。

但金梁同其他遺老一樣，始終沒有放棄復辟的希望，他一方面積極參與民國政治活動，一方面參與宗社復辟。一九二三年溥儀召他入宮，當時的職銜是鑲紅旗蒙古副督統，不久便被派為內務府大臣，同時做皇帝的侍讀，賜少保銜。後來因為開罪了醇親王載灃，終於被攆走，有一段短時間未曾露面。而當溥儀逃離北府，潛往東郊民巷日本使館藏身時，金梁又出現了。在一九二五年一月二十四日，這一天適逢舊曆元旦，在日本使館的客廳，陡然昔日王公遺老都來朝賀，只見溥儀高高坐定後，滿朝文武官員依序排列站立，行三跪九叩之禮。不料儀式方在進行之際，忽然聽到有一陣哽咽啜泣之聲，旋又轉為嗚咽痛哭，一時秩序大亂，眾人定神一看，只見金梁匍匐在地，正自如喪考妣，嚎啕悲慟不已。眾人也無法勸止，當即示意幾名護軍，將他抬下樓去。金梁這次失態，過後曾引起許多人議論，有人嘲笑他愚忠，有人說他是孤憤，也有人罵他瘋癲。

一九一四年袁世凱設清史館，以趙爾巽為館長，繆荃孫、柯劭忞等為總纂，總領《清史稿》的修撰工作，參與者有一百餘人，到了一九二七年，趙爾巽見全稿已經初步成形，擔心時局多變及自己時日無多，遂決定把各卷刊印出版，其後校印事務由袁金鎧一人負責。袁金鎧因忙於他事，轉託金梁協助校刻此書。金梁利用校對刊印之便，給自己冠以「總閱」的名義，並附刻〈《清史稿》校刻記〉，又增加《張勳傳》和《康有為傳》，並將印成的一千一百部書中的四百部運往東北發行，即所謂「關外本」（又稱關外一次本）。而原編纂人員發現後，便將留在北京的原印本更正，並且刪去金梁的〈校刻記〉，世稱「關內本」。後金梁堅持以「關外本」為基礎，並根據當時學者對《清史稿》提出的批評和關內本所作的一些重要更正後出版發行，又稱「關外二次本」。學者劉少峰認為，金梁也並非完全不懂史例、史法，他對史稿最後的修改，也有一定的貢獻，對一些篇目的史料進行了增補。雖然他在史館工作僅一年時間，所從事的工作爭議極大，但是從史料的角度來講，這部大宗史料能夠順利地得以保存，他的貢獻是不應忽略的。

「九・一八」事變後，金梁舉家避居天津，躲在小樓裡，不問世事，埋首著述。這段期間可說是金梁學術上的輝煌時期，他編纂了許多頗有價值的清史著作，如《清帝外記》、《清后外傳》、《清宮史略》等。而《近世人物志》便是其中最重要的一種。一般為歷史人物寫傳，多用傳主之奏摺、文集以及實錄、上諭中的有關記載。這樣的傳記，從形式到內容，總給人有種千篇一律、千人一面的感覺，而且內容乾巴巴的，一點都不生動。倒不如稗雜者流之所記，儘可無拘無束、不瞻不徇，使人物有血有肉，有聲有色。然而這些稗雜者流之所記，也犯了一個嚴重的弊病，那就是游談之雄，好為捕風捉影之說，故事隨意出入，資其裝點。因此金梁在《近世人物志》的前言，就有「欲考人物，僅憑正傳，既嫌過略；兼述野史，又慮傳誤；皆不必盡為信史也。」之歎。於是他花了許多氣力，用了大量時間，將翁同龢的《翁文恭日記》、李慈銘的《越縵堂日記》、王闓運的《湘綺樓日記》、葉昌熾的《緣督廬日記》，這四部號稱「晚清四大日記」中所記載的人物，按時日先後，整理排比，編成了收有六百餘人的《近世人物志》一書。

金梁之所以重視日記史料，與他當年從事《清史稿》校勘的經歷，尤其是出版《光宣列傳》的實踐，有著密切的關係。他說：「昔校清史，深感其難，光宣列傳，力矯斯弊，乃採及近人日記，終為史例所限，亦不能盡如我意也。近年所出名人日記，如翁文恭、李越縵、王湘綺、葉緣督諸家，為時所重，足與曾文正日記並傳。其中知人論世，發潛搜隱，實可補正史所不及。」

掌故學家瞿兌之說：「我們讀《史記》、《漢書》，覺得史家敘述一個重要人物，每從一二小節上描寫，使其人之性情好尙甚至於聲音笑貌躍然紙上，即一代興亡大事亦往往從一件事故的發生前後經過著意敘述，使當時參加者之心理與事態之變化都能曲折傳出，而其所產生之結果自然使讀者領會於心。」而宋以後之正史，多是鈔錄些諛墓之文，一傳之中，照例是某某字某某，某處人，某科出身，歷官某職，某事上疏如何，某年卒，著某書，子某某，幾乎成了一種公式，千篇一律，生氣全無。因此瞿兌之大為感嘆地說，這樣的史還能算史嗎？

金梁曾經從事清人傳記編纂的過程，他知道日記是一種原生的材料，非觀日記，有時根本無法瞭解當時的真相。由於有這樣的認識，使他不畏勞苦，從大量繁瑣的日記素材中，選擇其中的精華，並加去偽存真，這些歷史的片段卻復原了許多近代政治舞臺上活龍活現的人物。金梁說：「其中毀譽，一依原來，不復稍加修飾，以存其真，是是非非，錄者不負責任也。」金梁融會貫通後整理編排的四家日記之內容，以及他用這些內容勾畫的為數眾多，形形色色的晚清人物志，在近代史研究和清人傳記寫作中，成為繞不過去的借鑑。這些日記常流露出作者對所記人物的毀譽，對所發生事件之評論，如《越縵堂日記》不僅忠實記載李慈銘和樊增祥之間亦師亦友的關係，也暴露了南北兩派清流之間互相鄙視，彼此拆台，鉤心鬥角，互不相讓的真實情景。為瞭解這些人物之間錯綜複雜的關係，提供難得的一手珍貴史料。吾輩若能循此線索，證之以清代檔案及清人信札等原始資料，則對晚清人物及其事蹟，當可收探驪得珠之效。

一九三五年瀋陽國立博物館正式成立，張學良聘請金梁為首任館長。據鄧慶說：「金梁之所以能被聘任，這與他早在二十年前曾專摺建議籌建皇宮博物館願望有關，同時對『檢查清宮舊藏』來說，金梁是不可多得的重要知情者之一。加之金梁曾為張作霖佐政，又是張學良將軍的語文老師，曾教張學良書法。這些都是金梁被聘任的重要原因。」一九三七年抗戰爆發，這一年金梁六十歲，面對時局，他回憶往昔，寫下他的心境：

孰料虛生六十年，生平志業兩空傳。
救亡悔不拼孤注，偷活恨難值一錢。
犬馬何心徒舊戀，龍蛇同劫敢貪天。
千秋再請從今始，不待重周願早全。

金梁本為晚清進士出身，文章、書法均稱一時。尤擅鼎書。據稱他在北京居住時，慕名求書者不絕於門，以致使几上積楮盈尺。他又是聞名的古物收藏家。解放後遷居北京，在國家文物部門任顧問等職。一九六二年十二月二十七日在北京去世。著述甚豐。著有《四朝佚聞》、《清帝后外傳外紀》、《黑龍江通志》、《奉天通志》、《瓜圃叢刊敘錄》、《增輯辛亥殉難記》、《近世人物志》、《滿洲秘檔》等十餘種。

近世人物志敘

欲考人物，僅憑正傳，既嫌過略；彙述野史，又慮傳誤；皆不必盡爲信史也。昔校清史，深感其難，光宣列傳，力矯斯弊，乃采及近人日記，終爲史例所限，亦不能盡如我意也。近年所出名人日記，如翁文恭、李縵越、王湘綺、葉緣督諸家，爲時所重，足與曾文正日記並傳。其中知人論世，發潛搜隱，實可補正史所不及，分摘彙編，各成小傳，近世人物，大略備見，亦一代得失之林也。翁、李、王、葉，史稿四傳，皆經我手，世目翁爲權臣，而翁傳彙寫德宗，君臣一德，遂成賢相，竟不能見怙權之迹。李傷匪類，王歎無行，葉較自好，亦復多偏，而儒林文苑，胥爲通儒，非觀日記，不克覩其眞象也。同光朝局，翁久師保，罔不預聞；恭醇二王，隱爭政柄，翁初善恭而後附醇，既引毓汶，孫乃假醇去恭，並且去翁。恭本惡孫，昔予重譴，甲申易樞，正修其怨。其後起恭罷孫，翁爲之主，乃有乙未之報。戊成恭歿，未逾月而翁被逐，傳者謂出遺命，孫實發之，亦可信也。光初訓政，漸啓門戶，南沈北李，各有援引；二張標榜，互相傾軋；滇案越防，卒至十年而未已。越縵身藏人海，隱操清議，皆莫遁其筆端。湘綺遨遊卿相，曾左彭李，丁張袁譚，後先交往，俱能窺見其私，戲笑成文，遂同秘史。緣督雖晚出，而久客京城，適逢拳亂，端剛首禍，慶榮倖免，以及西狩回鑾，均可考見。而鼎革以還，海上流寓，美新念漢，王葉慨乎言之，尤異聞已。凡此四記，其所評隲，不必即爲定論，而與通行史傳，頗有異同，實足備參考，儻亦有心信史者所不廢歟？計今所輯，約六百人，凡近世人物，略具於斯，其中毀譽，一依原本，不復稍加修飾，以存其眞，是是非非，錄者不負責也。四記原書，卷帙甚繁，茲所摘鈔，雖僅論人一類，而剪裁成傳，前後貫串，亦頗費經營，不免舛誤，幸閱者諒之。甲戌冬至，東華舊史識。

一、是志所錄，以翁文恭、李越縵、王湘綺、葉緣督四記爲限，先後次序，皆照原本，編者不參一字。

一、志中各傳，或書名、或書字、或書他稱，亦照原本，名從主人，無用意也。

一、所錄書目及年月，概用簡寫，如翁文恭日記，但作翁記；咸豐八年戊午六月二十一日，但作（咸、八、六、二一）等類，餘皆仿此。

目次

附錄

近世人物志

翁同龢

『翁文恭日記』（以後簡作翁記。）：咸豐八年六月二十一日，（以後簡作咸，八，六，二一。）奉典試陝西之命，正考官潘祖蔭，龢副之。旣抵西安，又奉命視學陝甘。伯寅先歸。伯寅與余意氣相合，眞如弟晜，今行矣，而余獨滯留不去，奈何。又：（咸，九，正，朔。）今年三十矣，請開缺，奉准回京。又黃孝侯箴余才鋒太露，深佩是言。又聽倭艮翁講巧言令色一章，余自知不能免此，爲之汗下。又：（咸，十，正，朔。）太和殿筵宴，階下東西設布幄，大風起，布幄皆偃，百官露坐。又：（咸，十，八，八。）聞聖駕出巡，警報頻至，叩請堂上暫避呂村。又：（咸，一一，一一，二四。）帶國子監司業缺引見於養心殿。兩宮皇太后垂簾，用黃色紗屏扇。皇上坐簾前御榻，恭邸立於左，醇邸立於右。吏部堂官遞綠頭籤，恭邸接呈案上。又：（同，元，二，二〇。）大人（心存，大學士。）奉懿旨，在弘德殿授讀。又：三兄（同書，巡撫。）爲曾國藩所劾，有旨拏問。三兄談笑自若，但言局外人不知其難耳。送入北監。（嗣發新疆，調陝甘軍營病歿。)又：(同，元，七，八。)被命充山西正考官。回京覆命，召見於養心殿東暖閣。上西向坐，兩宮皇太后亦西向坐，垂詢行程及山西防堵情形。又：(同，元，一一，五。)大人病甚，猶言內侍不可不防微杜漸。又言吾到此時大數，亦著力不得，云云。又：(同，二，四，二四。)源姪得一甲第一。源姪近年爲病所困，深慮不能成名，今得此，庶足答先人未竟之志，稍伸吾兄不白之冤乎？又：(同，四，一一，一一。)命在弘德殿行走。上至，倭相授書，余與徐蔭軒旁坐。上溫書寫字，龢前曾代寫紅仿，上猶能憶，曰：『汝非寫紅仿格翁某之子歟？』又：(同，五，正，六。)爲龐寶生寫一虎字，謂須寅年寅月寅日寅時寅命人書之，不知何所本也。又：(同，五，正，一二。)皇太后諭李鴻藻曰：『翁同龢講帝鑑甚明暢，上頗樂聽。』又簾前進講元武宗止括田一事，太后問元時官制甚詳。及論兵燹後多荒地，因極言丈量淸釐吏胥中飽科斂之弊，並黑地亦言之。又：(同，一一，正，一一。)母喪，恭邸來，辭其拜，不獲。述書房正喫緊，上嚮用之意。對以三年後勉力圖報。問葬畢回京，對以廬墓。遂扶柩歸。又：(同，一二，五，十。)得綠毛龜，頗珍重，紀以詩，後贈伯寅。復得白龜一。又：(同，一三，六，二六。)回京，爲園工事召見廷臣，首責臣龢此次到京，何以無一語入告。次與恭醇兩王往復辨難不已。臣龢進曰：『請聖意先定，諸臣始得承旨。』遂定停園工修三海而退。又：(同，一三，一二，一三。）會議尊諡廟號，原擬熙字毅字，余言：『前朝止一金熙宗，一明毅帝，皆何如主？不如孝字靖字爲宜。』後奉硃筆用穆字毅字，以徐桐言，始用穆字也。又：（光，元，正，一二。）懿旨：命醇親王臣譞及榮祿等相度吉壤，召見於養心殿西暖閣，兩太后並几南向，未垂簾。又：（光，元，八，十。）奉署侍郎，召見。太后諭云：『汝係舊輔，宜圖報。』叩頭，對以『受恩深重，卽赴湯蹈火皆所不辭。』因論公私忠佞之辨，及江蘇大吏賢否，江南年穀如何，見上有倦色，遂請退。又：（光，元，一二，一二。）懿旨：派臣及夏同善於毓慶宮授皇帝讀，懇辭不允。召諭臣一人授書，夏同善承值寫仿等事。又：（光，三，七，一。）乞假修墓歸，遇五兄（同爵，贛藩。）喪，回京入對，兩宮慰問周至，殆如家人。上亦曰：『吾思汝久矣。』又：（光，五，正，二七。）擢尙書。五十歲賜壽。又召問吳可讀摺，具以古今典禮，本朝不建儲之說對。聖意躊躇良久。則又以大統所歸，卽大宗所繫，次第詳陳，始蒙首肯再三。又：（光，六，九，六。）兩宮召議伊犂事，慈禧太后病極瘦，語氣甚微，謂對俄實無主意，惟軍機及兩三王兩大臣是信。臣對：『和局萬不可破，武備萬不可緩，通商關中原大勢，必當爭。』又：（光，七，三，十。）晨聞慈安太后違和，夜傳上賓，痛哉！內閣擬上欽肅敬恪等字，余抗言曰：『貞字乃始封嘉名，安字亦廿年徽號，此二字不可改。』寶相云：『欽字恭邸所定。』余曰：『此豈邸所應主議哉？』復與伯寅申之曰：『貞者，正也，當時即寓正位之意，且先帝所命也。』議遂定。　李記：（光，七，六，一五。）工部堂官三人皆狀元，尚書翁同龢，左侍郎孫家鼐，右侍郎徐郙，亦僅見事也。　翁記：（光，八，一一，五。）命直軍機，面辭不准。太后云：『吾體甫平，擇人不易，毋與吾爲難也。』又：（光，九，六，二六。）萬壽賞戲，入座在東邊第三間。二十年來由第五間至此，鈞天之夢長矣。一間醇恭二王，二間惠王等近支，三間軍機，四間尚書，五間毓慶宮。又：（光，十，三，一三。）諭出軍機。自越事糜爛，余屢以轉圜爲言，力陳海防之不足恃，他時結局之難，而醇邸猶以未能大舉爲恨，臣自料才學識皆遠遜於人，不如專直講帷也。　李記：（光，十，三，一三。）昨作書致翁叔平師，言時局可危，門戶漸啓，規以堅持戰議，力矯衆違，抑朋黨以張主威，誅失律以振國法。不料言甫著於紙上，機已發於廷中，樞府五公，悉從貶黜，晴天震雷，不及掩耳，可深駭矣！又：（光，十，一二，二六。）得翁師書，饋歲。余前送節敬，師既不收，而一再饋金，拳拳不已，深可感也。　翁記：（光，一一，七，六。）太后詣西苑，賜船。此例未聞。賜船者軍機戈什按班毓慶宮諸臣而已。又：（光，一二，六，一七。）懿旨：皇帝明年親政，王大臣力懇從緩，不允。余請上自懇，始允訓政數年。又：（光，一三，二，一四。）太后召問戶部事，並及疆吏中粵督張之洞，台灣劉銘傳，伊犂錫綸，駐藏文碩，一一具對。於粵則謂其恢張，於伊犂則目爲荒唐也。又：（光，一三，四，一六。）赴徐頌閣招飲，雷偉堂挾一照相者來，余生平未照像，至此破例矣。又英豪卿許假金買屋，云廣紹彭處慨借三千，可感也。又：（光，一四，正，一八。）寫長師碑，意在學六朝，適形佻險，無復法度。又忽畫山水，六十老翁，作此狡獪耶？又：（光，一五，正，二二。）太后召見，有『汝忠實』之諭。蒙恩賜壽，有扁額對聯。近來雖樞臣無對聯，蓋異數也。又自日本購得雙鶴，見之狂喜，後伯王贈小鶴二。又一鶴飛去，以零丁帖求之，子青相國以一鶴見還，可感也。李記（光，一五，四，二七。）詣翁師，六十賜壽，有『謨明弼諧』扁，賀客甚盛。　翁記（光，一五，七，一六。）假歸修墓，上意黯然。回京跪安，上垂問備至，臣首以祈年殿災爲言，上聳然云：『變不虛生。』又：（光，一七，三，五。）斌孫以京察召見，上至書齋，有褒語。又：（光，一八，八，一六。）寫篆字，意境牢落，殆難言喻。又古人眞蹟，總不離藏鋒而緊，緊則變化，須知之。　葉記：（光、一九，正，九。）翁叔平師招飲，弢甫前輩（斌孫）以宮僚雅集杯王昊廬一爵屬飲三爵，醺醺醉矣。　翁記：（光，廿，六，一四。）議朝鮮事，上意一力主戰，傳諭臣龢李鴻藻上次辦理失當，（指甲申事）此番須整頓云。又太后命往天津，與李鴻章議事，叩辭者再，謂：『臣爲天子近臣，不敢以和局爲舉世唾罵也。』諭：『非議和，欲暫緩兵事耳。』

』遂承命往。又：（光，廿，十，八。）再直軍機，每遞一摺，上必問臣可否，蓋眷倚極重，恨臣才畧太短，無以仰贊也。又：（光，二一，三，二四。）連日因台灣事與同官爭論，入對時不免憤激。又，和約批准，退侍書齋，君臣相顧揮涕，此何景象耶？　葉記：（光，二一，四，一○。）聞虞山爲濟寧所齮齕，莫展一籌。翁記：（光，二二，六，十。）恭邸屢在上前奏請，欲余至總署，余力辭，今日乃責余畏難，余與辨論，不覺其詞之激。榮仲華亦與邸相首尾，余並斥之，旋仍奉命行走。遇事力爭，日伍犬羊，殆非人境。又：（光，二三，正，一三。）傳旨撤書房，入見，奏此事想懿旨所傳，上頷之。又：（光，二三，一一，二四。）賞坐冰牀。牀有明窗暖篷，可容三人，此特賜也。又：（光，二三，正，九。）軍機南齋進春帖子詞，例在懋勤殿跪進，謂之跪春。又：（光，二三，正，一二。）忽憶三十年前斷指事，蓋三兄遠戍，私竊憂歎，迫而出此。又：（光，二三，十，二三。）膠澳事奮力與爭，至於拂衣而起，迨海靖一到總署，而邸堂及諸公先默許，余猶駁辨，竟不能回。此最憾最辱之事，何時雪此恥耶？又：（光，二四，三，一二。）英使來，余曰：『吾聯數大國立約爲大和會，以三事爲綱，一，不占中國土地；一，不壞各國商務；一，不侵中國政權。』竇使頗首肯，云：『英國甚願，未知別國如何？』又：（光，二四，三，二五。）德王亨利乘轎直入宮門，洋兵翼而趨，余叱之，乃下，相見握手，暫慈南配殿，先詣樂壽堂見太后，復赴玉瀾堂見皇上，賜坐右偏，約一刻退。又：（光，二四，四，二四。）上奉慈諭，以前日御史楊深秀學士徐致靖言國是未定良是，今宜專講西學，明白宣示，等因。臣對：『西法不可不講，聖賢義理之學尤不可忘。』上意堅定，遂退擬旨。又，上欲宮內見外使，臣以為不可，頗被詰責。又以張蔭桓被劾，疑臣與彼有隙，欲臣推重力保之，臣據理力陳，不敢附和也。語特長，不悉記。又：（光，二四，四，二七。）今日生朝，入內，奉硃諭斥退。臣自省罪狀，而聖恩矜全，感激涕零。次日赴宮門，在道右磕頭。上駕過，回顧無言，臣亦黯然如夢。遂行南歸，哭墓默省，獲保首領，從先人於地下矣。　葉記：（光，二四，四，二九。）聞虞山之去，剛毅實擠之，或云與汪郋亭一案。（按龍翁聞為恭邸遺命，而榮相發之，剛下石而已。）　翁記：（光，二四，七，二五。）游石鍾山，老僧見余呼老太爺，而曰爾年不過六歲餘耳。又曰，爾名利中人也，余訶之，一笑而起。（按翁六年後果逝，亦奇事。）又：（光，二四，八，二三。）聞人談京中近事，鼠輩謀逆，陷我聖明，並貽無窮之禍。心悸頭眩，幾至投地，老臣如在，必不任猖獗至此。又：（光，二四，十，二四。）報傳嚴旨斥臣，伏讀感涕而已。又：（光，二六，正，一五。）憶余十三歲作元夕張宴奪崑崙關試帖，有：『第一回圓月，奇功第一人』之句，頗為朋輩所傳，今老而衰颯若是。又：（光，二七，二，二八。）夢至帝所，使卜，余書曰：『歲在辰，時在辰，百事吉。』凡紀夢皆心在魏闕也。（按翁卒於甲辰，此亦夢兆也。）又：（光，二九，正，一一。）筱姪（曾桂）以浙藩謝恩，溫諭周至，並賜福字，洵異數也，不勝馳感。又：（光，卅，五，一一。）報載太后恩諭：凡戊戌案內革職者皆開復，監管者概省釋，逐臣如得邀此寬典，雖一息當伏謁君門也。次日卽病，又二日，日記絕筆。

張元濟跋：吾師翁文恭公，當同光兩朝，洊登樞要，維時冲人踐阼，母后臨朝，强敵憑陵，國勢寖弱，士大夫言變法，新舊交爭，漸成門戶之見。公以一身搘拄其間，而卒不能免，遽被讒謫，僉壬遂進，卒釀戊庚之禍。回鑾以後，國事益壞，而公亦抑鬱以終。余旣悲公之遇，且痛世人知公者少，因請其從孫克齋（之熹）以日記行世云。（按：翁記似有重繕改易處，如李蒓客卒於甲午十一月二十四日，而翁次年閏五月初九日尙記李蒓客來，初頗不解其故，繼思翁自戊戌罷歸，不無顧忌，甲乙數年，正直樞要，凡所記載，尤慮觸諱，自取刪繕，亦屬常情，甲午之事，誤入乙未，蓋一時疏忽耳。）

李慈銘

李慈銘『越縵堂日記』（以後簡作李記）：自識余前身爲天台國淸寺僧，好山水，而窘於遇，性浮動，自信太過，平生頗喜驁謦氣，陷於匪人而不自知。自今癸亥孟夏為始，更編日記，以勉力於善焉。又：同治二年五月初五日（以後簡作同，二，五，五。）前集貲報捐郎中，吏部掣籤分戶部。（時年三十五歲，入都已五年，館于商城周芝臺相國家。）又領閱試卷，（順天鄉試）為房官延學士所抑。自己酉至壬子三次出房，皆幾中復失，其後南北四試，遂皆厄于房考，今八試矣，殊為悒悒。又：（同，三，九，一二。）順天鄉試，徐檢討桐薦而未售，挑取謄錄。又：（同，四，二，二一。）予生小多病，家人常以為憂，先王父獨曰：『此子神氣有餘，必無他慮。』今仍多病。又：（同，四，五，八。）請急南歸，納珊姬張氏。主講蕺山書院，改定賣文通例。又：（同，五，八，一七。）太夫人棄養。又：（同，六，四，二七。）馬穀山中丞聘為浙江書局總校勘。張孝達學使約至武昌襄校文字。又：（同，九，九，一五。）鄉試揭曉，中第二十四名。又：（同，十，正，廿。）至京，會試禮部，取闈卷出，為霍穆歡所抑，文章有價，信哉。又：（同，一三，四，一二。）榜發，又落第，取卷出，以詩多二韻未薦。人言予卷為王編修先謙所薦，李尚書已取第四，進呈填榜時，忽傳卷有大疵，以詩中十韻始看出也，竟易之。又：（光，二，四，一四。）取閱試卷，為長沙陳編修理泰所薦，評經策冠場。桑尚書批額溢見遺，蓋得卷已遲也。又余自述敝門七例：一，不答外官；二，不交翰林；三，不禮名士；四，不齒富人；五，不認天下同年；六，不拜房薦科舉之師；七，不與婚壽慶賀；皆所以矯世俗之枉，救末流之失耳。又：（光，三，十，三。）余性褊急，平生酬接，未敢以一語傷人；偶及時事是非，人材臧否，卽日記所書，一字之加，三思而出；至已有小失，無不大書，所以示名教，存大閑也。又：（光，四，四，一五。）納席姬，字曰貞。爲此婢價，馳書乞貸，平生風節掃地，同人憐其貧老，祝其生男，皆誼等傾囊，謀如在己，然最知其不得已，而苦心相勸，雖乏錢相助，爲之從臾盡力者，張牧莊羊禔奮兩君也。又：（光，四，一二，二六。）五十生日，鮑敦夫諸君枉過，張燈夜飲，酒釅花穠，陶然一醉，卽席賦『百字令。』又：（光，五，三，一一。）席姬娠墮，已九月矣，家運衰替至此。又：（光，五，一二，一五。）樊雲門王弢夫諸君復約爲余作生日，古人以周歲爲一周，余今年五十一，于古法正得五十，故諸君援此爲言，携樽相就。余十二月廿六日生，弢夫十二日生，敦夫十五日生，而雲門以十一月朔日生，汝翼次日生，奮七日生，同岑歲寒，松茂柏悅，天涯良會，人生極歡，醉後放歌，宜爲圖畫記之。又：（光，六，四，一三。）會試中第一百名。敦夫出闈，知余卷在林編修紹年房，初不知所謂，其鄉人陳編修琇瑩力贊之，始請陳君代擬評語，呈薦于翁尚書；尚書大喜，本中高魁，後以景尚書取本房一卷，乃置第十九名；旣翁尚書欲以余卷束榜，始置一百名，而仍以三藝刻入闈墨，意別有在也。卽請歸本班，得旨以戶部郎中原資敘用，貲郎回就，流品既分，金榜一題，玉堂永隔，當亦知己所累欲，後人所深喟者也。又：（光，十，三，一三。）赴天津，主講學海堂。自辛未入都，忽忽十四年，未出國門一步；朝夕之景，近視階庭；行坐之蹤，不離咫尺；履屐皆得所安，匕箸亦授以節；至寢食之早晚，書策之從橫，尤有常度，勿容少變。今雖近出，且定歸期，而撫景慨然，不能自已。又：（光，一二，一二，二五。）書春聯云：『藏書粗足五千卷，開歲便稱六十翁』，歲易新聯，成例事矣。又：（光，一三，二，卅。）遣席姬去，事我十年矣，傷哉！無德畜此癡獠，閉戶自撾，悔之何及。又置妾王氏，名之曰蘭娘，字以纚男。又袁爽秋言：『長安稛載中，神全者獨先生耳，』余雖不敢當，然其言可味。又：（光，一三，五，一二。）養心殿引見，補授郎中。又：（光，一四，四，二四。）考差卷爲福珍廷相國取置第一，都下人人傳說矣；及簡放學政既畢，外論紛然，無不爲余不平者。余一生偃蹇，當軸皆以簡傲目之，濟寧尤銜余甚至。此中得失，何足置懷，臧氏之子，焉能使予不遇哉。又：（光，一四，四，二八。）夫人病逝，年六十有五，歸我家者四十七年，貧賤凶喪，備嘗艱苦，及癸未來京，甫五年而遽至此，命也。又從子僧喜至京，年十四矣，名孝璘，爲更名曰垄，嗣爲子，易縗服，撫之哀慟。又：（光，一四，一二，一二。）繆仲英觀察煥章，以楹聯爲壽，文曰：『著書十餘萬言，此後更增幾許？上壽百有廿歲，至今纔得半云。』佳句也。又：（光，一五，五，十。）黃仲弢邀一善相者閩人趙冲甫來爲余談相，言余神清骨秀，世所僅見，聰明正直，一望可知。然非功名富貴中人，故一生偃蹇，亦無子息。眉采太重，故三十歲外尤爲困厄。其言皆中，然亦老生之常談耳。又簡放試差畢，余又不得命。兩試兩取第一，而皆付沉淪，此自來所無，非政府力沮之，不至此也。弢夫來言：黃漱文仲弢裔梓，與可莊敦夫，謀爲余捐試俸爲考御史地。諸君不以告余，先自集貲，俟試差放竣，即具呈戶部，其意甚盛。堅囑止之，已代呈部矣。又：（光，一五，七，九。）六十一歲小像自贊曰：『是翁也，無團團之面，乏姁姁之容；形骸落落兮，謹畏簡簡；須眉怊悵兮，天懷暢通；故其貌谿刻兮，而心猶五尺之童；其言謇吶兮，而辯爲一世之雄；不知者，以爲法官之裔，如削瓜而少和氣兮；其知者，以爲柱下之冑，能守雌而以無欲爲宗。嗚呼！儒林耶？文苑耶？聽後世之我同。獨行耶？隱逸耶？止足耶？是三者，吾能信之我躬。（日記已印者止于是年，是秋試御史，次年補山西道，巡視北城，旋卒。）　翁記（光，一五，一一，四。）閱御史卷，上問：『第二卷內擴被四表誤否？』臣對云：『無誤』折彌封寫名單，李慈銘第二。　王記：（光，一八，五，二〇。）看李老友撰潘伯寅墓志，雖不得體，亦尙不俗。　翁記：（光，廿，五，九。）李蒓客來長談，此君舉世目爲狂生，自余觀之，蓋策士也。（按翁記是節在乙未閏五月初九日，必誤，李卒於甲午十一月也，今爲移於前。）　葉記：（光，廿，一二，一八。）言越縵先生之喪。　平步青撰墓志：君姓李氏，初名模，字式侯，後更名慈銘，字炁伯，號蓴客，浙江會稽人。生有異才，長劬學，書無不窺。道光庚戌，吳晴舫侍郎督浙學，補縣學生員。應南北試凡十一，屢薦屢報罷。咸豐己未北游，將入貲爲部郎，而爲人所紿，落魄京師，倪恭人亟鬻田成之。同治乙丑，請急歸，奉母諱。庚午，始舉浙闈，五上春官。光緒庚辰，始通籍，以原官久次，補戶部江南司。君才望傾朝右，獨鍵戶讀書，非其人不與通，經年不一詣署。己丑試御史，庚寅補山西道監察御史，巡視北城。數上封事，洞中利弊，不避權要。君戌削善病，獨居感憤，瑣瑣不自得。甲午冬卒，年六十有六。君矜尚名節，議論臧否，不輕假借，雖忤樞輔不之顧。然樂獎後進，所指授成名者爲多。於經學有十三經古今文義彙正等，於史有後漢書集解等，又有越縵讀書錄詩文等，凡百數十卷。可謂碩學鴻文，蔚爲著述者也。

王闓運

王闓運『湘綺樓日記』（以後簡作王記）：同治八年正月二十五日，（以後簡作同，八，正，二五，）讀『漢書』『申屠蟠傳』，闓運無斯人確然之操，而好立名譽，讀其傳，庶幾高山仰止之思。（王方歸隱，讀書課子。）又：夢緹（其夫人也。）以怒撻妾，（妾字六雲。）妾橫不服，欲反鬬，余視之不可呵止，遂不問。又（同，八，二，一七。）昨有盜入，開箱取八衣去，今騎至查泥塘徐店，見一鄧姓，言語容貌，無非盜也。與約送物還我，縱之去。次日徐店婦竟服毒，以見其夫比匪人憤恩而死也。一出而殺一人，其子又甫三月，可哀也已。因命其夫善養其兒，每月予以乳資。又：縣長書來命修縣志。（湘潭）又：（同，八，二二，二四。）非女作送竈詞，詞筆秀潤，但思遲耳。非女書遒麗可喜。又：（同，九，六，六。）隱者必躬耕，余不能耕，聊以出游爲習勞之業。孔子栖栖，蓋亦此意。又：余以深心交天下士，師友稱盛。又：（同，九，十，一九。）余已能去怒懼惡欲矣，而未忘哀樂，亦緣文詞爲障也。又余近說經史，有左右逢源之樂，殆將通矣。又：（同，十，四，一一。）北上會試下第，游圓明園，與某某約，不復入都。

李記：（同，十，六，二五。）張孝達招飲，言共王壬秋論學，辭以病。壬秋之詩，粗有腔拍，古人糟魄，尚未盡得。其人喜妄言，蓋一江湖脣吻之士。

王記：（同，十，十，一三。）泊滕王閣。當余廿歲游南昌，初不自意能成立如此。及卅載重游，又不自意不富貴如此。今余卅歲三游，蓋不自意老大如此。又：（同，一一，正，一七。）重定日課，辰課讀，午修志，酉讀文講經，亥鈔書。日課女教妾讀詩以爲常。又：（同，一二，正，一二。）凡爲文人，必有過人之姿，蓋非學力所到，余學人耳。又：（光，二，五，二八。）水災，山居屋壞。余前者有詩云：『暫隱衡山十二年，』至此正十二年；而彭雪琴贈余詩云：『作客衡陽十二年，』竟皆成讖；此亦大刼也。又：（光，二，一，一六。）與何鏡初議開思賢講舍。又黃少羲言金丹，頗有心得，惟謂房中須少女而不爲妾婦，似非聖人之行。又近人不知賭趣，以賭爲必須錢，是好錢非好賭也。又：（光，四，一，九。）初丁督有尊經書院之聘，方撰『湘軍志』，不能行，至是始入蜀。又日者推余生辰云：『雙牛在闌，一世清閒，』正反語耳。又：（光，五，二，一一。）丁公爲八子議婚，許以八女，皆庶出也。又：（光，五，三，一一。）招羅嫗供縫洗，問知早寡，傭力養其翁，貞孝無私，故敢直入書院羣雄之穴，殊有丈夫氣。又夜寢甚適，羅嫗侍也。

李記：（光，五，一二，二○。）王闓運所作『鄒叔績傳』，意求奇崛，而事蹟全不分明，支離無條，且多費解。此人盛竊時譽，妄肆激揚，好持長短，雖較趙之謙稍知讀書，詩文亦較通順，而大言詭行，輕險自炫，亦近日人海傖客一輩中物也。

王記：（光，六，二，八。）思今翰林員多，宜續開四庫館，收采乾隆以後諸書，必勝前集。又四閣三災，亦其時也。又：（光，七，三，二二。）稱公欲薦我主國學，余云：『此盛時事，今不宜及此，且左相新柄用，人必疑受其請託，必不可也。』又：（光，七，八，一八。）報豐兒之喪，追念廿三年父子，盡傳我學，但詞章不及耳。忽失此人，令人氣短，遂辭歸湘。又：（光，八，正，七。）外間頗議『湘軍志』，曾沅浦參差尤甚，即請燒燬之。又余每能先悟一日事，蓋吾心前知之誠有發見者也。又：（光，九，五，一二。）復至蜀。秋，同穉公登峨嵋山，穉公問自許云何？余云：『少慕魯連，今志在申屠蟠矣。』又易笏山日記喜自罵，余日記喜自贊，亦習氣不能改者。又：（光，十，九，廿。）作『雜憶』詩。雜憶者，閻丹初同游鄂，今當國；李少荃同游皖，今衞畿輔；彭雪琴同起湘，同居衡陽，今防海；張孝達同游京師，今督越；四人皆以輕材膺重任，而不求我助，我亦不屑助之。又：（光，一三，五，二五。）理半山（其妾也，初字六雲，以性拗，故曰半山，前殉於蜀。）遺書，成一冊。夢半山誓世世爲夫婦。又：（光，一五，三，七。）至津，李相館我於吳楚公所，甚喜。湘淮斷斷廿年矣，非少荃不能設吳楚公所，非闓運不能居吳楚公所。曠然大同，郭筠仙輩已覺小眉小眼，況沅浦以下耶？又少泉初擬蓮池講席，及抵津，吳摯甫先已纂立矣，遂辭歸。　葉記：（光，一五，七，八。）沈子封云王壬秋實有覇才。王記：（光，一六，二，一六。）蓮弟與熊嫗合而生子，鄉人頗有賀余者，爲之匿笑。又：（光，一六，十，二。）廿四史贊畢功，自己巳起至今廿二年，而孺人不及見矣。（其妻新喪。）又：（光，一八，正，一六。）官士十餘人，爲補慶六十歲。余向不喜躲生，今乃知生之不如死也。死而客來，吾但偃臥待之，何所畏哉？

又：（光，一九，八，六。）移寓程宅，除下廂而宿，周嫗居屏後。（周嫗始見此。）又周嫗夫弟來，涕泣欲學武二，亟揮去。又：懼周嫗求乞，出避之。又：周嫗與同牀，而來去自如，亦一奇也。又：（光，廿，七，二〇。）與兒招股刻湘綺九經注。又：禮注成，卅年之功。又篆九經畢，或作或輟，三十六年矣。又：（光，廿，一二，五。）過鄂，出游，腹痛，覓厠不得，大困，如冠九溲大成殿，有由也。又登淸凉山看皇姑，李秀成妹。再送茶，談事，頗諳官禮。又：（光，二一，二，二〇。）居家處世，枉用道術，全無效驗，不如與之鬼混。又：衆皆視我為無行之文人耳。又：（光，二三，一二，二四。）聞瑺女姑媳分家，滋女夫婦復合，昔非女乖違病死，吾女皆薄命，而子多不肖，賢者夭矣。又：（光，二四，九，二八。）縣令送朝報，有寄諭巡撫察看品學，是否可用，蓋家變（王文韶也。）以我為廢員也。又：（光，二五，一二，二一。）至杭州訪劉景韓，游西湖，度歲。又：（光，二六，二，三。）過蘇，朱竹石云：吳糧道望見我，以為仙風道骨，聞之甚喜。又至濟南視八女，游趵突泉，涌流殊不能高，記四十年前水高及丈，殆誤看耶？又：（光，二六，八，一二。）余懶不事事，與兒不老成，大小事倚房嫗，淸孤大有老境。又：（光，二七，一一，二九。）七十宴客，隨到隨拜，不記誰某，若齊次風史士良，豈能辨此。又：（光，二九，二，一八。）將赴汴會試，至確山阻雨，遂還。又：道行無車，覓得一轎，，初以爲魂异，後乃知爲喜輿也。又：（光，二九，一一，十。）夏撫（省）聘至南昌，歲暮歸，次年復往，主講豫章書院。又：（光，三一，二，一五。）寒甚，無薪炭，劈書板代薪，石崇未能過此。又：功兒報四婦出洋，三兒護送，以爲我必怒，殊不然也。此皆不齒之人，何必問其所往。又：（光，三一，九，二四。）傅太尊約余重宴鹿鳴，答以詩。又：（光，三一，一二，十。）游陝，登華嶽，上絕頂踏雪，至天門而返。又：（光，三二，二，二四。）詹光求信與樊藩，告以一函百金之例，皇遽遂去。又：游南嶽，過湘落水，舟子抱上，已再浮沉矣。登嶽至舜廟，探紫霞洞，渡冷水還。又：（光，三二，一一，一六。）揚生度談議會，欲余冠冕羣英，總以憂國爲主，非野人所願聞也。又：千奇百怪事皆出我家，特賞進士，宜哉。又：（光，三四，四，三。）得電報，授我檢討，從來不喜此名，今蒙惡謚矣。又：（光，二四，八，一八。）房嫗受賕事發，令退銀自明，竟哭鬧不止，信有潑婦也。既爲人作假書至陳督張督謀事，又率衆鬧倡家，余參議言周嫗招權納賄，聲名狼藉，不可問也。又周嫗假暫還鄉，輜重纍纍。又：（宣，元，二，一二。）兩孫女亦知託交名條矣。交條之風，自毅皇始，醇妃珍嬪至於赫德，請託偏五洲矣。余則因以爲利。又：吾門無日無訟者，獄訟來歸，虞芮質成，何易言耶？又：（宣，元，五，二六。）至寧送端督（方），江南名士開會歡迎，設宴胡園，會散赴鐙船，各挾一妓，有寶卿者，陳伯雙以爲秦淮第一，未與語，而來挑余，惜無以酬之。又：（宣，三，正，二○。）撫藩臬學以鄉舉周甲，加侍講銜，俱來賀喜。因憶左季高換頂時醜態，賴我一洗之。又：前七十爲我女書扇，許以八十更書，竟踐此言，亦可喜也。又：（宣，三，九，朔。）門前武夫傳呵，云已攻得撫署，滿城白旂，余亦爲俘矣。又：聞報軍情，已無安居之處，自來亂未若此，不亂之亂，乃大亂也。又：功兒已剪髮，近報在長子，此多行無禮之咎。又：至湖隄，石阻車翻，身落糞坑，如唐伯虎。又：（壬子，一二，一七。）袁迎北上，至上海，宿瞿子玖寓，皆勸阻，度歲仍還。又：（癸丑，一一，二九。）生日受賀，鋪設庭堂，張掛燈彩，至五十里借電線，十里借戲台唱戲，亦奇聞也。城中有名人均至，夜放烟火。又：（甲寅，三，五。）復北行，由京漢路至都，就國史館長之聘，並爲參政。欲爲條陳，周婆尼而止。又伺候周婆出游，至廊房胡同李連英故宅，打金釵，報載周媽事亦有趣。又：（甲寅，九，二八。）大會翰林，以余爲首，實乃最後輩也，無後於我者。又參政院發會，以復辟爲邪說，亦駭聞也。乃係我署名，未能駁之。又：（甲寅，一一，二○。）南歸，作書辭袁慰庭。又：（乙卯，正，廿。）曾卜師相余能化凶爲吉，頗有所驗，薦之湯都督。又看唐詩蛾眉白髮云云，不覺有感，女寵而論年，是不知寵嬖者也。唐玄之於楊妃，庶幾非好少者；武氏之控鶴，亦庶幾自忘其年，但控鶴非其配耳。欲作一詩，嫌於大褻，要之此千古之大惑也。又：（乙卯，一一，二六。）陳仲騆為我作符命，證成莽大夫也。前有白頭帖云：『此去眞成莽大夫，』妖詩驗矣。又舊歷新歷，不復能記節日，淵明甲子，亦無從問矣。又：（丙辰，七，七。）久病不能坐，腰腹脹腫，諸事盡廢，遂及七夕，兒女均到省視，送終人皆至矣，詠七夕詩。（日記止此，卒年八十有五。）

日記後跋：王壬秋先生日記，為湘鄉彭次英所藏。先生生道光初年，登咸豐癸丑賢書。刻苦勵學，無間寒暑。經史百家，靡不誦習。箋注抄校，日有定課。遇有心得，隨筆記述。自課子女，並能通經，傳其家學。講學湘蜀，得士最盛。日記中皆纖悉靡遺，有關學術掌故者甚多。數參軍幕，間預政要，其間人物消長，政治得失，身經目擊，事實議論，釐然咸在，多有世人未知者。讀者作日記觀可，作野史觀可，作講學記觀亦無不可。（此跋商務印書館撰）

葉昌熾

葉昌熾『緣督廬日記』（以後簡作葉記）：同治庚午孟冬，分纂郡志。又：改定課例，單日理經史百家，雙日攻帖括，晨臨篆楷，夜作抄胥，逢五作古文，逢十作時文。又同治十年十月十九日：（以後簡作同，十，十，一九。）余以境地艱迫，告助友生，為會集一百千文。又：（光，二，四，一六○。）偕王茀卿管申季再至常熟瞿氏校書，余分得史部，又分得子部。又：（光，四，七，一二○。）校閱瞿氏書目，畧爲補正誤謬。又：（光，九，三，八○。）鄭盦尙書延課其弟，並屬編書目。又：（光，十，九，二四○。）前日在湯家山見有大塚，豐碑巍然，詢之則湯氏之墳，即鳴鳳記中所演湯裱貝也。余大駭。讀其碑，則成化年制贈大興縣湯渭父母誥敕，未識渭即東樓之客否？又：（光，一一，五，四○。）同鄭盦入都，得茘弟病歿電，即歸。又：（光，一二，十，一二○。）至粵應汪郋亭學使聘，次歲言旋。又：（光，一四，九，一五○。）余四十初度，建霞招游虎阜，遍拓摩厓題名。又：（光，一四，一一，三○。）黃再同約同至都課子，其子與誂兒同年同月同日生。又：（光，一五，四，九○。）會榜揭曉，中第八名，與建霞同出周郇齋先生房云。余卷爲鄭盦師取中。又：（光，一七，一一，六○。）南游臺北，並至粵東，就廣雅書院度歲，還蘇挈眷入都。又：（光，二三，三，一八○。）編定藏書絕句六卷，共四百有四家，附見二百九十八，續有增補。又：（光，二三，八，二四○。）天津延主學海堂講席。　翁記：（光，二三，八月。）季士周以電告我，云葉菊裳學海山長，我何嘗去電哉？此事可疑。　葉記：（光，二三，一二，一三○。）國史館中所有書籍及志傳正副本，皆藏大庫；今啓鐍往視，向西約二十餘楹，書架羅列，散失過半；極北數楹，封識嚴密，相傳內有蝎子精，無敢啓視也。又：（光，二四，元旦。）行年五十，歎臣精之銷亡，痛子嗣之零落，當自署爲悖居士。又：（光，二四，三，二四。）至別墅，行納篋禮，不意垂老桑榆，猶留此一重公案。陳姬願一見大婦，乃於七月七日游陶然亭，會於佛閣。次春姬乞去，遂縱之。又：（光，二四，六，二〇。）昨有旨求校邠師抗議，豈知尙有一老弟子陸沈金馬門乎？又：（光，二六，二，二六。）京察，召見於儀鑾殿東煖閣，太后垂詢籍貫，科分，留差，及江蘇錢價米價，有無教民會匪，並問寫白摺否，考試差否。皇上詢年歲若干，綸音甚低，次句聽不眞。太后代傳云：『皇上問汝是新一等抑陳一等？』謹奏：『是陳一等。』太后似動色，旋命退出。又：（光，二六，五，二七。）拳亂，送眷至昌平，旋仍回京。又：（光，二六，一一，六。）乘車謁客，由東西長安門馳道而過，端門洞開，各國兵弁車馬紛馳，各處宮墻往往開一便竇，任人出入，憑軾長歎：小臣非敢隕越，御者趨捷徑，雖禁之不從也。又：由西華門進，穿西苑，度金鰲玉蝀，出後門，一路廛肆，盡付焚如，八旗閥閱，無不自內達外，曠無居人。此次旗人肇禍，而受禍亦旗人最酷也。又：（光，二七，一一，五。）余自去年作『語石』一書，荏苒年餘，今始卒業。又：（光，二七，一一，卅。）兩宮回鑾，召見翰詹，至乾淸宮入對，太后涕泣撫慰云：『不意今日尙能再見爾等！』先言出奔時流離之狀，及山陜荒瘠之象；繼言都中洋兵騷擾，爾諸臣艱困備嘗，至死不變，皆余不德所致；因而泣下沾襟，諸臣皆伏地叩頭，有失聲者。皇上惟訓以：『國事艱難，翰院爲儲才之地，宜講求實學。』奏對至四刻之久，始命退出。又：（光，二八，正，二八。）奉命督甘肅學政，出京抵任。又：（光，二八，八，二九。）度隴以來，無人不言瘴，至紅水縣高岡，猛然香氣直透鼻觀，即覺四肢苶然，心骨俱醉，有頭痛者，有氣喘者，信不虛矣。又：（光，二八，一二，二九。）靜遠令送鴿子魚，爲鴿子所化，惟靜遠界黃河中有之。又黃魚出青海中，隴市海錯，惟此一品。又：（光，二九，三，一七。）階州歲科並考，使者三年始一至，故所至觀者如堵，並爭以小孩紅布纏首，從輿下過，謂之過關。又：階州產金綫狨，大於猴，有高至四尺者，抱子飛行，人以火器擊之，輒飼其子飽，然後拱立待斃，獲其雄，牝者跪地哀鳴，亦可憫已。狨以猴爲糧，羣猴至，擇其肥者置一石於頂，餘皆去，此獨惕息待食無敢動。又：（光，二九，五，二四。）至大通河水溝口紅山，土司指揮僉事魯某，服西漢衣冠迎道左。聞其種族爲唐沙陀國之後，山中有唐明宗兆域，李景王饗堂。又：（光，三二，四，二三。）奉裁撤學政之命，到隴適居四年，遂乞假歸蘇。又：（光，三二，七，二七。）見『孽海花』小說，吾輩書癡，皆在笑罵之列，文卿、鳳石、西蠡、師許最酷。改不佞姓名曰易鞠，號緣裳，郎亭曰錢唐卿。又：（光，三二，一一，一八。）取辛臼簃詩史稾排比整理，改題曰『詩讔』。仲午言拙詩皆憂傷之設讔，而題目如圓明園等類，尚嫌說破，知言哉，遂重刪易之。又：（光，三四，正，一。）歲月如流，忽已周甲，自挂冠鍵關謝客，得曹叔彥函，述朱竹石方伯之命，存古學堂以不佞爲總習。又：（宣，二，四，一一。）室人病逝，三子一女皆早化去，痛何如之。又：（壬子，正，一。）諷賈至早朝詩，愴然今昔之感，飭家人無賀，但朝服望闕遙拜而已。又：（壬子，十，一八。）檢日記：自同治戊辰二十歲起，至去年宣統辛亥歲除，共四十冊。其初書生弄筆，不成文字；三十以後，發憤治古學，稍有可紀，四十通籍，見聞漸廣。聞道苦晚，回溯前塵，恍如大夢。又：（壬子，一二，二。）避居滬上，次歲仍歸，其後時往來於蘇滬間。又：（甲寅，五，四。）舊藏碑版八千通，招吳石潛覓主。又：（壬寅，六，二九。）清史館趙次山館長函聘總纂，復書辭謝。又：（乙卯，五，十。）縣大夫欲來商修蘇志，不佞大清長洲人也，今大清何在？縣何在？而可爲之秉筆乎？敬謝不敏。又：（丙辰，除夕。）然燭祈天，衣冠雖敝，猶是大清章服。又：（丁巳，六，一六。）聞孤注一擲，報紙狂吠，不願問聞，以速死爲幸。又：（丁巳，九，一五。）再生日記：犬馬之齒，倏焉六十九歲，祝宗之祈，已非一日，不幸病久，至三月而終不死，精亡脈極，喘息僅存，雖生猶死，誠不如死云爾。（日記止此後七日卒。）

吳郁生序：同治庚午，余從朱怡雲先生游，居正誼書院。緣督葉君，時過先生齋，以文字相質正，始得識君。君方銳意治詞章，旋佐馮林一先生修郡志，治漢儒經說，旁及金石目錄考訂之學。以光緒丙子舉於鄉，潘文勤、吳窓齋、汪郎亭諸先輩爭相延致。己丑入詞館，同官京朝。君不通聲氣，不騖時名，閉戶著書，無異寒素。酷嗜金石文字，山巖屋壁，斷楮殘拓，珍如性命。迨余視蜀學，君赴隴軺，兩省石墨，時以郵筒相遞贈。丙午以後，政局日新，君任滿告歸，遂不復出。辛亥之變，余遯跡青島，君假館滬瀆，猶丹鉛不輟。余謂君之『藏書紀事』『語石』二編，乃二百數十年間之創作，君雖欲然，而心喜余爲知己也。此日記乃王君九從手稿錄出，始庚午，即余識君之歲；終丁巳，則與君永訣之秋也。

王季烈序：先生日記絕筆丁巳九月十五日，即其易簀之前七日也，前後四十八年，按日記錄。因有臧否人物規誨親故之詞，遺命戒勿以全稿示人，今取迻錄。於米鹽凌雜，往來酬酢，與夫規誨之詞，皆節去之，約得原稿十之四。烈維公外和內介，學博行修，轍跡半天下，交游盡名賢，其爲學之勤，內行之厚，立品之卓，藻鑑之明，取予之嚴，見聞之廣，皆見於日記中，又先生日能手書二萬字云。

潘祖蔭

翁記：（咸，八，六，二一。）陝西正考官潘祖蔭（伯寅，吳縣。）同啓行，至保定，伯寅急病，延蘇人葉道芬來診。又次華嶽，偕伯寅謁嶽帝象。　李記：（同，二，四，一八。）作書致潘伯寅，得復，惠我十金。（潘于李歲時必有饋，視爲常例，廿餘年約計三五千金，不備後錄。）伯寅索閱近年日記。又：伯寅爲王孟調刻『西鳧遺草』。又：（同，四，正，二一。）作書致伯寅副憲，爲陳德夫刻遺集事。又：得伯寅書，謀爲予刻『霞川花隱詞』。又：（同，十，四，四。）伯寅送來新刻陳珊士詩詞遺集。又刪正孫蓮士詩文，交伯寅刻之，並代爲撰序。又撰陳珊士、王孟調、孫蓮士三子傳，交伯寅刻于越三子集首。　王記：（同，十，五，朔。）伯寅約飲龍樹寺，與香濤同爲主人，大會名士，集者十七人。無錫秦誼亭，名炳文，善畫。南海桂皓庭，文燦。績谿胡荄甫，澍子，薊之族也。吳許鶴巢，賡颺。元和陳培之，倬。會稽李純客，慈銘。趙撝叔，之謙。撝叔云，戴子高屬訪余，必欲一見。長山袁鶴丹，啓豸。洪洞董研樵，文煥。遂溪陳喬生，亦山。黃巖王子裳，詠霓。錢唐張子虞，預。福山王蓮生，懿榮。南海譚叔裕，宗浚，玉生翁之子也。瑞安孫仲容，詒讓，琴西子也。朝邑嚴進甫，迺焌，丹初之從子也。研樵曾與譚文卿同寓晉陽館，余尙識之。亦山最熟。皓庭純客皆曾相見。王張孫不多語，孫年最少，亦廿四矣。胡趙同寓果子巷，明當訪之。伯寅各予一紙屬書，意在得詩也。秦誼亭繪圖。又伯寅談著作須爲朝官及朝官不能著作云云。又：（同，十，六，九。）聞徐壽蘅飲饌過人，因求代治具，約伯寅諸人爲一集，伯寅約岑辭不至，設饌太多，飽不能徧，壽蘅云：『無虎豹故也』，虎謂伯寅，豹謂豹丞。又：問伯寅前日試題『刑賞忠厚之至』語所自出，云龐葆生擬題，即從『古文淵鑑』中尋撦，不知出典也。南書房侍臣如此，使後生何述？後詢知語出僞孔書傳，云楊汀鷺所說，楊名開第，以殉母死。　翁記：（同、十，五，二九。）伯寅等奉勅影寫星鳳樓帖中草書，以眞字音釋於旁。　李記：（同、十，五，一二。）伯寅延攬人材，如恐不及，惜爲趙妄子翼所惑耳。又：伯寅書言金石之學爲實學，以世人不能識古文奇字爲恨。復書告以金石固不可不講，而近人往往全不讀書，臆造古文，不識點畫，而曰可正說文；杜撰年號，不辨時代，而曰可補正史；且藉以游揚聲氣，干謁公卿，是亦風氣之大害，所當防其流弊者也。又：（同，一一，四，一二。）伯寅書屬題『東堂喜雨圖』，去年知貢舉時志春圃侍郎所繪也。伯寅久不得主文，去年知舉，非其雅意，故書謂與予之不第同一牢騷，詩中微達其恉以諷之。又：（同，一一，七，五。）鄭司農生日，集潘侍郎鄭龕祭之。又：（同，一二，正，廿。）伯寅屬代撰龐寶生尙書『文廟祀典考』序。（時有代撰，後不備錄。）又伯寅侍郎奉命典試，以詩賀之。又：（同、一三，六，一九。）有旨，潘祖蔭以三品京堂候補，何以不見邸鈔？蓋因捐修圓明園議叙加恩耳。（潘以侍郎被議降調。）又伯寅以南齋唱和詩屬閱。　翁記：（光，元，七，四。）伯寅住酒館，屢來借書，亦東華門一段韻事。李記：（光，二，八，一四。）三得伯寅書饋銀，皆分其門生節敬也，可感之甚。又爲伯寅侍郎代擬文字。（時有代擬，大抵南齋應制作也。） 翁記：（光，七，二，五。）議俄事，伯寅擬奏片，落筆如飛。又：伯寅以余言瞻顧，大怒，余笑解之。又：（光，八，一一，七。）與伯寅同直軍機。 李記：（光，九，四月。） 伯寅奉喪南下，屬撰紱丈墓誌。 葉記：（光，九，五，三。）鄭盦尙書枉駕，延課其弟。又：（光，十，六，四。）鄭盦丈言：庚申都下怡王府宋元槧本，捆載出售，所見周易單疏，左傳單疏，皆北宋大字監本，驚人秘笈，每部不過數金，皆爲常熟翁尙書及楊協卿太史所得。劉燕庭家金石，亦於此時出售，彝器一件亦不過數金而已。又：（光，十，七，廿。）鄭盦新得飛龍城古碑，其文非篆，非隸，非楷，疑是女眞字，碑在今盛京英額邊門外鮮圍場海龍城北六里山巔，五行，二十餘字不等，後有兩大字，似釿記狀。（按此確爲女眞字摩崖，余專人往拓，並有釋文。）又：（光，一一，九，二九。）鄭盦盡出所藏秘笈屬爲編目。又：（光，一一，四，十。）居停釋服，同入都。 翁記：（光，一一，九，三。）秋闈，潘公商酌元作未愜，擬易，余不可，潘公力持之，遂別定一元，揭曉劉若曾也。又：（光，一三，一二，二二。）南齋賞項，日加一日，伯寅揮霍，李吳隨之，可異也。 葉記：（光，一五，二，一九。）鄭盦奉敕校『通鑑輯覽』，招往相助，以懋勤殿鈔本對通行刻本，頗有異同。同校者郎亭、鶴巢、建霞、康生、夢花、子培、仲弢等。又（光，一六，十，卅。）鄭盦師病劇，常熟師來，同入視，已不能言，僅手書：『痰聲如鋸不治也』七字，亦模糊不可辨，延至酉刻竟逝。師欲爲昌熾刻『藏書紀事詩』，病中猶詢會稽清本否，彌留時連促二次，追念平生知己，不勝感愴。又編文勤師年譜，爲仲午捉刀。　翁記：（光，一六，十，卅。）聞伯寅病篤，氣喘，急往視。執余手曰：『恐難治矣』，方歸而追者告絕矣。余徒步往哭，呼趙寅臣囑購棺木，用八百金。呼仲午寫一字，以其子樹棻爲伯寅後。伯寅危坐告終，不平臥則將龕斂矣。又：（光，一六，一二，六。）潘宅送殯，飢民數百在天橋跪哭，萬民傘甚多，亦一時煊赫者矣。九列中送者，余與榮仲華李若農耳。　王記：（光，一六，一二，一九。）聞伯寅之喪，侍從遂無好事之人，可慨惜也。　葉記：（光，二一，九，二六。）榮陽師毋屬往檢視文勤師金石書籍，插架塵封，皆銘心絕品也。彝器鼎四十餘，鐘二十餘，卣敦之屬皆以數十計。又：（光，二二，七，二九。）米市藏書，爲翰文齋所得，四千一百金。祝年丈所視爲土苴者，皆精本也。

湯金釗子修

翁記：（咸，十，正，二七。）老丈言，昔文端公在江蘇學政任，奉乩仙，一日，乩書次子修賜字敏齋。又一日，書年庚八字一，綴一詞於下，有『二十四橋明月夜，明珠一顆掌中擎』之語。又書云：所示八字，乃上海葉令之女，可與修爲佳耦。文端承命與葉議婚，于歸三年，生一女而殁，年二十四，乩書皆驗。所生女即余亡妻也。又：（咸，十，七，二五。）太常寺卿湯修，御史尋鑾煒各遞封奏。又：湯尋摺請回宮，皆切直，湯摺以行書繕寫，摺尾自請議處，發下無說，遂辭官歸，後卒於蘇寓。

李文田

翁記：（咸，十，三，一六。）廣東李若農編修，賦甚閎麗，歎爲奇材。又：若農博覽能文，丹鉛不去手。又：（同，三，八，五。）訪若農，見廣東鄒君所製日晷，可測中星及時刻節氣，精巧無匹。鄒君長於推算，十五歲即爲阮文達所賞識。　李記：（同，三，一二，二〇。）邀李芍農編修爲德夫診衇撰方，予與編修初識面，而能推愛交類，周至盡心，深可感也。又：（同，四，四，卅。）李芍農爲予推星命，言其格爲日月夾命，五星逆生，耶律文正『乾元秘旨』中所謂大格者，當主奇貴。又謂逆格者多有磊砢不平之氣，以術料之，恐以氣節賈禍云云。又：（

同，九，九，二三。）鄉試中式，謁座師，先見副考官李芍農先生，極道故誼，且言闈中物色予卷，文筆殊不相似，以爲詭失，既慙負知友，又無以對都中故人。　王記：（同，一二，三，二九。）至袁州試院，謁若農學士，出迎，留談如舊交，遂宿其榻。又與仲約談內庭宮監事，云宮監不以官品爲榮，以差爲貴。又論夷務，籌今可將者殆無其人，可爲太息。又言新會有漁師，能先知次年水大小，其法以十月初旬秤水，日重一分，則月高一尺，如二日重，則二月水長，以此知張平子地動儀可測而知也。又仲約談廣州闈姓之局，確有消長，作表示我。　李記：（同，一三，七，卅。）若農師出示所上請止園工封事，深論危言，詳盡痛切，古今之名奏議也。聞上閱竟不置一語，蓋聖心亦頗感動；外傳上震怒，裂疏擲地者，妄言也。若農師去年江西任滿時，已欲乞養歸，因聞朝議修園，乃入京復命，先責軍機寶鋆不能匡救，寶曰：『君南齋，亦可言也，何必責軍機？』李曰：『此來正爲此耳。』遂上疏。又：（光，一二，二，朔。）作書致若農學士，畧告以平生治心之要，及重名之不可恃。又：（光，一三，五，二四。）邸抄，皇太后召見李文田，以合肥保舉堪使外國也。李學士平日毀合肥不直一錢，而忽有此舉，不可解。　翁記：（光，一二，四，三。）見若農所藏華山碑，乃宋榻之精者，爲海內第四本。又：（光，一三，八，一九。）李若農來，爲余相度住宅，談澳門事甚悉，覇才也。　葉記（光，一三，十，卅。）粵人篤信形家言，喜營佳兆，又重科名，往往建塔以鎮風水，聞通人如李若農學士，亦注撼龍經也。習俗移人，賢者不免，信矣夫。又：（光，一九，三，一四。）仲約侍郎善談風鑑，每見余，必熟視曰：『是非余所知也』。　翁記：（光，二一，十，二三。）哭若農，爲之摧絕。若農身後蕭條，笄囊盡買書矣。其子淵碩，年十五，號踊如成人，可憐可憐。

肅順

翁記：（咸，十，三，一八。）聞此次散館卷上親判甲乙，命尚書肅公監視折彌封，蓋愼之也。又：殿試監試者有尚書肅公，傳旨某時撤卷，甫屆時，即紛紛掣取，有謄一行者，數字者，均不得免。發出壽字圓印，完卷者鈐於卷尾，不完者就所止鈐之。肅公頤指氣使，視士人若奴隸，掣卷畢，日猶未落也。聞高碧湄、工蓮西、徐季和卷皆佳。又前十卷進呈折封，一甲第一鍾駿聲也。又：（咸，十，四，二八。）聖躬欠安，改於圓明園臚唱，前此所無也。又：（咸，十，七，二五。）各部院大臣籲請車駕還宮，硃諭：『巡幸之舉，朕志已決。』又：（咸，十，八，八。）聞聖駕出巡，廷臣有伏地力爭者，麾之出。六宮先行，肅順隨扈。又：（咸，十，十，二四。）聞傳戲班往熱河，已起身矣。又：（咸，一一，十，六。）有旨，載垣、端華、賜自盡，肅順斬決。　王記：（同，十，七，六。）至二龍坑，見豫庭二兒。一日徵善，字信甫，出繼故鄭王端華。二日承善，年十八，甚英發。園亭荒蕪，竹樹猶茂，臺傾池平，爲之悵然。承善字智甫，又云禹階，其弟同善，字禹襄，獨與母出居於外，蓋豫庭二妾不和也。次日，故鄭王子徵善來。余本約豫庭子承善，而以無衣冠不能至，旗人仍習氣講排場，不能變也。久談無策可振之，宗室禁嚴如此，亦定制之未善耶？又：（光，五，正，二九。）余昔與匡鶴泉同客肅順，又人謂曾滌丈督師爲余薦之肅，無是事也。　翁記：（光，二二，二，二三。）戶部顏料庫火，回憶咸豐九年戶部火時，肅順爲農尙，道路以目，今苛政頻行，余等烏能謝責哉。

高心夔

翁記：（咸，十，五，一二。）赴高碧湄心夔陶然亭之約，同坐者貴州莫子偲友芝，湖南黃麓生濬，四川趙元卿樹吉，及李眉生鴻裔，范雲吉，尹杏生也。又：（咸，十，七，七。）餞高碧湄莫子偲於湖廣舘，碧湄在園商畧要事，未到。又：伯寅杏農公餞高碧湄，余與辛伯眉生作陪，碧湄篆刻最精，落筆如風雨。又：夜與高碧湄談於眉生齋中，觀碧湄詩稿多擬漢魏，沈雄峭拔。又：送高碧湄行，碧湄曳裾侯門，爲時訕笑，然其人倜儻磊落，非凡夫也。又：（同，四，七，六。）得高碧湄書，在郭筠仙幕中。又：（同，七，五，二四。）都將軍託延幕客，以高伯足薦之，伯足不願往，曰：『吾自知才不濟，安吾縣令而已。』又：（同，七，九，六。）遇高碧湄，在李帥幕府，以直隸州發江南。又於其坐識長沙曹君耀，名士也，詞章尤長，留心時務。伯足稱之，以爲時流中第一。又：（同，一一，一一，廿。）高碧湄署吳縣，留飲官齋，談頗颯爽可人

李記：（光，八，十，二六。）高心夔，字伯足，號碧湄，湖口人，，咸豐庚申進士，朝考以詩出韻，置四等歸班。先以已未會試中式，覆試詩亦出韻，置四等，停殿試一科。其出韻皆在十三元，湖南人王闓運嘲以詩云：『平生雙四等，該死十三元，』京師人以爲口實。久館故尚書肅順家，肅待之厚，庚申殿試，肅方竊權，張甚，必欲爲得狀元，詢之曰：『子書素捷，何時可完？』高曰：『申酉間可。』至日，肅屬監試王大臣，于五點鐘悉收卷，以工書者必遲，未訖則違例，而高可必置第一矣。然高卷竟未完，于是不滿卷者至百餘人，概置三甲，而仁和鍾雨人素不能書，自分必三甲者，竟捷狀元，說者以爲有天道焉。然高實名士，文學爲江右之冠，已未庚申兩榜中人，罕能及之者。後爲令于江蘇，兩署吳縣，無政聲。嘗斷一富人買妾事，誤信市魁，誣爲他姓逃妾，致妾及其母皆縊死，富人傷之，亦自縊，高遂病失心，一年卒。吳中爲刻其『陶堂遺集』。

陳孚恩

翁記：(咸，十，七，二五。)會議巡幸，端華等昌言於廷曰：『京城毫無可守，如何請駕還宮？』陳孚恩亦云：『宜為皇上籌一條路才是。』衆皆莫對。又：(咸，十，八，二五。)陳子鶴力持不可和之說，帶勇數百各處巡查，市人皆稱誦不置。又：(咸一一，十，二一。)聞陳子鶴家籍沒，旋發新疆，後殉伊犁之難。(事聞，僅恤其家屬而已。)又：(光，廿，正，二六。)陳鶴丈之第四子景藩，號康珊，山東縣丞，伊十一歲在伊犁被擄，在回疆十年，俄入伊犁，乃由俄境郵達恰克圖而歸。游幕粵閩，去歲始以微員發山左，述舊事流涕不已。

僧王

翁記：(咸，十，七，廿。)僧邸先報大沽已見海船，或云已接仗矣。又：聞大沽失利，北岸砲臺陷，僧邸在南岸不能軍，遂委之去，節節退守，直至通州。又：(咸，十，八，四。)僧王於張家灣擒巴夏里等廿餘人，退守八里橋。又：『聞僧王甫出隊，遇賊大敗，退紮安定門外八公主墳。又：僧邸召赴行在矣。　王記：(光，九，五，一二。)祝游擊來，久談山東戰事，獨稱僧王。余但以褒報觀僧王，謂不知兵，今而知文之不可已也。僧王但不及多，實無愧鮑，以謾罵失湘人心耳。又：(光，九，八，二五。)穉公談僧忠王甚有名將之風，事君敬，教子嚴，奉母孝，行軍勇。乙丑詔徵入輔政，辭不敢赴，而薦曾國藩，皆前所未聞也。

醇王

翁記：（咸，十，七，二七。）硃諭：『朕審時度勢，夷氛雖近，尤應鼓勵人心，即將巡幸之預備，作爲親征，朕親統勁旅，在京北坐鎮，』云云。聞係醇邸痛哭力爭，惇邸亦以爲言，軍機文祥爭之尤力，故有是旨。又：（同，五，四，一六。）醇邸言宣宗晚年每披軍報，必不怡良久。一日問孝和睿皇后安，適英夷占定海，上强爲慰藉。太后厲聲曰：『祖宗創業，尺土一民皆艱難締造，何今輕棄之耶？』上長跪引咎。又宣宗罷昇平署不用，三十年中，凡遇筵宴，例劇一二齣即止，伶人衣服破如蛺蝶，嗚呼，恭儉仁孝，宣廟之德，超前古哉。又：（同，七，二，一六。）醇邸倭相連請上於召對樞臣時入座，懿旨照行。又：（同，九，二，五。）醇邸示沂作水雷數首，皆淸婉似樂天，次韻和之。又：（同，九，十，二九。）醇郡王先有封事，請將兵西征，掃除隴坻，遂出玉門，語甚激切。未幾遂連請假。又：（同，一三，一二，五。）太后諭議嗣立云：若承嗣年長者，實不願，須年幼乃可教育，現在一語即定，則宜曰某，維時醇王驚遽敬唯，碰頭痛哭，昏迷伏地，掖之不能起。又：（光，四，七，廿。）詣醇邸，游其南園，登眺良久，遇榮侍郎於座，留飲，爲之一醉。又：（光，六，一二，二三。）爲醇邸擬復李相信，極論鐵路，凡數百言。又：（光，七，三，廿。）與醇親王談，余勸以調和左相，毋令爲難，王甚韙之。又：醇邸以與左相並坐照相，索詩。又：（光，八，二，二八。）醇邸新闢適園，在織子胡同，乾隆中和珅之戚所搆，已廢矣，醇邸以三千五百得之，增廓西邊，極閎敞，臺榭池石，殆無以過適園者。又：（光，十，正，廿。）詣醇邸談越事，其意總以未能大舉爲恨，語亦無歸宿。又：（光，十，三，二九。）樸園書論越事，仍主講矣。又晤談，言不得已之故。又：（光，一二，五，四。）醇邸談閱海軍，意思甚壯。（光，一二，十，二四。）慶邸晤樸菴，深談時局，囑其轉告吾韙，當諒其苦衷，蓋以昆明易渤海，壽山換灤陽也。又：（光，一三，十，一六。）上垂涙云：『醇親王病重，』語甚急切。又：（光，一三，十，二五。）上侍太后視邸疾，邸以厚褥鋪地，欲起跪而不能，欠伸而已。上見邸行拉手禮，邸曰：『無忘海軍。』又：（光，一三，一一，一五。）上命至邸問候，入其臥內，大解後稍愈。邸曰：『前此覲上似有童心，今聞傳語，實有深心。』囑回奏請好讀書。又：（光，一六，一一，二一。）聞醇邸逝，趨入請安，上噭然長號，臣等亦失聲，面對服色凡四條，出與萊山改定禮部稾，得十二條，遂定議。又：（光，一六，一二，二十。）醇賢親王舉殯，暫安蔚秀園，醇邸之賜園也。本定王園，其後即澄懷。又：（光，二三，四，二三。）醇賢親王園寢有銀杏一株，金元時物，懿旨鋸去，使明堂開展，樹大七圍半，蟒蛇所窟。

恭王

翁記：（咸，十，八，一一。）命恭親王專辦撫局，住海淀緣庵。又巴夏里言：『恭邸人甚明白。』又：（咸，十，九，一一。）是日英國換約，以禮部爲公所，陳設華美。午刻恭邸至，巴夏里先到，恭邸立而迎之。有頃，額勒金來，設鼓吹，乘八人綠輿，恭邸降階迎，額免冠鞠躬。賓主坐，巴與恒祺皆立侍。以和約彼此畫押，即登輿去，邸送之如初。又：恭邸住法源寺，餽夷酋食物。又移住後門外嘉興寺。又：（咸，十，九，一四。）恭邸文祥勝保等請遷都關中，硃批：『捻匪如何能禦？道路如何可通？妥查具奏。』又：（光，七，正，一一。）延議俄事，擬侯左相抵都再定，恭邸不以爲然，乃請准內地通商。又：（光，七，二，五。）左相說帖，有查禁俄人軍火糧食一節，恭邸恐多轇轕，且於成局有礙，奏片駁之。又：（光，九，四，二七。）與恭邸談此次散館等次不甚公，各省佳士當破格留玉署，邸意殊不謂然，略動聲色。次日入對，余力陳裴維安左紹佐不應抑置二三等，未敢請加恩也。而丹毫俯鑒，竟以裴留翰林，左予部屬，蓋特識也。又：（光，十，九，卅。）聞醇邸懇請准恭邸豫祝嘏班，太后已允；次日乃傳旨申斥。次年請派隨扈東陵，亦未許。又：（光，一一，六，四。）夜半疾雷，恭邸正屋俗呼銀鑾殿，震一狐，匾額天花板皆墜。又：（光，一六，六，卅。）晤恭邸，言去秋大病，今溺血未愈也。神氣尙健，鬚微白。又：（光，一七，一一，一八。）祝恭邸六十壽，面遞如意，邀至花園聽戲，戲臺極敞，李蘭孫、榮仲華、崇受之、敬子齋、余與孫燮兄六客而已。又：（光，一八，一一，二八。）奉諭恭親王福字撤下，毋庸賞給。又：（光，廿，正、一六。）謁恭邸，鬚盡白矣。又：（光，廿，八，二八。）與李公合請派恭親王差使，太后執意不回，雖不甚怒，而詞氣決絕。又：（光，廿，十，四。）慶邸力陳恭親王宜令督辦軍務，允之。又：（光，廿，一一，八。）慈諭恭親王授軍機大臣。次命撤書房，臣力陳講不可輟。太后諭曰：『此恭親王所陳，』今改傳滿功課及洋字均撤，漢書不傳，則不輟之意可知。又：（光，二三，正，二七。）問恭邸疾於朗潤園。久駐園，常侍太后游宴。又：（光，二四，四，一一。）恭親王薨，太后大感慟，諭：『王德最隆，惟配享始足以昭崇報。』

寶鋆

翁記：（咸，十，七，二五。）軍機以下各官奏請車駕還宮，硃諭怒問何人秉筆，以寶鋆主稿覆奏。又：（咸，十，九，一四。）以圓明園災，三山陳設遺失，奉硃筆：『寶鋆暫免正法，降五品頂戴，各項差使皆革留。』又：（同，五，七，七。）倭相等議請准李鴻藻終制，寶佩翁遂有明朝迂腐方嚴之習，皆不中事理。又稱此事全賴局中人勸導，意責同直，方躊躇間，而佩翁遽云：『諸公皆無異議，即可入告矣。』匆匆而去。又：（同，八，九，二九。）近有夷務交涉，文冢宰力主持重，董公輒許之，而寶公爲呼應於內，可歎。

王記：（同，十，五，二三。）聞去歲有太監欲刺寶尚書，近日風氣殊可慮。余幸不主朝，若當權正色，恐有伯宗之禍。聖人不死，蓋知幾括囊。余初以爲人無不可化，嘗一試於某，而不驗，故感而記之。

翁記：（光，五，十，一一。）寶相國招觀劇，大開東閣，點燈宴客，六日不止。又：（光，一二，九，二二。）詣寶相國家聽戲，今年正八十，擇日宴客也。又：（光，十，十，十。）太后五旬萬壽，寶鋆由禮部奏請，因係休致人員，在午門外百官之末行禮。（按既不准恭王隨班晉祝，並斥及寶鋆，惡恭甚矣。）又：（光，一二，一二，二八。）祝寶師壽，精神風采如舊，云『頑健』二字，有味，頑則必健也。

恒祺

翁記：（咸，十，七，十。）聞夷人入天津，驅官民令出，惟留恒制軍數人，往來文報，先折閱然後得通。又：（咸，十，九，朔。）夷人先言，若不令入城換約，定開砲攻打。是日恒祺持令箭開德勝門，騎馬前導，夷酋額勒金按部入，約三四百人，露刃徐驅，觀者不禁。又：商人樂平泉（同仁堂）、王海（木廠）、捐備牛羊，餽送夷人。又：（咸，十，九，六。）昨日夷酋照會索償，云奉欽差大將軍諭，須燒燬圓明園，照會甫到，而三山火起矣。又：（咸，十，九，一二。）前門棋盤街夷兵數十騎，有黑帽黑衣金飾如花葉者，彼國官也。有紅頂花翎，周旋其間者，我國恒祺也。爲之太息。又：（咸，十，九，一八。）英國照會代擬諭旨，令即通行，或云出恒祺手。

巴夏里

翁記：（咸，十，八，四。）怡王等羈英夷通事巴夏里下刑部獄。巴夏里者，年三十四，能通滿蒙漢語，畧有文義，久爲通事，夷人中最黠者也。廣東之事，實爲之謀，廣人曾懸賞三萬購之，是日率四五人闖入怡邸臥內，有如不和好，即刻進兵之語，怡邸飛咨僧王擒之。巴夏里被獲後，見僧邸即長跪痛哭，隨身鎖匣開視，無異物也。又（咸，十，八，一一。）巴里夏用大字名片，請恒祺至獄議事。恒祺與巴夏里面議，令作書致額勒錦。又：（咸，十，八，一五。）巴夏里釋出，館之高廟，巴酋致書城外，言恭邸明白，中國相待亦好，暫緩攻城，旁寫夷字，不知何語也。又恭邸給巴酋禮五色，恒祺為備舖蓋，巴酋喜甚。又：（咸，十，九，朔。）夷兵入城，巴酋至國子監雍和宮等處一覽而去。又：巴夏里先以六騎周閱城樓，疑我設伏也。又：（咸，十，九，一五。）英兵欲燒怡王府及刑部獄，蓋巴酋以受辱含怨也。又：（光，十，正，九。）英使巴雅爾，即巴夏里，今復來中國總署春宴，獨越席上坐。又巴使見曾九頗敬重。（按英復任巴使，欺中國甚矣，當時據國際法可不接待也。）又：（光，十，一一，二一。）賀各國年，巴夏里談良久，力勸造鐵路，以為可養苦百姓也。又云：不宜與日用兵，高麗有事，若一搆衅，各國垂涎，不如中認定屬國，即高傷日，亦當攬歸，否則高真成自主之國矣。（按巴此論極是，惜其時不能用也。）

勝保

翁記：（咸，十，六，八。）聞勝保至八里橋，而通州南門已被焚，進戰獲勝，移營向東，聲勢一壯。所統止旂兵四千。又聞勝以軍餉三十萬寄房山縣庫。　李記：（同，二，七，一九。）詔暴勝保罪，賜令自盡。勝保罪案，去年上諭所列，苟得其一，足以殺身。然入獄之後，氣燄尚甚盛，大臣多爲之道地，朝廷亦將待以不死；而揭奏稱寃，欲坐參劾諸臣以重罪。兩宮震怒，遂速厥誅。東朝聖明，古無其比，乃悠悠之口，尚以其功爲念，何耶？

文祥

翁記：（咸，十，八，一一。）硃諭，文祥署步軍統領。文祥忠義奮發，周視九城，力任開倉放米；戶部侍郎寶鋆，亦力任開庫撥銀；人心稍定。又：（同，八，五，二八。）近年文冢宰始以五十歲賜壽。又：（同，八，九，廿。）聞文冢宰疾，中風不能語，頗可危。此人關繫甚重，不可失也。又聞其疾，乃爲通商衙門事，夷使因貴州傳教被害，具摺請辦董許之文，不以爲然，故致鬱怒傷肝也。又問文博川疾漸愈，仍危坐食粥而已。又：（同，十，二，二八。）文祥協辦大學士，流涕辭後，再推爲大學士，堅不受命，乃超拜瑞麟。次歲授體仁閣大學士。又：（同，一三，七，二九。）硃諭，革恭親王世襲，封下，文祥等請見，不許；遞奏片請改，不許；最後云明日再定。次日兩宮皇太后御弘德殿宣諭，命恭王有任事之勤，一切賞還。又：（光，二，五，五。）聞文相國星隕，不覺驚呼，蓋爲國家惜也。此人忠愨，而於中外事維持不少，至於知人之明，則其所短也。

周祖培

翁記：（咸，十，八，一四。）夷兵抵通州，周相國云，宜釋巴夏里，處之賓館，娛以女樂，愍其議和。瑞營有文書知照順天府，備牛羊等物。兩相國之謀猷如是。又：（咸，一一，十，十。）詔改祺祥年號爲同治，從大學士周祖培請也。　李記：（同，二，六，四。）偶從芝翁談入署辞差事，芝翁謂我能讀書，而不能作官，切中予病。又：相國以手製胡餅見餉。又：商城屬助修書，（文宗實錄）于書法、體例、事蹟、譌落時有所補正。一日數接，尤疲于校勘，並屬改文宗實錄後跋。又：商城屬撰袁端敏輓聯，激賞不已。又以李翕西狹道頌碑，屬集爲聯語。又：（同，三，九，一二。）相國早朝回，言予卷在徐檢討桐房，薦而未售，與楊侍講泗孫甚相嗟惜，徐楊二君不無文字知己感也。又：（同，四，三，六。）芝翁來談，頃朝議恭親王事，太后自先作詔，芝翁添入議政王初尙屬謹愼八字。又芝翁請商條陳軍務疏，其意欲舉君鄉譚侍郎暫攝帥權，予素知侍郎外愎而內懦，絕不知兵，因力阻之，請改薦直督劉君。又為言呂黎韓黔撫才可用，芝翁竟從余言。又：（同，五，五，五。）相國餞行，聚其諸子從夜飲。又：（同，六，五，朔。）京報商城相國以修實錄勞，賜其子文令舉人。又：聞商城相國薨逝，相國容容保位，無他可稱，而清慎自持，終不失為君子。其于鄙人，亦不足稱知己。然三年設醴，久而益敬，且時時稱道其文章，頗以國器相期，是亦可感者矣。又：（同，十，九，四。）周允臣乞譔文勤公神道碑文，既無行狀可據，僅取文勤自癸卯至丁卯日記采綴之。又：為允臣代譔行述，與碑文事同文異，而較詳密，文勤遺事，搜輯靡遺。又：（同，一一，四，二。）聞允臣卒，即往弔。允臣未嘗學問，而極傾折于予，惓惓畢生，知交中所少也。

孫毓汶

翁記：（咸，十，一二，十。）僧邸參孫毓汶不遵調遣，請革職枷示，發新疆。奉旨免其枷號，即革職發新疆。詞臣居鄉，乃被斯譏，亦奇矣哉。（按孫之獲咎，實因恭邸惡其抗捐，詳見本傳，故旋即以輸餉開復。）又：（同，九，三，一六。）為慈親稱觴，萊山來商量演劇請客事，借安徽會館。館初落成，極崇麗，兩廊設簾，內眷可坐，慈顏怡愉，萊山之力也。又：（同，一三，五，二四。）過濟寧州，訪萊山於鄭莊，侍其母疾，將乞終養，慨然以四百金見貸。又：（光，二，十，六。）孫萊山到京，崇文門扣行李，上務須四百金，託人請減免。又：（光，八，一二，一三。）孫萊山言治河當刪盡浮氣，語甚切要。又：（光，十，三，一一。）盛煜封事，四日未下，疑必有故。濟寧電線皆斷，杳無消息，悶悶。次日盡易軍機，孫毓汶學習行走。（按甲午易樞，醇邸發之，而毓汶實爲主謀所以報恭也。）又：（光，一二，六，一一。）懿旨歸政。孫萊山來，以王公大學士六部九卿公摺請訓政稿見示，醇恭意亦謂然，遂連銜上。又：（光，一三，十，二九。）詣萊山新居長談，亦論及醇邸事，以濮議辨一篇鈔付之。又：（光，一五，二，二〇。）弔孫萊山妻喪，萊山去年搬家至史家胡同，失兩孫；今年失兒媳，後斷弦，可憫也。又：（光，二一，正，晦。）倭事起，孫公主款，及議和，欲以割地爲了局。又：（光，二一，三，一二。）議棄臺，與力爭於上前，孫公力言戰事不能再提，並以前敵屢敗對。上責以賞罰不嚴，故至於此，諸臣唯唯引咎而已。及和約批准，三國干涉遼地，余擬乘此暫緩換約，孫徐堅不可，至於攘袂，彼謂若不換則兵禍立至，夜遂換約。晨觀電報，伊藤已允展五日，旋復作罷，可見做得到，人自不做耳。又：（光，二一，五，一五。）晚訪萊山，疾未愈，扶杖揖客，臥而言，頗怪余前日與徐小雲齟齬事，余遜詞請其轉圜。又：（光，二一，六，五。）孫毓汶請開缺，即允准，未請諡旨也。（此文恭翁之報甲申也。）

左宗棠

翁記：（咸，一一，正，一九。）宗棠以三品京堂候補，旋授太常寺卿，襄辦江南軍務，皆特旨也。　王記：（同，九，十，一五。）有余生游左帥軍中，欲去不得，問計劉克菴。劉云：『尋小事與相反脣，則去矣。』余生從之，左帥大怒，叱之曰：『滾！』滾者，滿洲大人叱奴子走出之詞也。余遂得去。而時人爲之改古語曰：『一字之袞，榮於華袞。』丁心齋司使聞之喜曰：『十年一對，今始得矣。』京師有携人妻逃出古北口者，時人語曰：『彼婦之走，可以出口』，眞絕對也。又：王純浦言左帥甚好詼。　李記：（同，九，一二，一一。）湖南同年左彥沖（渾）來，年甫逾冠，恂恂文弱，甚致親慕之意。此君爲季高督帥之兄子，粤撫郭君嵩燾之壻，其尊人中書公名宗植，壬辰解元，與督帥同榜得舉者也。　翁記：（同，十，三，一四。）吳子儁（觀禮）一別十餘年矣，其人識力才分皆好，在左營五六年，待以上賓，不合而去，今來會試。葉記：（同，一二，一一，二五。）左季高制軍進位協揆，由乙榜入相，本朝第一人也。　李記：（同，一三，八，八。）邸鈔，授左宗棠爲東閣大學士。明代以東閣大學士爲入相初授之地，國朝殿閣之名，初有中和殿，保和殿，康熙後不復授人。而乾隆朝如劉文正等，皆以東閣居首揆。嘉慶朝則次輔多授東閣。道光以後，滿相授文華，文淵，漢相授武英，體仁，幾爲故事。而潘文恭久居東閣，位列體仁之上。近年漢相初授，多得文淵，而此次特授東閣，蓋僅事也。　王記：（光，四，五，二五。）袁予翁言左季高父養金魚一缸，以子多少爲門徒盛衰，一歲子多，其父數及門某某當入學，而不及季高，左年九歲，甚慍，竟盡殺缸中魚。又：城隍神牌題曰左伯侯，殆古字佐覇也，左季高初封伯，人知其必侯，以此爲符。季高再辭，近於知恥。　翁記：（光，七，正，一一。）議俄事，擬俟左相抵都再定。又：（光，七，正，二六。）聞左相到，送鹿尾。又：（光，七，二，四。）訪晤左季高相國長談，初次識面，其豪邁之氣，俯視一切，氣雖高，論則切實，論天下大勢，山河皆起於西北，故新疆之關，實純廟萬古之遠猷也。會議俄事，左相議論滔滔，皆空話也。又：（光，七，二，二三。）左相在總署招威妥馬飲，談次有風稜，差壯中朝之氣。又：（光，七，三，一九。）左相會神機營王大臣訓練兵法，寶相有一團茅草之喻，恐不免齟齬矣。正人在位之難也。又：（光，七，五，十。）訪左相劇談，得力於養氣，其言以死生榮辱爲不足較，並論河道必當修，洋藥必當斷，洋務必當振作，極言丁日昌爲反復小人，余服其有經術氣也。又言治亂民不可姑息，漳泉械門，曾殺一千四百七十人，勒兵責令村人縛獻也。又：（光，七，十，一五。）左相放江督，招飲，此老情長多古趣，極款洽。又：（光，八，六，一五。）汪柳門盛言左相閱兵，到處修大。范德鎔頗言左相用人之誤。李捷峯有書訴左相護其親戚。又粵臬沈鎔經曾在左幕，亦不以左爲然，言部曲豪恣，漁團畫餅也。　王記：（光，八，七，二四。）左季高語人：『吾官雖擲升官圖亦不易得。』丈夫自致青雲，而乃自比牧猪之戲，可知左十三未嘗自以爲人才也。又（光，八，一一，六。）訪劉伯固問江南事，左侯見語云：『燒洗臉水飣鍋。』此言極可歎，無本人專恃運氣，必有此困。又：聞左有夢中得句云：『清宮不辨水與月，生氣正如春在花，』亦是鬼語。後三年而死，此夢亦無驗。又：（光，十，三，一四。）蓬海言，左督不肯交事，曾弟擁虛位耳。　翁記：（光，十，五，二九。）左相國來，神明尙在，論事不能一貫。大不滿意於沅帥，力主戰，以爲王德榜李成謀楊明鐙皆足了此也。以蒸豚等物送之。又：（光，十，六，二二。）訪左相談，雖精神不甚清澈，而大致廓然，反復言打仗是學問中事，第一氣定，氣定則百人可勝千百人，反是一人驅千百人矣。又：（光，十，七，二五。）左侯來辭行，坐良久，意極惓惓，極言輔導聖德爲第一事，其言衷於理而氣特壯。曰：『凡小事精明，必誤大事。』有味哉，有味哉。勸其與沅浦協力，伊深納之，悵惘而別。　王記（光，十，八，十一。）聞左季高復出閩浙，矍鑠哉是翁，將以魚皮裹尸耶？　翁記：（光，一一，七，二八。）聞左相星隕福州，公於予情意拳拳，瀕行尙過我長揖，傷已，不僅爲天下惜也。王記：（光，一七，一一，二七。）看季高新祠，工作頗盛，子雖不才，固賢於曾劼剛，猶有不忘親之心也。

申琴泉

翁記：（咸，一一，正，二六。）高麗正使申琴泉，其官判中樞，年五十八，見其詩，頗清醇，多及時事。

李鴻藻

翁記：（咸，一一，三，十。）李鴻藻充大阿哥師傅，定於四月初七日入學讀書。又：（同，五，四，二八。）上在書房，蘭生侍則讀逐勤，非他人所能及。又蘭翁至誠悱惻，其口才亦非吾等所及。又：（同，五，七，四。）蘭生之太夫人逝世，此蘭生嗣母也。蘭生於書房最奧重，今以憂去，益難措手矣。又：（同，五，七，二二。）倭相聯名請准李鴻藻終制，太后詰問：『汝等不諒苦衷耶？若必拘禮，則垂簾亦禮耶？』又：（同，八，六，二四。）武英殿災，救火者皆推賞，艮翁聯銜懇辭。蘭蓀以未列名，頗介介，數百言不止，大致以爲人言責備，其意亦爲名不自己出耳。大臣以國是爲榮辱，奈何爭此不足重輕之名，此亦賢者過也。又：（同，九，四，二六。）蘭翁言，醇邸談書房事，謂李翁互相標榜，傾軋倭徐云云。又：（同，九，六，一九。）蘭蓀以津事與寶沈兩公爭於上前，懿旨云：『民心不可失，李某言非無見也。』　李記：（光，六，一一，一一。）詣李蘭蓀尚書送行卷，以覆試閱卷也。延入見，久談，至夜出，不執贄而見，見且以夜，皆非禮，是余之過也。余初以人或言李偃蹇，故一投刺以塞責，意未必相見，故畧其禮，然矯枉亦已過矣。　翁記：（光，八，一一，二四。）蘭蓀以重唇魚見餉，美不可言，此魚產淶水山水中，且懸流也，最奇。又：（光，九，三，一八。）議法越事，高陽忽翻然以曾侯電報相商。余曰：『兵亦當進，商亦當通，總須持定不入滇境耳』又：（光，九，八，一一。）余與高陽語不合，余意俟法使來，如執不回，即失和不恤矣。又：（光，廿，八，一八。）高陽抗論，謂合肥有心貽誤，南皮與爭，余謂高陽正論，合肥事事落後，不得謂非貽誤，乃定嚴議。又：（光，二二，一一，一。）恭邸請賞李某椅，竟未報。蘭翁病後，行走極艱，今日入見，掖不能起，余等夾持之，尤立不穩，可慮也。又：（光，二三，六，二七。）哭李蘭孫，爲朝廷惜正人，爲吾儕悲直道，不禁長慟。其家不誦經，似無所謂接三，遂歸。又李高陽遺疏上，上爲之動色易容，凡褒卹之具皆優，最後曰：『宜特謚文正。』

張祥河

翁記：（咸，一一，六，四。）張詩翁（祥河）邀陪黃壽臣，飲於怡園樹下。又張詩舲丈來談詩畫。又：（同，元，正，一四。）詩舲尙書聞謝世，今日正其生辰也。鄰春輟相，爲之悽惻。

曾國藩

翁記：（咸，一一，六，七。）曾國藩奏請爲前太常卿唐鑑賜謚，得旨予謚，此亦特典也。又：（同，元，正，二六。）三兄爲曾國藩所劾，有旨拏問。又後得徐毅甫名子苓詩集讀之，中有指斥壽春舊事，彈章疑出其手也。又：（同、七，一二，一四。）曾相到京，無一語及前事。

王記：（同，八，正，卅。）江寧之克，朝廷未嘗求金，而曾氏上言一無所有，豈藏珠而有愧心乎？是立言之謬也。又：（同，九，三，十。）近十餘年士人多相呼以尊兄，初起於曾武英爲侍郎時，（文正方授武英殿大學士，故曰曾武英。）與州縣書輒曰尊兄。余謂之曰：『法孝直稱諸葛爲尊兄，高儼呼高緯爲尊兄，皆至敬之詞，今何爲尊之？』侍郎云：『猶尊駕尊姓耳。』

京師輕薄人相呼輒曰尊尊，余故不用此二字也。又：（同，九，六，一三。）聞曾侯治天津夷務，有民變之機，朝廷有失政，為民所挾持，大臣士人當疏通而掩覆之，固不可抑民氣，尤不可長民囂，曾侯未足以知之。　翁記：（同，九，六，一八。）曾相查辦津案告示，有決不用兵之語，道府並撤，而委署縣令，一猾吏也，未審其用意所在，大略為索証據挐辦兇手耳。又：（同，九，六，二五。）曾國藩力言洋人無迷拐事，請明旨昭雪。遂召見諸王諸臣，惇醇兩邸持論侃侃，恭邸持之堅，卒如曾請。又：（同，九，七，一三。）曾相報羅威兩酋入都，前所要求殺府縣事皆未允，請勿為搖惑。又與人言，前者以崇厚傳語激切，一時氣忿頭暈，而崇厚遽請更派重臣，摺已發始知會，云云。至此始悟前失矣。又：（同，九，十，六。）訪曾湘鄉，頗詢其津事。

王記：（同，十，九，二〇。）南歸，至清江浦，見江督船。昨聞滌丈至此，果得相遇，急往尋之。而巡捕以例依班傳帖，待至三時許而後刺通，相見甚歡，左右以為未嘗見客談笑如此，甚矣權貴之不居也。所見客皆不能歡，則其苦可知矣。余欲以所作經說質之，而倉卒不盡懷，自請同行至徐州，舟中可暢談。已而淮揚鎮道公請相侯，作陪看戲，見王小二過年，因語滌丈，此必中堂點也。曾問：『何故？』余云：『初起兵時已欲唱。』滌丈大笑。因遂請和季高，曾色甚愉，但云：『彼方踞百尺樓，余何從攀談？』滌有恨於季，重視季也，季名望遠不及滌，惟當優容之，故余爲季言甚力，正所以爲滌也。此隙起於李次青劉霞仙，而李劉晚俱背曾，可爲慨然。又：（同，十，九，一九。）陪滌丈飲金山寺，登藏經樓。又：滌丈過舟送行，並贈驢。又：（同，一一，二，一八。）聞曾侯之喪，悽愴久之，無疾而在正寢，近有道也。送挽聯云：『平生以霍子孟張叔大自期，異地不同功，戡定僅傳方面略。經術在紀河間阮儀徵之上，致身何太早，龍蛇遺憾禮堂書。』又：念曾侯魂歸故山，眞如大夢，惜其齎志有不敢行者，可愧也。又：（同，一二，正，一七。）聞人言曾家見弔客，不開中門，又不回帛，省城頗怪之。又：（同，一二，正，二五。）閱曾侯日記，殊草草不足觀，且當彼三十歲時，靜坐即昏睡，亦何至爾？又：（光，二，六，二八。）彭山屺爲曾文正巡捕廿三年，前余議當疾發水師攻湘潭，山屺持令不行，余厲聲叱之乃去，今同事者將盡矣。又：（光，四，二，二七。）覽滌公奏，其在江西時，實悲苦令人泣下：『聞春風之怒號，則寸心欲碎；見賊船之上駛，則繞屋旁皇；』出師表無此沉痛。吾嘗怪其相法當刑死，而竟侯相，亦以此心耿耿可對君父也。又：（光，一五，四，四。）天津魚翅甚佳，蓋曾侯所由出。又：（光，二九，二，二三。）朱曼伯言，其伯父名士彥，爲曾師改子城爲國藩者也。

胡林翼

翁記：（咸，一一，九，二一。）湖北巡撫胡林翼病故，奉旨褒卹，追贈總督，予謚建祠。又：胡文忠公公忠爲國，並時人所不能及，不愧文忠二字。　王記：（同，八，正，一二。）近者胡文忠用邢星槎、周笠西、文咏吾，世或譏爲皆賣卜測字之人，漢書張禹傳，少好立卜相，聞天子疾，輒露蓍筮其吉凶，如禹者其流耶。又：（同，十，二，二○。）武昌形勢，宜可建都，而自古皆以江陵爲天府，所未解也。咏芝經營，坐致富强，而身未終享；官李庸庸，居而有之，天下以爲固然；凡事顚倒，何可勝道。又：（同，十，二，四。）至滸口，居人言，官兵無不擾民，曾軍與僧軍同橫，惟胡撫軍差戢耳。論兵貴智，滌老不智，故不如文忠也。　翁記（同、一三，二，廿。）范西民來談，深於禪，踈蕩之士，今六十五矣。范壬辰冒籍雲南舉人，胡文忠官相國皆延爲摺奏。　王記：（光，元，八，二四。）過姚桂軒談，云胡文忠老友也。文忠在軍日講書，而聘桂軒，未免村夫子舉動。又：（光，四，二，一九。）看詠芝奏牘，精神殊勝滌公，有才如此，未竟其用，可歎也。又：（光，七，二，一九。）昔曾滌公治軍，愀然如秋，有愁苦之容；胡文忠軍，熙熙如春，上下歡欣，而少禮紀。愁則潰，歡則慢，余庶幾其胡曾耳。

彭玉麟

翁記：（咸，一一，一二，二六。）以彭玉麟係文職出身，驟改武職，不足以資統率，改爲兵部侍郎候補，誠異數也。　王記：（同，九，正，三。）訪彭雪琴於何隆老屋，舊宅三間，其未達時所居也，今富貴復居之。兩親既亡，一妻被出，旁無侍者，子弟又已遠析。人情戀本，物態變遷，一想今昔，但有愴恨。雪琴殊自偃仰，不以爲懷，宜其脫屣軒冕，捐棄聲色也。又：（同，九，二，一四。）雪琴贈遠物及畫梅，作詩謝之。雪琴始下軍時，予屬以克江南時爲我致如張孔者兩人，故云：『逋仙未了梅花債，猶欠江南兩玉人。』湘鄉相公屯河南時，走騎索醴蟹於雪琴，今更遠不能致，而贈予蟹螯鱸魚，故云：『相公枉憶江湖味，夜雪圍鑪劏子羊。』又：與繆緹論對花家花，繆緹言：『家花有規矩，野者不堪玩。』余因戲謂：『卿夫人，宜爲此論耳。』雪琴必不爲此言。（世頗傳彭有外婦也。）又：（同，九，五，一八。）同雪琴及孫畊雲招宋琴總兵飲，皆醉，畊雲拉宋墮泥田中，宋轉拉雪琴，雪琴持之，宋不能動，乃出送之還。又：『雪琴招往觀鶴。』又：（同，十，十，七。）至湖口，登石鍾山，最高處爲飛捷樓，亭院十餘所，石洞最妙，雪琴專營之而復舍去，眞英雄也，吾所不及。又：雪琴書甚有法格。又：（同，一一，三，一二。）見廷寄催雪琴入覲，蓋將大用之。又：『聞雪琴署兵右，賞朝馬。又：見雪琴奏水師積習，文筆條鬯，侃侃陳詞，大似滌侯手筆，文與年俱進。又：（同，一一，十，一一。）聞雪琴得彈壓宮門差。（大婚時也。）又：（同，一一，一一，八。）雪琴辭官還山，朝命優渥，許其一年一巡江防，江湖二督爲供張。雪琴此去，使京中王公知天下有不能以官祿誘動之人，爲益於末俗甚大，高曾左一等矣。又：（光，元，十，一三。）雪琴步來，云泥滑猶未可行。余詢其申寃獄事。蓋有劉提督者，本降賊，淫掠仍盜習，人皆呼之劉長毛，其營官譚祖綸與張淸勝，張軍散失職，謀於譚，譚知張妻劉氏艷，與書至秦，而留其妻年餘。劉氏覺譚不可恃，乃謀移避，譚遣騎刼脅，遂改事譚。及張歸，控於官，官畏劉譚，反誣罪之。彭問得實，立斬譚，而劾劉去，衆大快。又：（光，八，三，二二。）雪琴出巡使船至，入談，容色頗消損，使人慽然。又：（光，八，一一，十。）聞彭雪琴請李次青爲記室事，可喜可愕。　翁記：（光，八，五，七。）訪歐陽提督，號健飛，其人紀律好，彭雪琴數稱道之。又：（光，九，十，二二。）閻丹初以彭雪琴函見示，論越事，詞氣慷慨，携入與諸公共看。又：（光，一一，二，二九。）彭電請勿撤兵，先向法索兵費一千萬。　葉記：（光，一一，八，三。）金陵昭忠祠園亭榜對，多彭雪琴宮保筆，以大將才而好爲女郎詞，書法亦嫵媚，誠不可解。　王記：（光，一六，三，九。）聞雪琴之喪，比傷二卿（劼剛新逝。），殊爲可惜，留之固自勝新進者，亦國之瘁也。又作挽聯云：『詩酒自名家，更勳業爛然，長增畫院梅花價。樓船欲橫海，恨英雄老矣，忍說江南百戰功。』又爲彭雪琴行狀成，過萬言，復補述譚張一案，即俗所稱彭公案也。此事盛傳於江漢。後查樊口不劾李督，聲名頓減，蓋雪琴亦侮矜畏強人，外能緣飾耳，孔子所以有見剛之歎。又：（光，一七，五，二二。）偶思雪琴建船山書院之意，作一聯不可縣示，亦如曾滌生挽聯也。余今主講席，下榻知不足齋，亦雪琴爲我築者。又：（宣，三，八，一五。）中秋拜月，憶乙卯歲正伏拜時，有來拊我背者，則彭雪琴也，彼時兩少年，今回憶六十年，猶如昨日也。

祁雋藻

翁記：（同，元，二，二。）懿旨：祁雋藻、翁心存、倭仁、李鴻藻均在弘德殿授讀。又：壽陽相國抵都，謁談良久，精力似益衰頹矣。又：（同，元，二，一二。）上詣聖人堂拈香畢，諸臣序立弘德殿外。上升座，諸臣行三跪九叩禮，上起入書室，諸臣跪，上徧揖之，稱師傅。上東向坐，授讀者西向坐。祁相國展書，上讀大學首二節畢。諳達授清語。（授清語者稱諳達。）御前大臣試竹弓。上起，諸臣仍序立殿外，到懋勤殿飯。惠邸子伴讀，另設一榻於書室西壁下。又

：（同，三，七，二七。）謁壽陽相國，勗以多讀唐以前書。相國深於漢學，於宋儒之說，亦能條貫靡遺，不僅以詞章考訂見長也。又：（同，三，十，一二。）謁祁相國，壁懸錢南園臨論坐帖，極奇偉。相國指謂余曰：『試觀其橫畫之平，』昔劉石庵自稱書最能平，此書家一大關鍵也。又：（同，五，九，一二。）春圃相國病卒，先公執友，凋喪盡矣。唁子禾（世長），爲部署諸事。又：（光，一八，八，七。）聞祁子禾長逝，馳往慟哭。朝廷失一正人，不獨友朋之戚也。又挽聯云：『遺疏尙聞憂國是，傳經眞不愧家風。』

趙樹吉

翁記：（同，元，三，七。）春闈第三房趙樹吉，號元青，畏俗客如仇。余訪之不已，九踵門而一得見。　李記：（同，二，四，一一。）趙沅鶴給諫近日請誅勝保一疏，議論侃侃，輦下傳誦。然其人殊委薾，不能劇談，對之令人奄奄氣盡。其書法直逼松雪，甚自矜祕，今日因碩卿屬轉求其書，故一詣之。又：趙樹吉請誅勝保，而御史吳台壽疏爭之，與其兄台朗並革職，遂爲士夫所不齒云。　翁記：（同，六，正，廿。）送趙元卿外任，此人清如一鶴，惜吏事非所嫻耳。

王拯

翁記：（同，元，三，一二。）王少鶴拯，親炙上元梅先生最久，於桐城師友淵源能得其意，其學問固不可及也。又：（同，三，七，二四。）少和論文，總以桐城爲主，勸余讀果親王所刻古文約編，並許假所藏歸方評史記。又：詢知所假史記，紅藍筆評點者望溪也，黃紫筆圈者熙甫也。又：（同，四，三，一五）王少和摺云，恭親王宜宥其前愆，責其後效，幷舉倭仁曾國藩可勝議政大臣之任。

孫家鼐

翁記：（同，元，三，二七。）孫燮臣（家鼐）沈潛好學，服膺陽明之書，立志甚遠，凝厚而開展，余欲兄事之。又：（同，三，四，一四。）燮臣言，讀陽明書當知入九華山靜坐一段爲最不可及，他人處此，必以死生爭之，則事或敗矣。又曰：吾輩當體聖人中和之旨，而勿與人競尺寸之功，則私念自消，皆名言也。又：（同，十，六，八。）燮臣以母老乞養，進退綽然，其論議和平中正，洵有道之士矣。又：（光，四，二，二九。）上諭：孫家鼐著在毓慶宮學習行走。書房學習，亦新樣也。又：（光，五，八，一二。）燮臣患發背，其創大如碗，堅不薄醫，守定王洪緒外科治法，亦有識力。又：（光，七，二，九。）燮翁以指南針進，上讀書不免紛馳。又：（光，一一，正，一九。）孫燮臣之次女忽拜妾爲乾孃，欲見余，余却之。又：（光，一四，一二，十。）燮臣夜失竊九百餘金，皮衣數事，怡然也，眞有道之士。　葉記：（光，二五，正，二五。）壽州孫中堂師過訪，延主大學堂敎習。學堂敎習分三等，此席最上一等，學生皆已成材，去年卽有此說，不意其親臨敦迫，不才何足當之。又謁孫師面辭敎習，休休有容，並無芥蒂，可感也。

龍湛霖

翁記：（同，元，四，十。）龍湛霖偉而厲。又：芝生來，此君手鈔三禮注疏成帙。又：（光，十，正，十。）龍湛霖請選宗室貴戚於書房後在養心殿輔導聖學，仿御前大臣職云云。慈諭頗不謂然，小臣未諳體制也。

徐郙

翁記：（同，元，五，朔。）殿試，徐頌閣交卷，圓勻光潤，刮數字無痕，眞壓卷矣。又：又內傳徐郙一甲第一。又：（光，一四，六，五。）頌閣約飮，肴饌極精。又荐一廚姓雍，淮安人，留之。又：（光，二一，九，一九。）祝頌閣六十賜壽，有慈聖扁額，尙有面賜，極優渥也。

倭仁

翁記：（同，二，三，二七。）倭艮峰先生以奉諭翰林等官講求實學，兩掌院遂定十日一講之例。令每日各疏所行事所讀之書於冊，以備考訂。童屺山日記，稱每日誦佛觀心，並指時人小楷詩賦爲異端。又有翰林六人聯名具說帖，謂日記可以毋須呈閱，艮峯先生唯唯而已。又講學時，徐琴舫、譚文卿、彭子嘉、與童屺山爭辨，聲色俱厲，成笑柄矣。又：（同，二，七，二四。）王大臣集議上兩宮皇太后徽號，大學士倭仁未到班，遂說帖一件，事遂寢。又：（同，五，七，二三。）倭相聯名請准李鴻藻終制，召見詰問，倭相吶於口，唯唯不能爭也。又：（同，五，一二，二。）讀艮翁日錄，先生刻苦自厲，字字從肝鬲中流出，異於空談無實之學。又：（同，六，二，一五。）倭相力言同文館不宜設，召見詢問，倭相對未能暢。又：同文館之設，謠言甚多，有對聯云：『鬼計本多端，使小朝廷設同文之館。軍機無遠略，誘佳子弟拜異教爲師。』又云：『未同而言，斯文將喪。』又云：『孔門弟子，鬼谷先生。』又：倭相力辭總理衙門，召見，恭邸帶起，以語擠之，倭相無詞，遂受命而出。授書時有感於中，潸焉出涕，而上不知也，駭愕，不怡良久。又：聞倭相上馬，眩暈幾墜，類痰厥，借椅轎舁至家，疾勢甚重也。又：（同，六，六，一二。）倭相請開缺，准開去一切差使，仍以大學士在弘德殿行走，聞慈意初甚惱，賴文吏部委婉開譬，有甚不以爲然者，則農曹之長也。（指寶鋆）又倭相國銷假，上執手慰之。又：（同，七，正，十。）是日艮峯先生因墜馬傷膝，未入直，往問之。又：（同，八，三，一三。）艮老欲建言大婚宜從節儉。又彈中官之無狀者。風節可欽，余等不及。又：（同，八，一二，廿。）艮峯先生曰：『凡事瞻前顧後，必成鄉愿。』又曰：『立志不定，心隨境遷，卽學問中人亦不能免此二語。』皆對症發藥，敢不敬識。又：（同，九，一一，四。）自艮相講摺子後，往往藉事納言，如黃彭年摺內所陳貴戚婚喪逾制一條，則指照祥家以實之（指慈禧母喪事。）。雖正論嶽嶽，然不免爲小人竊聽羅織，故近來頗不浹洽，奈何奈何。又：（同，十，四，二一。）艮峯相國久患疽，是日薨，赴哭，視遺摺，乃游御史（百川）所擬，中段正言，則艮翁口授也。爲刪易其前後瑣語。嗚呼！哲人云亡，此國家之不幸，豈獨後學之士失所仰哉。次日入直，上問倭某疾狀，似甚悽愴。又：（光，一六，六，二三。）晤福餘庵，（潤）倭相胞姪，其言平實。敦親睦族，不愧家風，而揚州人每言其不見客，好小巧，吾知其誣矣。

桂文燦

翁記：（同，二，三，二九。）見廣東桂文燦於廠肆，此君曾進經學叢書，又條陳時務，蓋有才而不純者。又：（光，九，一一，一〇。）桂同年留京候選，以書抵余，論當世事雖迂，而有大略。

孫鏘鳴

翁記：（同，二，四，二〇。）孫渠田前輩（鏘鳴）自廣西學政任滿回籍辦團，屢擢至學士，別十年矣，至廟謁奠，坐談良久，其學深於三禮，溫然君子也。

尹湜軒

李記：（同，二，四，四〇。）尹湜軒以所著『詩管見』爲贈，並屬爲勘正未當處。其書博證詳說，發明詩人本旨，論聲詩多爲樂歌，尤足補先儒所未逮。惟好攻鄭箋，是其病也。又：（同，二，四，一一。）致湜軒書，慰其下第，以說詩匡鼎不能射中甲科爲比，且勸過夏後行。又：（同，一三，五，卅。）宋偉度言，尹湜軒在山東爲循吏第一，宰黃縣二年，痛絕苞苴，會保升同知，遂乞官去。縣之士夫留修邑志半載，書成，竟歸江西矣。

潘曾綬

李記：（同，二，四，八。）潘紱丈（曾綬，字紱庭，祖蔭父也。）以梅花畫扇屬題。又：（同，四，一一，三。）潘芾翁以所刻『蝶園詞』一冊，屬爲點定。又：（光，四，正，一九。）潘紱丈來，即留小飲，並招秋菱、霞芬、左繽，賓主淸談，花枝扶醉，肴點間進，晴日滿窗。紱丈言酒食間有此靜境，不可多得也。晡後始散。又：（光，八，五，六。）紱丈七十初度，伯寅來告，不稱壽，不受禮物，因爲撰家慶圖序，寫以詒之。又：（光，八，正，三。）紱丈挈其次郎來，年十三矣，杖舄欣然，南榮小坐，設食而去。又：（光，九，正，二三。）聞紱丈溘逝，即走哭之，余辱丈知最深，所作必示余改定，手書間日卽至，新春兩過余，談笑如少年，彈指之間，遂成永訣，爲之流涕，不能自已。唁伯寅後，出見坐客，皆不識誰何，昔人所謂令君輩存者也。

潘觀保

李記：（同，二，四，六。）致書潘星翁，（名觀保，字星齋，祖蔭之從父也。）乞畫柯巖消夏圖，並占二絕句爲謝，得書極誇余詩，近日公卿中愛才如星翁者，眞平生知己之感。又：（同，一三，十，一七。）潘星齋丈以『小歐波詩集』見示，自注：『昔年二十，隨侍春明，即與諸老輩載酒看花，唱和甚多。』集中附載吳玉松太守，程春海侍郎，姚伯昂總憲，張詩舲尙書諸作，玆銘亦與其末也，率題二絕。又：（光，三，正，六。）歲首二日，星丈以七十述懷四律見示奉和，丈所居本宛平王文靖怡園。又：（光，四，三，三。）潘星丈與厥配陸夫人以上巳同日逝，丈于余知愛甚深，時時存顧，前一日猶扶疾作書，欲與余訣，嗚呼！丈今已去，知我者誰耶？

張之洞

李記：（同，二，四，二四。）探花張之洞，直隸南皮人，壬子解元，少年有時名，聞其詩古文均有法度，近日劉其年劾吳台壽一疏，傳出其手，筆力固可喜也。聞所對試策，具論時務，首無空冒，末不到底，亦與近來體制特殊。又：（同，三，一二，二三。）香濤編修爲韓南溪（超）弟子，幼傳經濟之學。又：（同，六，八，九。）今年張香濤以名士來浙主試，可謂鄉邦之幸。又：香濤邀至楚北，襄校文字。又：（同，六，一二，一五。）與孝達談，間及禍福報應事，備知其家世循吏。又與說小學，具有名理，此昔人所云娓娓可聽者耳。　王記：（同，十，二，一三。）張香濤視學湖北，立經心書院以興實學，曾聘莫子偲爲院長，子偲不就，今爲薛介伯，亦知名士。又：（同，十，六，一九）香濤言，舊祭天地日月，皆別有樂器，夷人入京，日壇器毀，所司不能制作，乃假月壇器用之，垂簾兆也。又：談易，香濤言，隨蓋古骰字，故易云：『不極其隨』，云其必實一物。夬，蓋象手持刀刻畫之形，故云：『易之以書契』。香濤自言窨高郵王氏之說，新而中理。又言，孚爲抱卵，因爲凡胎卵之稱，豚爲胎子之多，魚爲卵子之多，故云『信及豚魚』也。有它者蛇食卵，鶴鳴者鶴或胎或卵有孚攣如攣生子也，當采之入易說。

李記：（同，一一，四，六。）香濤言：『近日稱詩家，楚南王壬秋之幽奧，與予之明秀，一時殆無倫比。』明秀二字足盡予詩乎？逸山嘗言：『以王壬秋儗李悉伯，予終不服。』都中知己，惟此君矣。又：（同，一二，三，八。）偕孝達諸子集飲松筠菴，談諧甚樂，都中向有熊伯龍獅子狗，林鳳羽草雞毛之對，皆取達官名人以對俗語，或成句，近日以朱鳳標對青龍棍，桑春榮對麥秋至，遂以孝達名（張之洞）對陶然亭，肯夫名（朱逌然）對赤奮若，漱蘭名（黃體芳）對烏鬚藥，又對赤心木，琴西名（孫衣言）對公冠禮，皆坐中賓主也。又：（光，三，二，二二。）至香濤家，其烏合之僕見拒尤力，余叱而徑入，坐客次歷兩時許，主人猶不出，余既非爲性命忍須臾，又非欲以學問相質，而輕取此辱，閉門不堅，是余過也。又：（光，五，四，十。）此次考試差，試于廷者二百七十六人，詩題『進賢興功』得官字，唯兵曹六人知出周禮押夏官字，以兵部堂上扁題此四字也。而翰林聞其語者皆不信，張香濤謂周禮必無此成句，或疑語中有此四字，而唐宋人詔疏中合而用之，遂丁押官字韻，云古意合周官，一時以爲口實矣。又：（光，五，一一，朔。）張香濤以婦喪來赴，已三娶矣，王廉生之妹也。香濤任四川學政時，親迎于婦翁龍安太守署，生兩女，以娩後亡。又：（光，七，六，三。）邸抄：張之洞爲閣學。之洞以編修得司業，兩年而躋二品，聞由己卯歲日本游士有名竹添靜一者，移書通商衙門，欲見殷兆鏞及之洞，主者以聞，宮中知其人，故屢擢之。又近日科名之早者，盛推南皮，張香濤十五歲中解元，然香濤生于癸巳，至壬子實年十九。　翁記：（光，七，一一，一七。）授張之洞山西巡撫，特擢也，可喜。　李記：（光，七，一二，八。）作送張獮濤巡撫山西詩。又：（光，八，五，八。）聞張香濤近日疏薦中外官五十九員，居首者張佩綸、李若農師、吳大澂、陳寶琛、朱肯夫五人。又有侍郎游百川，巡撫卞寶第，布政使唐炯，及總兵方耀等數人，餘皆乳臭翰林。其考語皆百餘字，於張佩綸謂有一無二之才，于唐炯謂封疆第一人物，內舉不避親，（唐炯，其妻兄也。）又並舉黃彭年黃國瑾父子。近日北人二張一李，內外唱和，張則挾李以爲重，李則餌張以爲用，窺探朝旨，廣結黨援，八關後裔，捷徑驟進，不學無術，喪心病狂，恨不得居言路以白簡痛治鼠輩也。又：（光，九，正，七。）有朝鮮使臣某欲見余，辭之。近來彼邦人物陋甚，張香濤吳清卿輩明知其陋，而視爲奇貨，延接恐後，冀增光價，余嘗微諷之，深中諸君之忌，後之絕交，亦以此也。

翁記：（光，十，四，二八。）張之洞署兩廣，來長談，畢竟磊落君子人也。又：（光，一一，三，一七。）張之洞電，以越師如破竹，東都唾手可得，我即全臺俱失，亦足相抵云云。又力言赫德狡詐狙洋，屢電阻和議。

王記：（光，一五，七，二一。）孝達口舌爲官，平日好事愛文章，而不重氣節，無一毫事業，而必爲傳人，傳人無如此易者。又：（光，二十，一二，八。）至江寧，孝達遣迎入督署，主人風帽出房，鬚大半白，身似稍高，豈與官俱長耶？縱談時事，心意開朗，似甚大進。又招飲，至則云督已睡，久待，已二更，乃延客，云不能多談，已而絮絮源源，殊無止時，出已四更三點矣。又：（光，二五，七，二十。）孝達以中丞爲不典，晉書職官志，中丞外督部刺史，正令行省臺衙，甚典，孝達不學故也。又：（光，二六，六，九。）江鄂倡議自保，張之洞陷篡殺而不自知。或言能顧全大局，余謂非疆臣之義，且不中情事，假令不言保護亦無事也。又：（光，二六，一一，二〇。）聞夷使來謝張督者十餘兵船，大宴黃鶴樓，書生之榮極矣。又：（光，二六，一一，二五。）唐衡守言無援必罷官，惟通神者可免，孝達遂至於此。　葉記：（光，二六，一一，九。）題張孝達尺牘。辛未闈後，孝達與潘文勤師議會名士於龍樹院，此手扎七通，皆言治觴召客事，經學詞章各有品目，今爲夏閏枝太史所得。又：（光，二六，一一，二九。）聞南皮有密摺請移蹕暫居襄陽，關中不可偏安，何以襄陽乃可駐蹕耶？　王記：（光，二九，三，一四。）至武昌，張督遣迎入署，主人立待，不見又十年，須髯甚美，問其保舉憚藩祖翼，力辨非己意，且數其短數千言。問其何以連生子女，云今已不能矣。又孝達約來談，期辰至午未來，云見洋領事。又餞行，孝達泥談，昏昏不忍別，乃遯而歸。孝達議論往往似是而非，純乎書生。又：（光，三四，正，一八。）客來對坐，不覺酣睡，如張香濤之見袁世凱也。又：（宣，元，八，晦。）龍郎言孝達死狀，因婢推傷脅，遂患咯血，疑誣之也。

朱逌然

翁記：（同，二，四，十。）朱逌然，十年前故人也，九香先生之子。又：（同，二，七，四。）謁朱九香先生，熟於考亭之書。又：（同，二，八，九。）朱肯甫言，宋鴻卿品學兼優，現在伊家處館，極苦寒，篤志好學。　李記：（同，三，一一，一一。）朱肯甫庶常來，庶常餘姚人，爲詹事蘭之子，年少喜讀書，壬戌成進士，朝考後丁母憂，今服闋。掌院爲特奏名補引見，改庶吉士，此故事所無者也。今日畧與談義，聞見殊博，吾越文獻已絕，如庶常者，殆後來之秀矣。又：（同，十，六，一七。）肯夫言近譔黎洲年譜已成。又：（同，十，九，二一。）作片致肯夫借書，復書言西域傳疏証已寄回越中，前日肯夫自言此書現在，其中尙有星伯親筆改正處，今蓋秘之而詭辭也。又：（同，一一，正，一三。）肯夫約消寒第六集，肯夫闔人能飭廚饌，故設飲其家。　王記（光，三，一一，二六。）答訪朱肯甫學使，名逌然，戰國有趙烈侯逌然，朱慷他名，相見意氣甚洽。繆緹問其狀，余云：「畧似彭雪琴，而有詩書之氣，無其假託客氣，同勝流也。」又：（光，四，九，四。）朱學使欲立校經堂，與余相商。又：（光，四，十，二〇。）方某以賄求舉，府縣皆置第一，衆大譁，院試竟除名，殊快人意，肯甫眞可人。其尤奇者，初試先置第一，以杜請託，榜發488除之，使人愕然。　李記：（光，四，十，一二。）前年肯夫視學湖南，意欲邀余同行，以其所約之幣太重，不遽就也。今日爲序送之，將以寄湘中，且謀餽多也。又：（光，七，四，九。）肯夫得四川學政，欲具疏辭，屬爲擬稿，蓋以甫自湖南滿任歸，未與考差，忽有此授，故自陳讓也。旋有人力阻之。又：（光，八，一一，二八。）聞肯夫病卒，眷屬猶未抵蜀也。肯夫沈靜好學，甚暱於余，而多病早衰，自己亥服闋入都後，眼花髮白，意興頹然。三載湘南，勤於校士，去年繼奉使蜀之命，欲具疏辭，而終爲人阻，美志不成，暑雨西行，遂爲永訣，悲哉。　王記：（光，十，正，二六。）閱肯甫試牘，其孤幽悽愴，頗似海門師，爲好任權貴，則失雅道，好名不好學之故也。　李記：（光，一二，二，二五。）朱續基（仲立），肯夫之次子也，得優貢，來投行卷，形神絕似其父，極勵謹，知學問，肯夫爲不死矣。又肯夫弟縯夫，名衍緒，二字子健，丁卯舉人，邃於古學，覃心攷據，先以積勞卒，年僅三十九。

江春帆

李記：（同，二，五，九。）江春凡司馬，六合人，嘉慶庚午舉人，曾令吾浙之秀水，順天之大輿，年已八十餘矣。自去官，以醫名京師，衈理頗精，其用藥尤謹細。又：（同，二，六，二二。）江君言日食米四五合，少年時即如此，別無養生術，而從不知有疾病之苦。歷官南北三十餘年，汔無小病，令人對之幾有盧照隣見孫邈之歎。

載齡

李記：（同，二，五，一一）邸抄，都察院左都御史載齡奏參給事中鳳寶，御史許其光等，勸休革職。臺長臚劾言官，爲故事所無，其將以是振臺綱乎？滿總憲專疏，而他憲長不僉名，尤可異也。

楊鐵臣 寶臣

李記：（同，一，五，一七。）楊鐵臣戶部，閩縣人，通緯義及天文律數小學，尤以經世才自命，在戶部時以事與尙書肅順忿爭，得左遷，遂去官。去年翁太保薦之，亦不出。伯寅數爲予稱其人，年五十餘矣，貧甚，寄食于人，以醫自給，蓋近世之畸人也。　翁記：（同，二，九，四。）楊湘雲（寶臣）來，此老倔强，眞異人哉。又湘雲老而獃，人呼爲楊風子。又：湘雲贈余詩並雜作一巨册，語多激烈。　李記：（同，二，十，二七。）楊湘芸觀察來話別。湘芸與陳頌南侍御爲昏姻，故夙精經學，尤邃于天文歷算。生平難進易退，自道光十五年入貲爲郎，分戶部，久不調。至咸豐己未五月，時肅庶人勢灼甚，所爲不軌，湘芸上書御史臺，請先帝速誅之。書入，樞臣擬以汚衊大臣，應斬監候，先帝不許，僅降一級調用，遂不出。嗣楚撫胡文忠及今相國壽陽湘鄉兩公爭疏薦，今果蒙不次之擢，可爲吾道之幸矣。

陳壽祺

李記：（同，二，五，二五。）陳珊士（壽祺）爲刋藏書印。又：（同，三，正，八。）珊士以楹聯爲家慈壽。珊士居城內兵部窪，離青廠蓋三軍許，冒雪步淖而來，京官固窮甚，珊士其尤清苦自勵者歟？（同，三，一二，一九。）予以所集李翕西狹頌『宿好治鄭禮，餘事歌楚詩』十字，屬珊士作隸書春帖，珊士高好作㽞，寫歌作哥，此甚可厭。旣是集字，必依原碑，且篆法可用古體，不必施之隸楷，即欲從古，亦必本無此字，方以彼文代之。賣弄古怪，徒貽笑柄，珊士時蹈此習，亦其癖也。又：（同，六，八，七。）聞陳珊士病歿京邸。珊士淸苦自勵。予與珊士同歲生，早入翰林，改官刑部，頗好治說文及經學，皆無成書，有『靑芙閣詩詞』，皆予所刪定，高膂秀出，可傳於世。都中潘侍郎翁侍講諸君，皆與珊士為師友相引重，或能梓其集而行之也。又：（同，六，一一，朔。）得賈琴嚴刑部書，珊士臨殁，屬以墓銘相託，死者已矣，寂寞千秋，窮交之文，何益身世，悲夫！

顧河之

李記：（同，二，六，二三。）吳碩卿告顧河之孝廉疫死滬上，澗蘐先生遂不祀矣。河之安貧守學，今年四十餘，窮死無子，天道安可問耶！

平步青

李記：（同，二，七，二〇。）平景孫步青來，以阮文達儒林傳擬稿借閱。又：（同，二，十，一七。）詣景蓀談近儒箸述，景孫博聞彊識，實遠勝于予。又：與景蓀論夏心伯所著書中八事。又：（同，二，一一，四〇。）景蓀言生平不能買書，而所至輒有書可借，亦是幸事。主講宿遷書院時，縣有王氏，藏國朝人文集甚富，得盡閱之，尤為奇福。又：（同，三，七，一六。）聞景蓀保上書房行走，由倭相國密薦也。山陰自童梅岡少宰後，六十餘年無直兩書房者，景蓀布衣通籍，三年間得之，深可喜也。又景蓀來言，代殷侍郎兆鏞投惠王三子讀，旋出爲江西糧道。又：（同，九，五，一八。）江小帆赴江西，乞書往干平景蓀，予近與景蓀僅去絕交一間耳。生今之世，勢利以外無可恃者，腐芥曲鍼，理宜自喻，予初頗有責望景蓀之意，後自思念，彼之性分，不過如是，便亦置之度外而已。又：（光，一五，三，二十。）楊寧齋觀察（越）來，得平景蓀去臘里中書，並以朱提四兩爲余壽，四千里外，三十年前故交，尚記錄生辰，遠將饋問，深可感也。寧齋言，比年爲景蓀編錄所著書，其『四部攷』皆攷証古義，訂補經籍，凡百餘種，高至數尺，而目錄尚未肯出。近刻㑥園叢書十餘種，及『樵隱昔㝫』，皆經籍書後之文，又國朝文藪題辭六百餘首，皆論國朝人文集，目錄至三千家。

宗稷辰

李記：（同，二，七，一六。）閱宗滌翁（稷辰）『躬恥齋文集』，其文頗能由望溪以上溯歐曾，惜氣力散弱，筆苦冗滯。蓋滌翁少居楚南，與故督師李文恭今總督衞榮光等相倡和，皆非能文之人；晚里居，其門下又爲周白山趙之謙輩，皆誕妄不學；一生無良師友以相切磋，所就遂僅至此。予少時嘗從質舉業，此言固公論，非有所愛憎者也。又：（同，六，一一，朔。）聞宗滌甫師於昨夕病卒，越中耆舊存者惟師，失此典型，彌深慨歎。　王記：（同，一二，四，二六。）李拱軒言，宗滌樓修永安志，大言不必與州人看。以此見疾，零陵王令故意塗改之，宗抱藁而泣，余問元藁今存否，云不知矣。

蘇廷奎

翁記：（同，二，八，二一。）謁蘇賡堂前輩（廷奎），勸余讀三國志明史。因言爲學之道，首在躬行，讀先儒書須破門戶之見，貴約取，不貴博覽，濯其雜也。自言學易二十年，稍有所得，未敢下一注語。先生於易主義理，兼通象數者也。又臨別以沈潛篤實爲訓。

周星譽

李記：（同，二，十，三。）汴人周星譽，險譎無行，其詩詞亦喜爲狎邪輕褻之言。又：周蜮五年前余託代捐郎中，乃携金入都，竟自捐官而行，陷人至是，可歎也。又：（同，一二，六，一三。）孫子九書，言周蜮允還金，欺人而已。又：子九汀州書，言周小蜮被控撤任，此中自有天理。又：（光，十，五，六。）上諭，前據給事中鄧承脩奏參廣東鹽運使周星譽，嗜好甚深，營私侵蝕，當令張樹聲查復，周星譽前已開缺，著即休致。

延煦

翁記：（同，二，十，三。）詣延樹南煦，見其太夫人，勤儉質樸，眞賢母也。又：（同，十，一一，五。）延樹南來診慈親病，云必應下，語極眞摯，而慷慨激烈，定大柴胡湯，遂至不起，此後每見樹南，輒爲心痛。又：（光，八，八，二五。）詣樹南處看菊，菊盛，且主人疾已愈，可喜。患海底三年，百方未效，服地龍丸漸愈。地龍者，曲蟮也，焙乾留性作丸，黃酒送下。又：（光，一三，二，二八。）樹南逝世，此兄待我不薄，前贈先公塋地，平生銜感，追維舊事，恤我喪紀者，惟斯人耳。

高詠

李記：（同，二，十，一三。）鑑湖逸客高詠，號逸帆，道光辛巳舉人，卒於直隸縣令。平日究心佛乘，有『金剛經隨說，』與裘博士象坤，同爲吾鄉士夫談禪學者之高座也。

夏炘

李記：（同，二，十，二四。）閱『景紫堂全書』，當塗夏炘箸，炘字心伯，道光五年舉人，今官婺源教諭，居京時曾主其師白小山總憲家，予詢之總憲孫子恒孝廉，言心伯館其家，曾以五色筆點授詩經注疏，其用力之勤可想。又言心伯以教官致富，居積至五萬金，然立品不苟，張文毅帥皖時，極尊禮之，所言必聽，而未嘗一厠軍功，邀議敘，是皆可紀者也。

白桓

李記：（同，二，十，二四。）白建侯吏部，爲予推辰命一紙，言宜行煞印運，此後癸運煞印相生，最爲佳境。予自謂煞强身弱，終恐非宜，未知此生倘有一日得履亨途否也。又：（光，六，八，一七。）邸抄，以吏部郎中白桓爲內閣侍讀學士。白桓，字建侯，順天通州人，小山尚書鎔之孫，癸亥進士，掌文選司印，甚淸强有聲，吏不敢爲私，其升郎中方四月，卽有此擢，蓋宮廷亦知之也。然此人去吏部，則闒冗骫骳無能任職者矣。

李鴻章

翁記：（同，二，一一，四）李鴻章紅旗報蘇州克復。前報蘇州勝仗，有夷目戈登助戰，後賞黃馬褂花翎，並給提督章服四襲，異哉。　王記：（同，八，二，一一）聞李少荃已至鄂督任，鄂中流之重鎮，若得雅望鎮之，從容持威，其地絕勝。又：（同，八，二，卅。）李申夫竟爲少荃所劾，少荃一至而報怨，猶賢於暗擠而外容者。又：（同，九，正，一一。）聞少荃有督黔之命，小荃（瀚章）來督吾楚，國家漸有畏忌藩臣之意，故周旋慰撫如此。又（同，十，七，二一。）洎天津，片告少荃，而竟不來。又（同，十，九，三。）　薛叔畇言李少荃云，自鴻章出而幕府廢，人之無恥，有如是耶？少荃首壞幕府之風，以媚福濟者媚曾公而幕府壞，軍務壞，天下壞，曾公亦壞，乃爲此言耶？　翁記：（同，一三，六，一八。）天津晤李使相，深談良久，相與嗟詫。聞臺灣搆兵事，及輪船爲日艦觸壞，然此固未足憂也。又：（光，元，九，八。）李少荃相國來，英酋威妥馬以馬加利被殺與文相國議不合，以去要挾，李相調和之。又：（光，七，三，二三。）李相國赴孝貞顯皇后梓宮前叩謁，至殿堦下磕頭舉哀，拉朝簾，開宮門，咋恭邸傳云，李相來如此，他人皆在宮門外也。　李記：（光，八，四，六。）撰合肥相國李太夫人輓聯云：槐鼎熊茵，甲第雙迎武韓國。鞠衣蜜印，養堂專祭定夫人。上語用舊唐書李光弼傳語，李母韓國太夫人，李氏與今事適合。合肥本許氏，父育於李，遂冒李姓，故娶李不必以同姓爲諱也。　翁記：（光，九，正，一五。）法越事，合肥相國力主在寶勝，而視劉永福爲眼中釘，可慮也。　王記：（光，九，六，七。）少荃駐上海，督廣西滇黔邊防，余復書稱其舉事若輕，以兵爲戲，余智所不逮也。　李記：（光，十，三，一三。）謁合肥督相，坐談一時許，合肥受北洋之寄，極使相之尊，其深信夷人，動效夷法，廣作機器，久糜鉅資，又委任非人，誠亦無解人議。然身處危疑，事體責備，力分勢掣，財匱兵驕，局外之言，不中事會。近法夷和約五事，不償兵費，不增難端，越南之朝貢如常，滇桂之邊防如故，無傷國體，速定盟言，自來款議，此舉差優，平情論之，功不可沒。又（光，一一，八，二八）合肥至京，今日軍機總理衙門會議三事：一、設海部；一、開鐵路；一、設銀行；皆西洋各國法也。以寫小楷製墨盒之俗，而忽學建民主奉教王之俗，謂師此三術，便可自强，吾不信也。又：聞鐵路銀行之議俱罷，鐵路以東朝親諭醇邸，此事不可輕試。銀行則交戶部議，而尙書崇公力爭之，謂官可罷此議不可行，閻無如之何，遂奏駁矣。東朝固聖人，崇公亦賢大臣也。　翁記：（光，一四，一一，六。）合肥以火輪車進呈太后紫光閣，鐵路已成，是爲權輿，記之。又：（光，一五，正，七。）得伯衎函，合肥以鐵路頗誚訕余，置之不足道矣。　王記：（光，一五，三，六。）李相約至津見，云病後用電氣熨面，並服補筋藥，今將復元，惟言語稍喫力。　翁記：（光，一六，二，五。

（李相送牛肉精六瓶，美國所製，食之補血。又：（光，一六，四，三。）李伯行（經方）談洋債事，蓋三千萬之議創於彼也。又：與伯行談，此人通敏可用也。又：（光，一八，正，一三。）聞合肥相國之幼子遽卒，年十五，頗聰慧，相國初五壽日，將吏雲集，致祝之物，爭奇競異，亦已泰矣，倚伏之理可畏哉。相國篤信洋醫，此亦爲其所誤。　王記：（光，一九，七，二九。）少荃自以爲不見用，而天下方日爲權臣也。　翁記：（光，廿，九，二。）東事緊，至津傳太后皇上諭，慰勉並嚴責之，李鴻章惶恐引咎，曰：『緩不濟急，寡不敵衆，此八字無可辭，戰事眞無把握！云云。又：（光，廿，十，二六。）合肥派德璀琳赴倭尋伊藤，而致兩邸書爲請頭品頂帶，謂已權宜授之，可詫也。又：（光，二一，正，二八。）李鴻章到京，上溫諭詢議約事，對語多，似無推諉意，惟令其子經方自隨，以通日語，且與陸奧有舊也。退欲要余從往議和，予曰：『若余曾辦洋務，必不辭，今胡可哉。』李云：『割地不可行，議不成則歸耳。』語甚堅決。而孫（毓汶）徐（用儀）怵以危語，覃公皆默默也。　王記：（光，二一，正，一五。）聞王夔虞佐北洋，朝廷以權臣待李也。　翁記：（光，二一，三，二。）聞李相被倭手槍，日君遣員慰問，最奇者，日后遣看護婦携后親製綳帶往也。又：（光，二二，七，九。）李鴻章回京，上先慰問傷愈否，旋責以身爲重臣，兩萬萬之款從何籌措，台灣送予外人，失民心，傷國體，詞甚峻厲。鴻章引咎唯唯，卽命先退。有旨留京入閣辦事。又：李相主聯俄，保俄不占東三省。又：(光，二三，一一，一八。)發英使粵督兩電，李相屬稿，詞簡而速，畢竟老手。王記：(光，二三，四，一一。)曹東瀛言時事云，兩宮大和矣，李相力也，然竟斬一常侍，似乎太辣。　翁記：(光，二四，正，三。)英使至總署詰責，蓋合肥事以俄毀英之語激動之，故致此咆哮也。　王記：(光，二六，八，六。)聯少泉至上海矣。又：李傅相之餘恩猶在天津，比檜賊故勝。孝達晚出，乃遺笑柄，讀書人反不及八股中人。　葉記：(光，二六，九，一三。)聞合肥上月始到京，可謂姍姍來遲矣。又：聞瓦酋住儀鑾殿，人勸李合肥往見，云我一窺圓明園，言官卽參我，至於交部嚴議，若至儀鑾殿，更授人以口舌矣。僅屬那琴軒侍郎往，瓦酋以官小拒未見。又：(光，二七，正，六。)聞啓尚書徐侍郎本定今日赴市曹，因合肥相國生日停刑，一夕苟延，聊盡同官之誼。又(光，二七，二，二四。)聞德兵營無故轟發炸藥，賢良寺大受驚恐，合肥師相所住之室，岌岌振動，窗牖玻璃盡碎，徙席避之。又：(光，二七，九，二七。)昨聞合肥師相歐血，病勢沈篤，今日逝矣。　王記：(光，二七，十，二六。)聞少荃沒而猶視，蓋電氣使然，非欲事吳如主也，而周馥適爲士匄矣。

包立身妹美英

李記：（同，二，一一，三。）包立生者，奇士也，通兵法及天文遁甲之術。賊自諸暨入紹興，包山界諸暨山陰兩邑間，峰嶺陡折，立生率山中人築石壘，力與賊抗，賊攻包山，死者數萬，以僞王七八擁八十萬衆更迭攻之，卒不得近，乃築長圍困之，會大旱，邨中水絕，遂陷。山之居人及四鄉避寇至者數十萬人，無孑遺，立生亦死，然賊之不得悉力東犯甌閩者，立生力也。又：（同，三，一二，二七。）立身本邨氓，不識字，賊未至前歲餘，忽通書，言越將有變，即爲繕禦計。其起事也，跡甚詭秘，自言與仙人往來，邨中築望仙台以候之，衣冠皆用白，不設壁壘，縛籬落爲障蔽，賊不能入。每出戰，立身挺身大呼而前，不持兵，賊見之輒辟易，越人皆謂有神助，益附之。然終被滅，鄉人頗言其有異志云。又：（光，五，七，二八。）包立身初不知書，其文書稱壬戌十二年者，以尙不知有同治之號，故從咸豐十一年數之，或言其意有異者非也。自稱東安義軍，旗分五色，以白爲主。以東安忠義四字分四大營，邨有包孝肅祠，以此爲營所。多用鳥槍，立身自用大刀，重八十斤，其妹美英，纖頎弓足，能用雙刀，每分領部伍出盪，軍中稱英姑娘。及賊大隊環攻，立身自捍其北，而令美英督守東西南三面，巡行堵禦，凡三晝夜不少息，遂病瞑死。蔣益澧疏稱郘破與立身同死馬面山者，誤也。又聞賊入終不得立身尸，或傳已逸去云。

賀壽慈

李記：（同，二，一二，一六。）乞大理卿賀壽慈書家慈六十壽聯，取其姓名吉祥也。又：（光，五，二，二六）上諭，侍講張佩綸奏，山西人李鍾銘，即李春山，捏稱工部尚書賀壽慈親戚，招搖撞騙一節，著該尚書明白回奏。次日賀壽慈奏稱，與李鍾銘並無眞正戚誼，亦無往來等語，外間皆云賀之妾李鍾銘所贈，今立以爲夫人，而鍾銘之妻，賀之婢也，今亦冒五品封，賀日往來其家，呼之爲女，而鍾銘呼賀爲丈人，此回奏所云非眞正戚誼，乃假邪戚誼之供狀也。又：（光，五，三，卅。）上諭，都察院刑部將李鍾銘訊明具奏，著照所擬杖六十，徒一年，年滿解回原籍，嚴加管束。李鍾銘即李炳勳，自惇邸以下，大學士寶鋆，載齡，尚書毛昶熙、萬青藜，李鴻藻等皆與之親暱，而鴻藻尤狎之，不止賀壽慈一人也。其造宅也，仗諸貴之勢，逼死其隣人，無不知之。凡奏參查辦之巨案，多爲之賄緣消弭，居間取賄，外省大吏入京，無不以重金委之。張佩綸之疏下，朝士過慰之者車數百輛，廠市爲之道塞，今之定讞，投鼠忌器，避重就輕而已。又：（光，一五，二，二三）賀雲甫尚書，今年八十，聞尚健甚，數年前尚舉一子，亦人瑞也。

孟傳金

李記：（同，二，一二，一七。）御史孟傳金爲南宮紳士郝素麟請賞花翎，並以道員儘先選用，斥回原衙門。傳金素無士行，由禮部郎入台首，發戊午科場事，致興大獄，去年再補官，益恣穢，此事之請，贓私顯然。

朱海門

李記：（同，三，正，二二）邀朱海門御史飲，海門將赴保定，主講蓮池書院也。又：（同，一一，九，八。）致朱海門太守成都書。吾邑士夫，惟海門有風節。近聞其守叙州，日坐堂皇，治屬邑獄事，案無留牘，屬令畏法，犴訟爲清，政聲流聞，移守蜀郡。叙人言循吏者，自道光間貴州張布政日晸嘗守是郡，清名第一，今推朱君也。

楊泰亨

李記：（同，三，三，九。）楊理菴（泰亨）交譜牒，談次及四明近儒著作。理菴言黃梨洲明文海稿本，及全謝山七校水經注，皆藏慈谿馮氏。又言梨洲海外慟哭記稿本，在鄞邑徐氏家，尙未刻。又凌子廉工部（行堂）言抱經樓書，多謝山全氏故物，賊據寧波時，或以洋錢六百枚購之，流轉上海，爲今蘇松道楊坊所得。坊亦鄞人，故不知書，徐氏煙樹樓藏書，多四明先賢記述，亂時盡燼。謝氏七校水經注，梨洲海外慟哭記，皆不可得矣。又：（同，一二，六，二二。）理菴再奉典試湖南之命，索贈詩文，理菴素嗜予文，又交久，似不可却，作五古送之。又：（同，一二，九，卅。）楊理菴之字名家駢，以官卷中式闈墨刻兩策一論，經字通借一論，音韻全用錢竹汀答問之說，是亦能留心漢學者。

都興阿

翁記：（同，三，五，一四。）都興阿奏調三兒赴營効力，奉寄諭允准，舉家感泣。又：（同，五，正，二三。）遇都直夫將軍談，直夫樸實通達，諸將中所罕見。又：（同，七，四，一六。）答都將軍，長談，此人沈靜有道氣，所見武人，以此爲最。又：（同，七，五，二七。）都將軍託延一幕客，余欲令松姪投營，將軍辭焉。

曾國荃

翁記：（同，三，六，二二。）曾國荃攻克金陵，與楊岳斌聯名八百里馳奏，旋曾國藩紅旗加報。天心悔禍，大憝誅夷，東南之民，從此出水火矣。　王記：（同，八，一一，二六。）至大坪曾沅浦新宅，有城市之氣，雜客五六人，及南嶽僧同飯，路遇澄侯，彼此不相顧也。又：（同，十，一二，五。）沅浦書居然成家。　翁記：（光，元，正，六。）訪曾沅浦於法源寺，沅圃得力在宋儒書，大略謂用人當返求諸己，名言甚多，知其成功非倖矣。　王記：（光，元，六，一四。）人言余向沅浦言，余厮役皆可督撫，理實有之。又聞曾沅浦移撫豫，詁剛言其鄉有屠人與沅公同年月日時生，子壽云，此屠近日必小有遷移也。（曾文正與弟書，有我兄弟以殺人為業，此屠業殺豬，為殺同也）　翁記：（光，三，一一，一一。）得曾沅浦函，極言山右旱荒，至人相食矣。　王記：（光，五，四，二七。）聞曾沅公祈雨不降，頂藏火藥，炷香其上，密誓自焚，與司道期天明始集，沅公四更往，香及半寸，澍雨暴至，應時霑足，斯與桂陽張熹後先比美矣。假令傳聞失實，而晉民以此歸美，尤見其信孚於民也。又：（光，七，一二，一四。）過勉吾云：沅浦約其看竈，因同往長談，專言時事。又：過沅浦論世務，沅浦喜大言，然意在文雅。又妒李氏，殊不稱其遠度。又：有人言郭松林得幸曾伯，陳玉山挽詞云：將軍妾婦亦須眉，似是譏其醜事。又：（光，八，正，二七。）聞曾沅浦與余參差，（以湘軍志）筠仙附和國荃以爲主謀，沅浦後亦悔之。　翁記：（光，九，一一，二六。）曾沅圃來言時事三端：一、中原民生宜卹，一、越事不可動兵，一、聽言宜擇不宜輕發。其談兵事，總不以設險著形爲然，多一險即多一敗象。其言馭夷，以柔以忍辱爲主。其言用人，則以虛以下人爲先，眞虛則善言日至矣。類有道之言也。又曾沅圃學有根底，再見而益信，吾弗如遠甚。又：（光，十，正，九。）英使巴夏哩在總署見曾九，頗敬重。又：沅圃之學老莊也，然依於孔孟，主抱一守中，其爲政曰順民心，其處世曰恕，其臨事曰簡，其用兵則皆依乎此而已。又：（光：十，正，廿。）曾國荃兩江，庶幾威望副此席乎。又談越防，仍用平粵匪舊法，竊恐無益。又：（光，十，二，十。）曾沅圃來長談，飯蔬而去，其人似偏於柔，其學則貫澈漢宋，儕輩無此人也。　王記：（光，一四，五，十。）訪王鼎丞，見其二妾，談山西分銀事，然後知曾沅浦輩眞刼盜也。又：（光，一六，十，一三。）聞曾九死，今年收拾紅頂不少。　翁記：（光，一六，十，三。）聞曾制軍星隕，事關東南全局，可慮也。

陳喬森

翁記：（同，三，八，五。）李若農言，廣東高州舉人陳喬森，號一山，十八歲始閱書，過目成誦。　王記：（同，十，四，一九。）陳一山詩壯秀，非嶺南詞家並世能詩者大有人。又：（同，十，五，一二。）逸山及其同年新甯余雲眉名堯壽來談，余亦倜儻，逸山云，留心經世之務。　李記：（光，三，五，二五）陳逸山寓雷陽館，性龘，語言無次，跅弛特甚，深致暱于余，余以爲坦白無他腸也。逸山又屢以伯寅、香濤、王廉生、李學士相詆之言告余，余以諸君皆與逸山厚，而逸山獨袒余者，爲士竆相恤也，由是益親之。乃前日雲門述香濤言，則逸山所至毀余，有耳不忍聞者，人情險巇固如是哉。又：逸山書力辨無毀余事。又：晤逸山，面詰以所聞，其辭枝梧之甚，此人果非君子。又：（光，三，十，三。）陳逸山强入見，乃卒然言曰：『李若農言君之才不及天水狂獸之萬一，張香濤言君之學不及王廉生之萬一。』又遽曰：『河陽侍郎謂君不如王壬秋遠甚。』余惟笑謝之而已。此人余前已絕之，不知果何心也。

徐桐

李記：（同，三，九，一二。）北闈卷在徐太史（桐）房，薦而不售，聞極賞予經策十藝，爲瑞相國所抑，卽要內監試見瑞相國，請錄取，竟不從，以故惋惜數日。並言此卷識議筆力，俱非近人所有。又言予學力在張香濤之上。生平偃蹇場屋，所獲知己，亦僅太史一人。　翁記：（同，五，三，二二。）徐蔭軒數君法源寺喫齋，皆通內典修淨土者也。又：（同，五，五，十。）偕蔭軒退直劇談，其意頗不滿於艮老也。又：在書房蔭翁與艮翁小有齟齬，蔭翁使氣，余解之。又：（同，七，四，四。）爲蔭軒校所輯『大學衍義體要。』又：（同，九，二，一五。）日與蘭翁議論變通功課，蔭翁肝氣咯血，亦出於至誠也。又蔭翁成見太重，拘滯不通，語余云：『我用我法，無煩君等。』又兩宮諭云：『徐某太著急，且大嚷。』言外有不甚相宜之意。諭以翁某代帶生書。又：（同，九，九，二五。）會議先儒劉因張楊園從祀文廟，寶沈欲皆駁，蔭軒爭之。　李記：（同，十，三，五。）謁太常徐蔭軒師，太常須鬖鬖矣，言去秋見浙江試錄，狂喜累日。又爲予籌度居處，甚相關。又：（光，六，五，四。）至徐蔭軒師賀節，並送節敬，蔭軒師本甲子房師也。今年覆試殿試，皆派閱卷，聞其頗以余不得鼎甲爲惜，故加禮親之。　翁記（光，五，二，朔。）蔭軒爲擇拜印日時，云大吉。又：蔭軒以乩仙詩相示。又：（光，十，二，三。）徐桝士來，其人孝行可敬，以肉桂一枝贈之。　葉記：（光，一六，九，一○。）掌院接見之期，徐中堂至，談義理二字，刺刺不休。又謂時文五百年不廢，必有大道理，我輩參不透耳。　翁記：（光：一七，一一，二六。）蔭老與殷秋樵欲辦義倉積穀，倉房已建於琉璃廠，而穀無著，擬募捐而列我名，又以義倉摺與商，而蔭翁必用其稿，固哉此叟也。又：（光，一七，一二，一九。）赴徐蔭軒相國之招，作東坡生日，又云五老會，其實皆非也。張子青、李蘭孫、譚文卿、豫錫之、祁子禾、榮仲華及余也。又：（光，一九，六，二八。）蔭軒與徐壽蘅先生有隙，壽師索款辦賑，蔭痛詆之。又：（光，二四，四，九。）祝徐蔭軒八十賜壽。　葉記：（光，二五，九，二一。）徐相師傳接見，忽沈誦唐求遞封奏。兩年前誦唐曾上書言宮闈事，師力拒未許，自此戒閽人無爲沈編修通謁，今日師勃然變乎色，離座斥之，聲色俱厲，余知沈有心疾也，勸之退，師怒氣猶未息，且語侵虞山，云其指使，林下鉅公，將有不測之禍也。又：（光，二六，正，二六。）東海相國方奉弘德殿照料之命，會孫授室，四世同堂，一門鼎盛，不敢不往賀。門前車馬，途爲之塞，鈍齋有夕陽無限，只近黃昏之歎。

汪鳴鑾

翁記：（同，三，九，二三。）汪柳門、吳清卿兩君皆奉行功過格。　葉記：（光，十，六，一二。）汪郎亭任少司成時，自往國學監拓石鼓，較國初拓者轉多數字，乃知此事搨手大有關係，不獨時代先後也。又：（光，十，九，卅。）柳門學使寄贈曲阜漢魏六朝石刻拓本，皆其親督工人選紙精拓，又聞陳仲魚遺書百篋，其孫流寓濟南，南宋本已化雲烟，元刊及手校各本多有在者，柳門能得之矣。又：（光：十二，六，二二。）郎亭學政招赴粵，旋請假歸，比匪之傷，不能湔洗，愧何如之。　翁記：（光，一七，一二，二七。）汪柳門來談伊失女，即曾孟璞婦也。又曾孟璞以著『補漢書藝文志考』見贈，甚博贍，異才也。（按曾孟樸即著『孽海花』者。）又：（光，二一，十，一七。）上宣諭：『汪某長某，離間兩宮，著永革。』臣等固請所言何事，而天怒不可回，但云此係寬典，後有人敢爾，當嚴譴也。歸，柳門候余久，伊甚坦然，可敬也。又：柳門談至燈後去，有味哉其言也。　葉記：（光，二一，十，一七。）忽聞平陽以離間兩宮與長石農同予罷斥，迅雷不及掩耳，可畏哉。　翁記：（光，二五，正，一七。）汪郎亭之郎君伯春來，孟朴之妹聓也。又：（光，二九，六，四。）柳門書云：其弟李門病故，伊孫亦殤，李門雙瞽，其子伯春嗣柳門。　葉記：（光，三二，七，四。）赴郎亭師招，導登萬宜樓，藏書之所也。樓上四面列置書櫝，中空以通天氣，闌干繞之，又用轆轤，以便取携，建霞之意匠也。又：（光，三三，六，一。）郋亭師六十九歲，綵觴宴客，當道皆集，林下之絢爛極矣。郎師以兩童子夾侍，安與舁至廳事，門生戚友，羣集起居，頷之而已。何一衰至此耶？又：（光，三三，七，七。）得郎亭師訃，憶自丁酉公車至都下始訂交，丙戌游粤爲幕下客，己丑涌籍派覆試閱卷大臣，遂執弟子禮，綜論平生，不可謂非知己也。

徐壽春

李記（同，三，八，二八。）徐郡丞壽春，字介亭，貴州人，曾受業鄭君子尹之門，言子尹著述極多，其經學已刻數種，許將來郵致於予，深可喜也。都中士夫往往諱言學問，先世雖有傳書，不肯流布。山陽丁晏，爲近日江北學者之冠，所著極夥，昔年予向其子壽昌乞之，固言無有，壽昌時尙爲戶部郎，未爲通貴，而已惡言文字如此，蓋恐此事掩其面目也。

胡澍胡石査

翁記：（同，三，入，二八）胡石生澍，績谿人，善篆隸，長於經學，爲皖南知名之士，兼通醫理。李記：（同，十，七，二一。）胡甘伯爲代購胡竹邨先生『儀禮正義』，此本沔陽陸立夫督部所刻，坊售二兩，去年竹邨先生從子季臨購得其板，遂刷印以徧貽貴要，而寒士踵求者，則高價居奇，甘伯為其族人，予屬代購，侍郎謂非四金不能買紙，甘伯如其言諸之，特記之以見近日公卿風尚如此。又：（同，一一，八，一五。）聞胡荄甫（澍）客死，身後棺殮之費，皆伯寅侍郎任之，廉生往為之經紀。又：（光，元，九，一二。）閱胡荄甫『素問校義』，此君績谿寒士，以舉人能篆書，游四方，自稱為竹邨先生族孫，後以稱貸入訾為戶部郎中，更以醫術游公卿間，與吾鄉天水安子為密友，互相標榜，凡貴要奘駔無不識也；曹事熱差，無不與也；予向以狹客遇之，今閱此書，雖僅二十紙，蓋已盡一生之力，所校大率取材『經集籑詁』，依傍字義音聲通假之法，稍加增益，然訂正王註之誤，亦未始無一知半解也。又：（同，一二，九，四。）胡石查亦能畫，石查言近有一名士，塲中作五經文，直用莊子，淮南子，鄭康成、王肅等字，此亦近來之怪異也、

趙之謙

翁記：（同，三，一一，朔。）訪趙益甫，名之謙，乙卯孝廉，會稽名士也。善分書，能畫，通訓詁之學，蒐討金石，有『續寰宇訪碑錄。』　李記：（同，十，五，朔。）伯寅集名士飲龍樹寺，吾邑安人天水生亦與焉，諸君多不欲，均茵伏。又：天水安子不通一字，而好為大

言，自補諸生，卽交胥吏，遂夤緣入紹興知府繆梓之幕。梓子某者，亦無賴，妄子媚之無所不爲，又稱弟子於宗滌翁，日與其門下款曲，屢乞貸於人。又：（同，十，五，四。）孝達謂趙之謙之荒繆狂鄙，本不值一罵，然其不學無行之詭狀，三尺童子可立發其覆，而士夫乃爲所紿，良由實學不明，世無正論，使生乾嘉之代，太陽徧照，妖魅自消，何煩我輩齒頰哉？予甚韙其言。

王記：（同，十，七，一一）趙撝叔贈余名印，同人以爲奇遇，不易得也。然刀法殊不在行。

李記：（光，五，一一，二九。）有妄人趙者，亡賴險詐，素不知書，以從戴望胡澍等游，略知一二目錄，謂漢學可以腐鼠也，時竊購奇零小品，以自誇炫，嘗得錢竹汀『庸言錄』寫本，不知其已刻也，深秘之，改造書名，冒爲己作，以示人。又嘗竊鄒叔績『讀書偶識』殘稿，此稿本余得之廠肆，周荇農言與叔績故交，謀刻其遺書，屬張香濤求以付梓，遂以付香濤。一日，妄人詣香濤，見爲寫本，以世人多未見也，直纂以去，香濤固索之，不肯還，余亦頗怒香濤之好怪召侮，致此書遭墮溷之汚，屢責還于香濤，香濤窘甚，然卒無如何也，後爲龍汝霖彙刻之。龍跋言與叔績故相知，錄得其副，近遇趙某，言嘗得殘冊于周荇農閣學云云，蓋妄人得此書既不能句讀，又知龍君有副本，不得據爲己作，其技遂窮，而猶詭言得之于荇農，以自夸其與二品往還，是鬼蜮之面，而狗彘之心矣。此等委貨，本不足冤楮穎，以世之愚而售其欺也，聊拊記之。

葉記：

（光，一三，正，一〇。）蒲生談，越州有羅姓藏書畫至二萬軸，人稱萬軸，羅家其先爲鹽商紀綱，故士流屏不與齒，趙撝叔獨羈縻之，得徧觀其寶笈，撝叔畫訣，由此大進。

張盛藻

李記：（同，三，一一，一六。）張御史盛藻，風流自命，嘗作香冢于陶然亭後，近以養親將歸，賦古詩八首，求予贈言。

丁士彬

李記：（同，三，一一，二二。）丁士彬（河南中書。）儇佻無行，面目失色，而顧影自媚，變童崽子之名，居之不疑。崔某刑部郎，市井少年，惡薄無賴。今日丁蘭谷强邀飲福興居，招芷秋心蘭數郎，丁士彬醜穢之狀，更不可堪，至與心蘭互脫其袴，相爲以手出精，地獄變相，乃至于此。德夫嘗言，世人畏見我輩，正如魍魅罔兩畏見青天白日，予謂此輩亦何嘗畏見我輩，蓋如蛣蜣渠畧，展轉矢穢中，別有天地，雖見神龍在天，亦覺目中無人，都中士夫，風氣掃地，深可歎也。又：（光，元，十，二三。）邸鈔，安徽鳳陽知府丁士彬，升雲南迤東道，士彬因李瀚章奏帶至滇，遂有此投，蓋倡優之面，鬼蜮之心，無入而不得者也。又：（光，四，九，三。）丁士彬以建昌道調成龍潼綿道，丁寶楨督蜀後，政日不理，士彬奸險小人，中外所指目，寶楨大信任之，事皆倚之以辦，惟其所爲。朝命薛允升爲成龍潼綿道，寶楨不令之任，而移之署建昌，與士彬互調。有湖南人舒某者，久在寶楨幕，以軍功保至記名道，勁直爲寶楨所畏，悉廉得士彬奸狀，書牘以告寶楨，寶楨大怒，舒因請置獄與質，有一不實者，甘就誅，寶楨亦置不理，舒乃投劾歸，蜀人憤甚，號爲眼中雙丁。有大書總督衙門曰：『聞公之名，驚天動地；見公之來，歡天喜地；覩公之政，昏天黑地；望公之去，謝天謝地。』（丁士彬旋被劾革職，仍留蜀不去。）

王記（光，五，七，九。）丁彬士，字价藩，川省紅人也，瘦小閃爍，以能人自負，極議吳江之僞，頗右高陽。又：予暫歸，院務託价藩代管。

治麟

翁記：（同，三，一二，二〇。）景秋坪師之郎君治麟，號舜臣，年二十一，了了人也。言西陲山川形勢風俗兵機甚悉。又：（同，五，正，一四。）治世兄來，執弟子禮。　李記：（光，一一，九，一九。）弔景秋坪師（廉），唔世兄舜臣司業。又：（光，一二，七，十。）爲舜臣點改秋坪師行述，師幼孤苦，稍長，以教讀餬口，忠厚長者，一生以廉慎自持，自咸豐壬子翰林，不五年至侍郎，以戊午監臨順天鄉試，出爲伊犁參贊大臣，滯絕徼者十五年，始入爲都統，光緒初驟柄用，然高陽專政，一無能爲也。全文恪由協揆大拜，東朝意以協揆授師，師以靈文勤資序在前，力讓之，此一事可傳。　翁記：（光，一二，七，九。）治舜臣因病請開缺守制，伊至今茹素，可謂居喪有禮，君子人矣。又：（光，一二，十，二六。）治舜臣求爲景公書神道碑，此人純孝孺慕，至今可敬。又（：光，一三，四，十。）問舜臣病，勸其闢特室遮陽靜坐，復書字跡端勁。又：（光，一三，五，廿。）聞治舜臣竟病殉，純孝也。　李記：（光，一三，五，二三〇。）舜臣司業以毀卒，哀哉！舜臣孝友，今人所僅見。又虛心好學，廉靖不競，官司業五年不遷，以尊公在政府不考試差，在國子監當官有守，遭憂以後，哀毀骨立，至今不內酒肉，竟以悴死，年甫四十，可謂天道難言矣。

孔祥珂

翁記：（同，四，四，二一〇。）詣彭芍庭宅賀嫁女，陪衍聖公（祥珂），公年十八，形貌纔如十二三歲人，爲彭文敬師孫壻也。

崇綺

翁記：（同，四，四，二四。）聞狀頭爲崇綺。是日十本進呈，兩宮遲回久之，交軍機會同閱卷大臣詳議，諸公相顧不發，延樹南曰：『但憑文字，何論滿漢？』遂覆奏定局。崇文山來請，遂携舊帳往，文山學程朱十年，至是氣爲之浮動，功名之際難言哉。　李記：（同，四，四，二四。）見禮部小金榜狀元崇綺。國朝故事，旂人未有居一甲者，聞臚唱時兩宮欲更之，讀卷大臣寶鋆綿宜皆順旨，朱太宰獨不可，乃止。崇綺爲故相賽尙阿之子，年已四十餘，聞其人頗厲節好學，故時鄭王端華其婦翁也，枋國時獨移疾不出，足跡罕至其門，近有荐其理學經濟于朝者，然賽相禍粵負國，旣保首領，今復及見其子天荒狀元，天道眞有不可知者矣。又：（同，一一，六，四。）邸抄：封皇后父翰林院侍講崇綺爲承恩公，其妻宗室氏瓜爾佳氏，俱封爲公，妻一品夫人。又諭將散秩大臣三等承恩公本身一支，擡入鑲黃旗滿洲，崇本蒙古正藍旗，原奏稱無故事可援，蓋近世后家無蒙古人也。擡旗旨下崇綺之父賽尙阿具疏謝恩，朝議非之。　王記：（光，二，二，一二〇）聞問崇文山云，毅后有遺摺，歷評大臣，言甚懇切，纚纚數千言，不見采聽，甚可痛也。又：（光，五，七，一一。）崇綺澤恩小兒，御史孔憲穀乃稱爲碩輔，所見何卑，抑徇私妄論耶？　翁記：（光，七，一二，一九。）弔文山之子葆初妻喪，葆君他日大器也，其功名當在文山之上。又：（光，十，五，一一。）訪崇文山將軍，精神好而脚腿牽强，極支離也。又：（光，二六，三，八。）聞崇公自盡於保定，此吾故人講學者也。

王定安

李記：（同，四，五，一〇。）王鼎丞（定安）好學工詩，意氣儻蕩，不可一世，而獨心折于予。頃聞予已戒行，愴然來別，言君既去，都中不復可居，亦將束裝歸矣。又：（光，元，八，二九。）鼎丞素能詩，稱名士，後入曾文正幕，大被知獎，攝令崑山者三年，宦橐甚富。又：（光，五，十，二七。）王鼎丞入都，惠三十金，余與此君交甚疏，而忽有此餽，亦可感也。又鼎丞送曾文正公事畧等，皆所編輯者，王君抒香雖勤，惜尙未知著書體例，多詳畧失宜。

李宗羲

翁記：（同，四，五，二〇。）謁李五山前輩（宗羲），此人善相，儀觀亦偉，議論甚正，封疆之才也。

胡泰復

李記：（同，四，五，一三。）胡仲孚刺史（泰復）言，杭州近年來，婦女插花于髻前，謂之照髻花，人以爲招兵之讖。又喜以濃燕支塗頰，謂之血灑，此亦天水碧抛家髻之比也。

沈桂芬

翁記：（同，四，六，一二。）弔沈經笙太夫人之喪。經笙有孝行，前日得旨，給假省親，未起程而奉諱，可哀也。又：（光，四，十，二六。）問沈相國疾，談良久，其右頰下發腫如鷄卵，頗作寒熱也。又：（光，五，九，一一。）沈相國談伊犁事，甚憤懣，相與咨嗟。又：（光，六，九，十。）廷議俄事，吳江相國懷中出所擬電信及照會稿，語尙扼要，遂用之。又：（光，六，一二，三十。）問沈相國星隕，淸愼勤三字，公可以無愧色。　李記：（光，六，一二，三十。）聞沈經笙協揆（桂芳）卒，沈公吳江人，宛平籍，丁未進士，一生以廉謹聞，而柄國十四年，畧無建豎，外爲避事，而內實持權，陰柔徇私，聲氣出實公上，溘焉已沒，所得幾何。又內閣擬謚文淸、文勤、文端、文恪，旨出謚文定。

陳湜

翁記：（同，四，六，二八。）見陳廉訪湜，號舫仙，從曾九帥攻金陵最有名。又文輔卿觀察（翼）名與埒，今在朝房同見之，似不如陳之樸實，兩君年皆三十許耳。又：（光，九，七，六。）前山西臬司陳舫仙來，其人百戰有權畧，而心地尙好。　王記：（光，二四，五，六。）陳舫仙子毅來乞譔碑誌。（毅字詒重，甲辰進士，刑部郎中，郵傳部參事，丁巳復辟，郵傳部侍郎，能文，有志節。）

薛時雨

李記：（同，四，七，朔。）薛慰農太守（時雨，全椒人，杭州知府。）出示『雲煙過眼圖』屬題。又：（同，六，一一，一二。）訪薛慰農于湖上，共飯崇文書院，遂同登望湖樓。時夕陽滿樓，湖光如雪，四山映發，空明不寒，十餘年無此遐賞矣。又：（同，六，一二，朔。）薛慰農觀察至滬，邀飲汪氏粲君西樓，以近作五十自述五古見示，眞摯老成，百餘年所僅見者也。時晴日滿窗，看粲君梳頭，慰農謂粲君頗有煙水氣，喜近文士，貌雖不揚，亦可賞也。又：（同，七，正，二五。）自鄂歸過滬，訪西樓未及見欒君，而短李之名，已爲人識，復與仲修諸君聚飲於此。慰農談滁山郵居之樂，令人神往。又：（同，九，四，一四。）湖船名薛舫者，杭人爲薛前太守所造，頗華好可坐，放船詣鳳林寺，謁薛廬，飲游而歸。又：（光，五，正，二九。）得薛慰農所寄六十自述詩十二章。

王學浩

李記：（同，四，八，二十。）榷鹽使者王椒畦觀察（學浩），携酒食至梅山寺相款，夜飲畢，持燈送之上船，此江村送客夜色可圖者也。又：爲王叔彝題『山陰道上圖』。又：（同，五，五，二一。）王君交游，蘭艾不擇，性嗜風雅，輕薄羣趨，其於鄙人，延接備至，乃今日詣之，竟以晝臥謝客，方疑門者懶不爲通，歸後作書諷之，亦無所答，此可怪矣。

伊麟阿 弈慶

翁記：（同，四，一二，十。）故事：授讀諸臣，皆得旁坐，滿諳達則立而口授焉。醇邸直書齋，乃不謂然，傳皇太后旨，命授讀者在案旁坐，餘人可暫退，亦未嘗明言餘人無容侍坐也。

未幾而滿語達伊精阿以公然旁坐爲醇邸所劾矣。又：（同，六，七，二二。）醇邸奏請上學淸語，偕滿語達入，跪奏數語而出。以後淸語須跪奏，亦新樣也。又：（同，六，九，六。）滿洲諸君議，欲於授書時亦仿漢人例就坐，已而中止。又：（同，六，十，五。）弈慶調盛京。工部侍郞弈餘齊，長者也，以敎淸語不欲跪授爲醇邸所排，故有是舉。（伊精阿亦告病。）

傅以禮

李記：（同，四，十，二一。）傅節子（以禮）來，以『明季稗史』借閱，夜談達旦。又借『荆駝逸史』。此書乙卯春周素人寄予架上，後爲節子借去，今日覩此，如對故人。又：（同，五，一一，二〇。）節子處借書，得『紀載彙編』，皆記鼎革間事。又：（同，六，正，一五。）爲節子譔『華延年室金石錄序』。又作書致節子，論『明謚考』可疑者數事。又節子以新輯『張蒼水遺集』屬校正。又與節子商榷明遺事，入夜未竟。次日，又詣談至更餘歸。又節子方輯『殘明宰輔表。』又：（同，六，八，三十。）節子將赴湘，必欲得予文爲贈，譔一小序送之。又：（同，九，六，一六。）得節子福州書，言新得『南疆佚史』等十餘種。又：（同，一二，六，一三。）得節子書，奉檄署台灣海防同知，已渡海矣。又寄贈陳士莊『同姓名譜』抄本十冊，此書予與節子在越中同見之，而爲節子購去，云仍當歸予，今竟能不食言，亦可尙已。又：（光，九，八，六。）傳節子自閩來，三十年舊雨，萬里遠來，適以今日風雨中至，而爲閽人辭去，恨恨竟日。又詣節子觀明拓石鼓文，郭蘭石家物也。又閱節子所得金石、其秦度，漢李氏竟、新始建國三年竟諸拓本，皆平生所僅見也。又：（光，一四，十，二四。）再復節子書，俱答其所言輯錄收購經籍之事也。

吳竹如

翁記：（同，五，三，二四。）謁吳竹如先生。先生深於程朱之學，力闢陸王之非，予於陸王祗浮慕，何敢辨，然於先生之言，亦不能無所疑，惟其所論學問之道，當從篤誠入手，則當書紳也。

胡雪巖

李記：（同，五，四，二三。）胡雪巖者，本賈豎，以子母術游貴要間。王壯愍故以聚歛進，自守杭州至撫浙，皆倚之，遂日驕侈，姬侍十餘人，服食擬于王者，官至監司。左宮保初至，欲理其罪，未幾復寵，軍中所需，皆倚取辦，益擅吳越之利，操奇贏，與各地市駔各挾術相欺詐，銀價且夕輕重，或相懸至數百千萬，錢法以之大壞。又：（光，九，一一，七。）昨日杭州胡光墉所設阜康錢舖忽閉。光墉者，東南大俠，與西洋諸夷交，國家所借夷銀曰洋款，其息甚重，皆光墉主之。左湘陰西征軍餉，皆倚光墉以辦。凡江浙諸行省有大役有大賑事，非屬光墉，若弗克舉者。故以小販賤豎，官至候補道，銜至布政使，階至頭品頂戴，服至黃馬褂，累賞御書。營大宅於杭州城中，連亙數坊，皆規禁籞，參西法爲之，屢毀屢造。所畜良賤婦女以百數，多出劫奪。亦頗爲小惠，置葯肆，設善局，施棺衣，爲饘粥。時出微利以餌杭士大夫，士大夫尊之如父，有翰林而稱門生者。其邸居徧於南北，阜康之號，杭州上海寧波皆有之，其出入皆千萬計，都中富者自王公以下，爭寄重貲爲奇贏。前日晡時，忽天津電報，言其南中有虧折，都人聞之，競往取所寄者，一時無以應，夜半遂潰，劫攘一空。聞恭邸文協揆等，皆折閱百餘萬。今日聞內城錢舖曰四大恒者，京師貨殖之總會也，以阜康故，亦被擠甚危，此亦都市之變故矣。

馬新貽

李記：（同，五，五，四。）馬中丞書饋四十番，云此區區尚非貪泉盜水，不至以汚瀆爲嫌云云。余與中丞素非雅故，而折節周旋，有逾夙分，力辭不獲。又：（同，六，二，朔。）馬中丞議開局刻書，因勸先刻『文獻通考』，旋延爲總校。　翁記：（同，七，五，二三。）馬穀山制軍來，穀山爲先兄識拔，曾薦爲皖省循吏第一，伊言及尙眷眷不忘也。又：（同，七，八，一四。）過淮安，馬制軍來長談，以導淮卽導河之說進，渠意深然之。　李記：（同，九，八，五。）聞兩江馬制府被刺，馬公歷官以謹愼稱，待士夫頗有禮，與之交者，未嘗見其疾言遽色，忽遭此變，深爲未喩。且以一縣令，不二十年致位督部；雖身與軍事，無汗馬之勞；徒以薦牘屢膺，隨材平進。其涖浙四載，雖無赫赫名，而拮据綏集，以儉率下，調停悍吏，與民休息，故去後頗令人思。予辱與相知，備承推挹，爲念知己之感，何能忘也。

高邦璽

李記：（同，五，五，四。）高太守（邦璽，字次封，紹興知府。）夜爲馬中丞送書饋，並自贍十番。太守雖暫同曹司，亦甚落落，及來涖州郡，眷待彌殷，累荷分廉，不殊骨肉，此古道可感。又：（同，六，四，七。）送高太守行，予與太守嘗同官戶部，予以貲得官，素懶多病，稀入曹，太守先予二十年進士高第分部者也，於曹中資最深，爲主稿，諸曹皆嚴事之。部中舊例，每曹以滿員一人掌印，漢員一人主稿，皆積資力及科甲出身有力者充之；次則滿有帮掌印，漢有幫主稿，戶部則更有正稿上行走，帮稿上行走各名目，其餘曰散行走。事皆決於掌印主稿二人，其次者雖名參決，實不得與可否，吏具牘上，畫諾而已。其餘惟視吏意，令畫諾則署惟謹，不敢問何事，或掌印主稿者持牘白堂上官，命之偕則俜姃隨其後行，上堂屏息魚貫立，俟前者白事畢，則側行隨之退，不出一語，堂上官亦不知為誰某誰某也。予既不事事，雖同曹未嘗通姓名。一日，予偶至曹，適署空無人，時寒甚，命小胥熾火，余倚鑪看書，而太守至，則各不相識，既問訊，始各色然笑。會吏送是日邸抄至，見有兩曹郎出為知府者，太守曰：『此二君皆京察上考，吾儕惟送人作郡耳。』予戲應曰：『吾將歸矣，得君為吾郡，當相待同去耳。』太守笑曰：『紹興未嘗闕知府也。』次日閱邸抄，則撫浙者果奏至。又次日，則太守竟得命矣，然仍未往還也。及予請急歸里，太守亦甫抵浙，而太守之所以禮予厚予者無不至，而又念予貧，時周恤之。太守素貧，及為守，悉裁陋規，絕饋問，不取人一錢。去年冬，以三江酺口工，太守晝夜督役疏濬，積瘁感寒，遂得疾不愈，竟以是去位。太守治越未久，故無赫赫名，然識與不識，無不以為慈父母而惜其去也。

董恂

翁記：（同，五，八，四。）董醖卿大司馬六十歲賜壽。故事，大臣須七十以上始得賞壽，今施之於驟進之九列，意者奬其和戎之功歟？又：（光，一七，十，九。）董醖卿年八十五，尙以蠅頭鈔經說，今年已三四十種，裝兩函矣。

卞寶第

翁記：（同，五，八，一一。）卞頌臣以『玉泉山水道圖』見示，此人畢竟留意時務。又：（同，八，正，二九。）卞寶第請開缺，給三月假，卞與督臣英桂，以撫臺灣夷人構釁事意見齟齬，卞卻持正不肯遷就。又：（光，八，四，九。）卞頌臣從河南抵京，上召見，問三四語，聲極低也。來談，論人物時事，皆淸剛無回護。

王記：（光，八，七，一四。）卞撫多私而好自專，與兩司無商量，已委兩通判署縣事矣。又：（光，一三，一一，十。）陳伯嚴來云，卞撫不事事，但日嫚罵。此人殊悖謬，以彈章而怨懟朝廷，無君而又自尊其官，皆非恒情，不得以鄙夫目之。

賈鐸

翁記：（同，五，八，二三。）賈鐸放黔遵義府，西臺少一直言敢諫者矣。又：（同，八，八，一五。）晤賈振之太守，其人抗直，雖居鄉署涉武斷，然才可用，萬里之行，毅然無難色也。

袁保齡

翁記：（同，五，九，二。）袁子玖（保齡），午橋漕帥次子也，慷慨論議，少年美材。

李記：（同，一二，一二，卅。）袁子久舍人保齡，爲其祖母郭太夫人乞撰百歲壽序，故漕督袁端敏之母也。予於庚申歲識其仲孫篤臣觀察，曾乞撰文爲壽，時太夫人年八十三，端敏方督師臨淮，文宗顯皇帝特旨壽賜，今十四年矣，子久復乞予文。端敏本族伯父芸圃觀察甲午所取士，於袁氏亦可謂文字因緣矣。

唐訓方

翁記：（同，五，一一，一○。）訪唐義渠方伯訓方，此人百戰之餘，疎儁可喜，微有沾沾自喜之病，能將萬人，且機智甚深，宿將也。

李榕

翁記：（同，五，一二，九。）晤李申甫，名榕，湖北臬司。曩在眉生處識之，能古文，倜儻不羈，一入曾營，遂由主事保至監司矣。

官文

翁記：（同，一六，正，一二。）官文以曾國荃劾革職留任，八年無過，方准開復，亦新樣也。又：（同，六，五，六。）佛爾國春奏參曾國荃劾官文交通肅順等款旣虛，應反坐，詔勿問。未幾曾國荃告病開缺，官文署直隸總督。

夏同善

翁記：（同，六，正，二三。）夏子松來，談至初更去，有心人哉。又：子松有封事，言臨幸諸邸非故事，且傳已集梨園等語。諭旨宣示，並無演劇，並著惇親王停撤，爲之額手。又：（

同，六，八，二三。）弔夏子松丁內艱。子松食貧養親，糠覈不飽，甫得差而丁憂，可閔也。又：（光，元，一二，一二。）派夏同善授讀。又：（光，四，正，一二。）召夏侍郎獨對，前此未有也。又：（光，四，一一，一八。）聞子松放江蘇學政，爲之駭詫。學政放缺，即不得入乾清門，上問夏某何以不來，對以外放，爲之不適者良久，百方開譬始讀。蓋自夏迄今，皆余帶書，子松看讀，至是始復舊式也。又：子松陛辭，至書齋跪安，先請懿旨准來始來，一跪即退。又：（光，四，一二，一八。）夜送子松，傾吐一切，揮淚而別。世有眞摯識大體如此君者乎？又（：光，六，八，七。）聞子松長逝，不覺失聲，朝失正人，我喪良友，傷哉；子松久患瘌疽，屢致書未復，即慮其不起。又（光，六，八，十。）上問夏某何日歸，因對已故矣。上嗟歎隕涕者兩次，此極難堪也。

惇王

翁記：（同，六，二，五。）上奉兩宮皇太后詣惇親王府，晚膳還宮，王所請也。本備演劇，以夏同善言，傳旨停撤。又：（光，九，五，二五。）惇邸會查雲南報銷案，請起，太后召見：諭曰：『國家多故，天子幼冲，而骫法之人，敢於舞弊至此，爾等所擬得無輕縱耶？』惇邸曰

：『潘祖蔭先已定完贓減罪之見，密示諸臣，輒即從之。』臣龢曰：『潘某已去位，即不去，亦非一人所能主持。』邸曰：『太后垂簾，若輕縱，將來必有議論。』龢曰：『惇親王失言矣，太后秉公持正，此案按律例有何可議耶？』太后諭王曰：『汝正宜看律例，與諸臣熟商。』邸曰：『總宜在上前議定，否則一人烏能敵五人哉？』因叩頭，其舉動如此可笑也。及再議：上諭曰：『惇親王屢陳奏，總偏執潘祖蔭投意輕辦。』臣對以：『惇親王辦事詳審，惟不諳律例耳。』又：（光，十，三，四。）惇恭兩邸為萬壽進獻事請旨，極瑣細，極不得體，慈諭謂：『本不可進獻，且邊事如是，尚顧此耶？』意在責備，而邸猶剌剌不已，所對皆淺俗語，竟跪至六刻，罷不能起。天潢貴胄，親藩重臣，識量如此。又：（光，一五，正，二一。）弔惇親王，王於外事不甚明白，而不侮鰥寡，清節可風，不愧為宣廟之子。

黃以周

李記：（同，六，八，六。）定海黃元同秀才（以周）儆季雜著二冊，稿本未成，中皆考據之作，實事求是，多前賢所未及，聞其父薇香先生名式三，號儆居子，年七十餘，尚著書不倦。元同稟承家學，自已酉落解後，窮經十年，不應試，不求聞達，浙東經生，蓋無與比，洵一時之樸學矣。又：（同，九，九，一一。）優貢正取六人，爲黃以周，潘鴻、黃炳垕、施補華、陳豪、許誦禾，備取爲孔昭俊，吳承志等十二人。黃炳垕餘姚人，梨洲之後，精於算學。許誦禾字子頌，海寧人，故淮徐道槤之子，年少有才氣。孔昭俊西安聖裔。吳承志亦杭人，甫逾冠，而能通經爲漢學。此舉可謂極一時之選。以元同冠首，鳳洲次之，尤足爲讀書者勸。又鄉試元同鳳洲及黃炳垕等皆中，浙東西古學之士，此榜盡矣。

王棻

李記：（同，六，九，朔。）黃巖王子莊優貢（棻），專精經典，浙之竺學士也。又：夜與子莊談經史，以所譔王氏家譜稿見示，體例謹嚴，援證博洽，近代之佳譜也。

譚獻

李記：（同，六，九，一五。）譚仲修王子莊得中，足爲好學者勸。又：（同，七，二，二五。）書致譚仲修，與辨章實齋氏言部錄言義法之繆。又：（同，一二，五，十。）譚仲修質敏好學，近人中極難得。而心粗氣浮，不能研討，自剽襲陽湖莊氏、武進劉氏、邵陽魏氏一二之書，遂以大言自欺欺人。予嘗謂仲修累于杭人習氣也。又：閱仲修所刻『羣芳小集』。羣芳者，都門欒僮也，無論此等浪子生活，不足寃酷紙墨，以自命知微言大義之人，而刻畫賤工崽子之狀，又何其不自愛耶？又：（光，元，八，二六。）譚仲修已調江南闈差，又當出許多小鴻博矣，不務實修，而好標榜，仲修之所以無成也。

趙銘

李記：（同，六，九，十。）趙桐孫州牧（銘，秀水）以所箸琴鶴山房文詩見示，才情橫溢，讀書得閒，亦發前人所未發，誠一時能手。又：與桐孫談駢文。又：（光，三，五，十。）桐孫寄鍾子勤『春秋穀梁經傳補』，鍾名文烝，桐孫之師也。又：（光，三，六，一二。）桐孫博學有文，其詩頗有佳篇，而不逮其駢文。又：（光，五，三，二六。）桐孫以所著『左傳質疑』屬閱，議論醇實，考証細密，可傳，爲譔序約二千餘言。又：（光，六，一二，二二。）作書致趙桐孫，以近日議開鐵路，合肥主之，桐孫久在幕府爲所重，故寓書阻之。又：（光，七，三，二六。）桐孫隨合肥入京，遂至賢良祠，投刺于合肥，冀其有例贈也。又：（光，九，八，一五。）得趙桐孫天津書，論洋務，至千餘言，皆爲合肥辨者也，其文甚美。又：（光，九，十，九。）得趙桐孫書，言天津問津書院新設北學海堂，合肥使相欲延余主講席，歲脩約千餘金，然既去官，而仍住津門，非所願也。又：（光，九，一二，一四。）得桐孫書，並合肥使相書額，玉如運使關書聘金，此席遂定，非本意也。

陳國瑞

翁記：（同，六，一一，二九。）訪陳國瑞。國瑞字慶雲，楚之應山人。幼從賊，受撫，累戰積功至提督，幫辦僧邸軍務，爲曾帥所劾歸，今特旨起用。國瑞之言曰：『凡兵皆可用，不必擇人。』又曰：『能奮勇者，必有英氣血性，數語即知之。』又曰：『兵餉每月過足，人無鬥志，必薄其月餉，而留餘餉作賞死士，以一人兼數人餉，以資鼓舞。』皆切實之言也。年三十餘，頗靜，無囂張氣。又：（同，九，九，廿。）陳國瑞外夷以津案索之甚急，乃至天津遞一親供，可無事矣。

李用清

翁記：（同，七，三，二四。）見李菊圃（用清），目光炯炯，他日當貴，筆下亦佳。又：

(同，一一，三，五。)李菊圃來，談讀書之法，實體之於身乃爲有用，徒讀經濟書以爲有用者，末也。其言切實。菊圃近來篤志理學，甚有識力，不得僅以文士目之矣。又：(光，三，十，卅。)李菊圃赴山西辦振。又：(光，五，四，廿。)李菊圃由山右來，蓋一年查賑，隻身跨驢，辛苦特甚，可敬可敬。　李記：(光，一一，六，一三。)李用清，山西平定州人，己丑翰林，文字拙陋，一無才能，惟耐苦，惡衣食，捷足善走，蓋生長僻縣，世爲農畮，本不知有人世甘美享用也。而都中如李鴻藻、崇綺、張之洞等，皆力延譽之，以爲聖人復出，其實尺八骰捷足鬼之流，在『宣和遺事』中亦爲劣駟，本非聖門所尙也。張樹聲素附名士爲捷徑，及任桂撫，遂奏請差委。用清實熱中，日望得朝官清要，不樂赴廣西。旣奉旨發往，過天津，乞合肥爲疏留，合肥不許，乃赴桂；而樹聲已移撫廣東，旋督兩廣，皆攜之幕府，薦剡日至，遂擢惠州知府，不二年驟至貴州布政使，署巡撫。所至惟禁酒食宴會，以敝衣率僚友，而力禁種罌粟，操之過急，吏緣爲奸，激成民變，用清大懼，遂告諭仍准種烟。時先已下檄，將出閱兵，竟不敢往，再改期。布政使曾紀澤强之，不得已而行，復出示言此行惟閱伍，非查辦民變事，黔人大譁。御史汪鑒列款糾之，且言其清操不足取，猶之馬不食脂，生性然也，都下以爲笑柄。旋諭令開缺來京。翁記：(光，一二，八，四。)李菊圃來，藹然仁人哉。言貴州循吏以趙文源爲首選。又：(光，一四，三，二五。）陝藩李用清，贛藩李嘉樂皆另簡，兩李皆賢者，而不容於時，何也？

吳大澂

翁記：（同，七，四，二一。）吳清卿殿試策不到底，陳時事，寫亦好。　李記：（同，一一，一二，四。）吳清卿（大澂）送所畫『城西老屋圖』及金耿菴畫梅屬題。清卿所居醬草閒房，即耿菴故宅。又：（同，一二，九，一一。）清卿屬題手拓古器款識，此本不須題詞，而已有歙人鮑某之跋，自謂惡札，眞不妄也。近人喜講金石，而不通文理，極爲可笑；如天津之樊彬，廣東之李宗岱，山東之陳介祺，吾浙之吳雲、張德容，後生小子，慕而效之，以爲不讀一書，而可稱名士矣；爲題五律，即送其視學秦隴。又：（光，四，一一，一八。）詔：翰林院編修吳大澂，以道員發往山西，交曾國荃差遣委用。蓋以李鴻章薦其可任監司，旨交吏部引見，因有是命。又：（光，九，一一，二六。）吳大澂者，吳人，清客材也，向爲潘尙書效奔走，浮躁嗜進，遂附張之洞，又呈身于合肥，驟得以三品卿，督辦寧古塔邊事，地苦寒，又與將軍不合，遂請假省母，未得報，而越南事起，又請赴粵，徑至天津矣。又：（光，十，四，一六。）邸抄：吳大澂會辦北洋事宜。大澂駐營口，旋疏辭，嚴旨責其取巧規卸。又請餉三百萬，亦不許。　翁記：（光，一一，二，五。）吳清卿副憲來談，云槍砲須新式，正似漢學不可空談。又贈高麗土產，及所著『說文古籀補』，極精妙。又：（光，一一，一二，一一。）蘇州門人王同愈，字勝之，頗英發，佳士也，久在清卿幕中。　葉記：（光，一三，二，二六。）謁清卿中丞，遍示所藏彝器，內外簽押房羅列幾滿。又出示在秦中所得石墨，將續輯『關中金石記』，屬余任編纂之役。又：（光，一三，四，一九。）中丞招飲，縱觀漢碑十餘通，云皆宋拓。又：（光，一三，七，二二。）中丞自澳門歸省中。先有訛言，葡人不聽勘界，挾以開炮。實則中丞勘界既畢，將游其花園，親軍六十人擎洋槍從，粵民隨觀者幾千人，葡人大恐，列隊攔中丞輿，請止從者而後入，中丞亦即罷游。又：中丞赴南海神廟觀銅鼓，並拓唐宋石刻。又：（光，一三，一二，二五。）至撫署，見中丞案牘之旁，皆古瓷也。中丞指示：此哥，此官，此汝，此定；又出二杯，曰柴窯也；唯唯而已。又：（光，一四，四，三。）愙齋新設通志采訪局，欲以金石見屬，如愙齋之開誠布公，非不願往也，奈夫己氏何。（指方辭郎亭）　翁記：（光，一五，二，三。）吳大澂請議尊崇醇親王典禮，懿旨將醇王預杜邪論一疏宣示，吳君雖未遭譴訶，然辱甚矣。又：（光，一八，六，二九。）清卿以蘇人陸廉夫（恢）所畫山水見贈，陸一時名手，清卿所推重。

王記：（光，一九，三，二六。）吳愙帥來談主璧，大有發明，說剡圭與余合，剡即火燄，非削之也。又說璧羨，皆采之入箋。其人書痴，非吾意中之清卿。又答巡撫，談一時許，沒緊要，然其人非僉壬，則可窺也。說時事亦中肯。又：（光，一九，一二，一三。）吳撫作生日，衆推我文，索潤筆千金，衆咸怪之，獨但少村請買，始信文章有價也。又：（光，廿，八，朔。）聞巡撫走去，投袂赴急，又一派也。又見探報，吳撫幾爲倭人搜捉，自云遁走，吳公可謂豪傑矣。葉記：（光，二一，正，二二。）聞愙齋以電致政府，剋期戰勝，驚蟄前可以肅清海蓋，怖其言何漢而無極。　翁記：（光，二一，二，二九。）吳清卿軍退，與宋慶議不合，羣起指摘之，上意吳大澂舍安就難，尚勇往，部議降調，命與宋慶均改革留。又：（光，二一，三，二一。）余給諫劾吳大澂，謂穌實祖庇欺蒙，其詞甚厲。　王記：（光，二一，三，二一。）聞和議成，清卿回任矣，爲之失笑。　葉記：（光，二一，九，五。）愙齋奉旨開缺回籍，當局者迷，可爲太息。　翁記：（光，二三，二，十。）得愙齋函，尚思出山。　葉記：（光，二四，正，二九。）得仲午書，愙齋新得上海龍門山長，其江寧書局一席，衆論未孚，先機而作，可歎也。　翁記：（光，二五，四，二。）郎亭函愙齋病重，已不能言。又：（光，二八，二，四。）吳愙齋卒於蘇州。

洪鈞

翁記：（同，七，四，二四。）狀頭洪鈞，吾吳人。是日召讀卷官入，上親閱定十卷。又：（同，一三，正，廿。）游鄧尉，遇洪文卿，旁人云有紅粧從，余未見也。又：（光，一五，八，一九。）游虎丘，有新搆擷翠山莊，洪文卿等所募也。又：（光，一七，十，五。。）洪文卿出使俄德，回京因病請假，於元史甚用功，得波斯回字元史，譯出數卷。又：（光，一九，八，一三。）哭洪文卿，其子到京已遲三日矣。

劉履芬

李記：（同，七，四，二九。）閱『古紅梅閣駢文稿』，近人江山劉履芬彥清所作也，貽息于洪北江，簡貴修潔，雖才力少弱，未宜長篇，而古藻盎然，善言情狀，固一時之儁也。此君以入貲官主事，改同知，與譚仲修素交好。

孫衣言子詒讓

翁記：（同，七，五，廿。）孫苓西前輩以所撰先公墓誌見示，銘辭古雅，文亦遒勁，謝之，與商數語。　李記：（光，二，三，二九。）孫仲容孝廉（詒讓，瑞安。）苓西布政之子也，年少好學，言近爲『周禮長編』，搜集國朝諸儒說經之書已得數十種。又：（光，三，九，一一。）作書致孫仲容江寧，以仲容藏有吾鄉章逢之『隋書經籍志史部考證』四冊，此世無第二本也，因力勸其刻之。又邵南江『南宋事畧』稿本，向藏倉橋沈氏，沈寄凡前呈曾文正，將刻于江寧書局，而文正移督直隸，事遂輟，屬仲容物色之，此書關係尤鉅，倘能成文正之志，尤厚幸也。　翁記：（光，一六，三，廿。）孫仲容示所著『古籀拾遺』，極通博。（光，廿，三，二六。）訪孫仲容，粹然經生也，『古籀補』早刻，今年儀問中已有其說矣。

羅道人 斌半聾

翁記：（同，七，七，二四。）羅道人，宗室豫德，字如山，己丑庶常，外班翰林，降主事，隱居僧寺，白髮飄然，儼然世外人也。又：（光，一四，四，十。）訪斌半聾於太清觀義塾，其人雖不俗，而不純。又：（光，二四，正，七。）至龍樹寺，其東樓已空，炳半農住廿年，一旦化去。

汪謝城

李記：（同，七，十，十。）汪謝城教諭，名楨博，學有重名，精于校勘，家藏書極多，今亂後無一存者。貧老無子，爲會稽學官，近方輯『歷史月日考』，尙未成也。又：（光，七，八，二六。）邸抄：會稽教諭另選人，蓋汪謝城已卒矣。謝城一字剛木，烏程人，壬子舉人，承其母教，家富藏書，邃于音韻律厤之學，余居憂時，曾一二往還。所著書見者甚少，已刻『荔牆叢書』，亦僅見『四聲切韻表補正』，『歷代長術輯要』，『古今推步諸術考』等數種而已。

浦安子郱桐

李記：（同，八，正，一七。）戊午科場之獄，編修浦安與刑部主事羅鴻澤之交通關節，由于兵部主事李鶴齡，其造此謀者，肇慶舉人龍某也。時科場積弊，以關節爲酬應，凡主考同考親故，皆徧給之，亦未必果驗也。甚或有內憎其人，及避嫌恐出其門者，反以此爲識而黜之。廣坐官廷，公言不諱。李與浦同年也，遂居間爲關節，竟得中。及事發，傳羅質訊，羅謀之龍，龍本昏狂，以此爲細故也，語羅但直言之，羅如其教，敘供甚悉，及浦李赴質，已無能置一辭矣。羅浦李皆伏法，而龍竟幸免。　翁記：（光，一四，三，一四。）那琴軒桐來見，（戶部司員浦安子也。）其叔銘鼎臣（安）約於別墅看海棠。又：（光，廿，四，一六。）那琴軒來談萬壽點景事，此君才固可喜也。又：（光，二四，五，朔。）那琴軒厚饋，卻之。　王記：（甲寅，四，二六。）金魚胡同那宅最有名，四姑娘舊居也。

郭嵩燾弟崑燾

王記：（同，八，正，一六。）郭筠仙最好班氏匈奴傳論，以爲得制夷之要，謬矣。既謂夷狄獸心，不可理論，而又欲使曲在彼，譬與犬鬬，而使負曲名，欲其不噬，不可得也。又：（同，八，十，朔。）筠仙來談錢女事。筠仙未嘗棄妻，而衆人欲故意難之。余謂筠仙但公言娶婦，婦必不至，則樹倒胡孫散耳。若婦果至，必能相安，使老夫無妻而有妻，尤快事也。又：（同，九，十，九。）筠仙言『天定勝人，人定勝天』，古今無解此者。請其說，謂治亂皆由人心，則天不勝人矣。又筠仙言，船山書精華在『讀性理大全』，吾聞之一驚，驚其一語道破，誠非通王學熟讀全書者不能道此語。然『性理大全』兎園冊也，觀其名知其陋，而筠仙力推船山，眞可怪也。船山生陋時，宜服膺『大全』，筠仙生今世，親見通人，而猶曰『大全』『大全』，不重可哀耶？　翁記：（光，元，正，一三。）郭筠仙來，其言欲徧天下皆開煤鐵。又欲中國皆鐵路。又言方今洞悉洋務者止三人，李鴻章、沈葆楨、丁日昌也。又：郭筠仙送所著『瀛海論』，大畧亦可取，而言外推重洋法。又引乾隆四十一年諭旨，以爲千古治洋務之準則，言各有當，而比而同之，未愜於中也。　李記：（光，元，二，九。）邸鈔：前署廣東巡撫郭嵩燾爲福建按察使。郭嵩燾以去夏日本事被召入都，與曾國荃蔣益澧先後至，同寓法源寺，國荃意望總督，益澧嵩燾皆望得巡撫。此授也必甚怏怏，其將稱疾不至乎？又：（光，二，七，二一。）郭筠仙侍郎來，言乞假回籍，前日召見，慰諭不許，仍將有海外之行。又：（光，二，九，一八。）聞郭嵩燾劉錫鴻即赴西洋，銜命至英吉利，實以馬嘉理之死往彼謝罪，尤志士所不忍言也。又：（光，三，六，一八。）閱郭嵩燾『西使紀程』記道里所見極夸飾，大率頌其富强，爲中國所不及。嵩燾自前年被召，即大爲淸議所賤，去年夷人至長沙，將建天主堂，其鄉人以嵩燾主之也，羣欲焚其家，値湖南鄉試，幾至罷考，迨此書出，而通商衙門爲之刋行，凡有血氣者，無不切齒，于是湖北何金壽嚴劾之，有詔燬板，而流傳已廣矣。　王記：（光，三，八，三。）近傳罵筠仙一聯云：『出乎其類，拔乎其萃，不容於堯舜之世。未能事人，焉能事鬼，何必去父母之邦。』筠仙晚出，負此謗名，湖南至羞與爲伍。又：閱筠仙海外日記，殆已中洋毒矣。　李記：（光，四，八，二八。）邸鈔：曾紀澤出使外洋請訓，以代郭嵩燾也。先是郭嵩燾充英國聘問使，劉錫鴻副之，錫鴻者，廣東舉人，以貲爲郎，喜言經濟，自負能辦洋務，嵩燾撫粵時與之善，及將使于夷，力薦之，因驟擢京堂，爲之副。嵩燾浸不悅，論議屢相左，旣抵英一年，朝命錫鴻爲法國聘問使，嵩燾愈怒，出疏嚴劾之。然錫鴻實無他才，惟剿襲策畧爲浮夸詩語，自附名士以結聲氣。嵩燾亦不能任夷事，爲夷所輕，自求代還，乃更命紀澤使英法兩國，而召嵩燾錫鴻還。　王記：（光，六，二，二。）筠仙言政事，好立法度，望人遵守，以夷國能行其法爲不可及，且以爲英吉利能追三代之治，鋪陳久之。又：（光，六，四，八。）與穉公談時事，言宜以筠仙當國。穉公云：『昔妖言筠仙作相，則天下大亂，豈可試耶？』又：（光，八，七，一九。）佐卿數筠仙之非君子，鏡初故薄筠仙，恨余不知人。筠仙俗人中可談者耳，可庋外置之。又：（光，八，九，朔。）筠仙爲禁烟會，要人聽講。又立社教訓後學。又：（光，八，一一，六。）郭意城將死，與次青書，拳拳於鹽，方鬪牌，未半，得次青復，長歎而發病，半夜即死，大似演義中周瑜。郭與余相忌，余似亮，故郭似瑜也。又：至意臣家看弔客，巡撫未到，門庭殊寥落，筠仙又不至，又少一撫矣。意臣弔於人，每遇我必留坐四五刻，余亦堅坐六刻以報之。又：（光，八，一二，朔。）設齋，約何鏡初、黃運儀、鄧保之會食，三人皆自命聖人，筠仙忽入，一揖而去，云本不入，欲望見三聖耳。又：（光，一六，六，朔。）起兵同袍稀矣，猶有勸捐之筠仙，及所員李小泉，門丁丁桂，營官楊載福，此外知姓名者蓋鮮。又：（光，一七，六，二一。）報筠仙喪，竟不入相，妖言無憑也。又：（光，二四，正，一一。）出弔陳明府妻，挽以聯，陳妻葉故爵閣督之小女，所謂卅六貓主人，筠仙所羨者。又：（光，三四，十，十。）唐生示我筠仙遺囑，末述生平得意事，而猶恨去官，熱心人也。

丁寶楨

翁記：（同，八，二，六。）丁稚璜中丞（寶楨）來，頗率眞，無外官習氣。 王記：（光，三，五，六。）丁督欲招余，歲致三千金，嫌其幣重，未決也。又：作書寄丁稚璜，言吏事相似，皆自以爲是，則無不是也。又：（光，三，九，三。）常耕岑言：『丁稚璜信讒而慢客。』余云：『今之督撫，與戰國之君相似，皆自以爲是，則無不是也。』又：聞丁妾金頗擅權，與其司閽納賄。又：（光，四，一二，二七。）至四川省城，詣殷竹翁，虛榻居我。過訪丁稚公，三辭掌教，不見從。稺公論凡國無教則不立，蜀中敎始文翁，遣諸生詣京師，意在進取，故蜀人多務於名。今欲興敎以化俗。近世士大夫未有以學爲治者，乃能拳拳如此，其志未可量。又：（光，五，二，二。）入主尊經書院，穉公來，設拜，執禮甚謙，近今大吏所難也。又：丁公勤遠畧，而作事無定力，起止冒昧，故爲所累者頗衆。又：（光，五，五，五。）穉公令送禮者不得入轅門，雖文字卷軸一不啓視，亦近今所罕見也。又：（光，九，五，一六。）復入蜀，謁穉公，病不能出，見於內室，神氣消索，殆將老矣。又：（光，九，八，五。）穉公約游峨嵋，過督舟，見一美男子，知爲巡捕張子玖名世康者，穉公令同余舟，云嘗畧染詩書之澤。又：丁克齋甚言張子玖之貪橫，云唐鄂生所舉也，人皆畏其勢。又：張子玖送瓜子金，卻之。又：（光，九，八，一二。）穉公自期諸葛杜歐，亦志在張叔大。又言蜀庫積銀至四百萬，可以遠略，甚有請纓之志。又：（光，九，十，二八。）穉公奮請援台，所用將帥則丁夏也，豈勝任耶？又：（光，一四，四，十。）芴山論丁文誠好名可哀，而不自知去文誠幾刼，吁可哀也。翁記：（光，二二，一二，二五。）甘泉丁體常，字愼五，穉璜長子，極明白，語亦直，惟有煙霞，而評人物不謬。

易佩紳子順鼎

王記：（同，八，三，六。）易芴山每作日記輒記過自責，日日有過，日日自責，亦近頑矣。又：（光，五，六，四。）見芴山面穉公論事，侃侃殊有正直之風，非平日意中之易芴山，人故不易知也。又：聞笏山辭官，亦近知恥。又：（光，八，四，二六。）易郎實甫來談，並送行卷，亦有經說，知時尙所趨，轉移爲最捷也。又：（光，八，八，五。）與易郎談華才非成道之器，東坡六十而猶弄聰明，故終無一成。又：（光，二一，一一，二三。）訪笏山，門可羅雀，多談卟仙。又：笏山好談禪，禪客厭之。又：笏山又送詩來，已有位置，進退無據，人往往爲人所料。又至笏山父子處久談，笏山方顚狂自恣，微箴之無益也。又：（光，二一，一二，二五。）爲易仙童評時稿，頗多箴糾，易或未足語此，正論宜令時賢知之。又書致易哭盦，勸勿再哭。又：（光，二四，五，一九。）仙童已爲兩督所保，當以才子侍天后矣。又：（光，二五，三，二一。）得易仙童書，純乎賈寶玉議論。　葉記：（光，二六，三，二三。）易實甫觀察贈所著書，一枝好筆，如天馬行空，不可羈勒，奇人奇才，吾見亦罕，其學問宗旨在一滅字。自敘云：一身滅則無一身之苦，一家滅則無一家之苦，世界滅則無世界之苦，芻狗萬物，實欲駕釋老而上之，可謂好奇矣。　王記：（宣，三，一二，二八。）聞易仙童仍在嶺南求效用，不談忠孝矣。又：（壬子，一二，二二。）易仙童送小說，始知南皮入相乃其所薦，與余分誤國罪也。

徐繼畬

李記：（同，八，三，一六。）管理同文館事徐繼畬請回籍，詔致仕。繼畬山西代州人，同治四年由前太僕寺少卿召赴京，在總理各國事務衙門行走，時年已七十餘矣，授太僕寺卿，旋開缺，專辦同文館事。論者謂繼畬出處，可以覘一時風尙云。

何紹基

李記：（同，八，三，二一。）編修何紹基，實不學而狂，徒以善書傾動一世，敢爲大言，高自標置，中實柔媚，逢迎貴要，以取多金，盞江湖招搖之士，而世人無識，干謁所至，爭相迎奉，予嘗疾之，以爲此亦國家蠹亂之所由生也。又：（同，九，閏，七。）楊笙吾邑令東請午飯，言道州何紹基來越，故邀予作文士飲，辭却之。　王記：（同，十，二，二九。）四川人言何貞老督蜀學政爲近日第一。又岱青言何貞老書唐以前妙品也，在顏眞卿之上。　翁記：（同，一一，二，一九。）蘇州晤何子貞前輩，七十四歲，足不能行，留滯江南何爲哉？　王記：（光，三三，二，廿。）看何貞翁雜文，感昔知音，亦始知此公有學識，不易及也。又：（宣，二，七，一六。）何貞翁文集，乃甚自信其詩，亦如曾侯自信其書，不足爲外人道也。

阮思僴

翁記：（同，八，三，二三。）萬壽節，寧壽宮聽戲，安南使臣三人亦與焉。其人黃瘦，貌皆不揚，正使阮思僴，彼鴻臚寺卿也，能詩，李若農稱之。其尤者如『殘月見如曾識面，好山大半不知名』；『可堪天外秋無雁，坐憶霜前菊有花』，皆可誦。

崇實

翁記：（同，八，五，二八。）成都將軍崇實五十歲賜壽，舊例所無也。英相國（和）在樞廷，以五旬壽，賜詩寵之。近年文冢宰（祥），始以五十歲賜壽。又：（同，十，七，四。）晤崇樸山，十年前風采映發，今成一翁。

英翰

翁記：（同，八，六，一〇。）訪英西林中丞，深談時事，看其氣甚靜，語皆篤摯。又：（光，三，六，四。）得英西林蘭州書，憂讒畏譏，情見乎詞。又：（光，四，正，七。）弔英西林妻喪，西林在西域，而堂有老親，無子，有義子宗勝，傫然在喪次，可憫也。又：（光，四，正，一二。）英西林竟卒於烏魯木齊，卹典極厚，然其母老矣，慘甚。又：（光，十，八，二一。）拜英太夫人八十壽，看戲。又：（光，一二，九，一三。）至英宅，太夫人目不能見而健談。又：（光，一七，九，一六。）弔英太夫人之喪，八十八矣，賢母也。

羅敦衍

翁記：（同，八，六，二八。）弔羅椒生大農，椒翁理學通人，而云當遲至七月杪方行，豈禮也哉？曩聞先公云：蕭山湯文端奉諱，議稍留就道，史望之先生力斥其非，先公亦極言之，乃三日即行。直諒之風，今不復行矣。

安得海

翁記：（同，八，七，三。）聞有安姓太監，將往江南查考採辦諸物價値。又：（同，八，八，六。）聞太監小安子爲山東丁撫所執，專摺入告，上持其疏，命恭親王帶內務府大臣面對。有爲緩頰者，論曰：『此曹如此，該殺之至。』軍機大臣親書廷寄，就地正法，其家亦查封矣，快哉快哉！又：前有中涓某者，京師賣漿者子也，入宮爲儲秀宮首領，有寵，頗豪富，其厮養皆曳羅綺，稍稍與諸王公貴人往來矣。生時，其母夢老人提一獸，類狐然，曰：『畀畜，今畀汝』，一擲而呱呱在抱矣，適暴風雨，若送之也。又：（光，六，一一，九。）有瘋人自中正殿角門入宮，縛交訊辦，此門自小安開後，至今爲若輩出入捷徑。

陸襄鉞

翁記：（同，八，八，一九。）陸吾山（襄鉞，知府。）從河南來謁，陸生議論本高，至所言李子和多疑少斷，操守却好，亦公論也。又：陸吾山來話別，此子磊落不羣，終可喜也。又：（光，二七，五，八。）陸吾山來，鬚亦白矣，精神甚好。今浙江糧道言伊曾築修武隄工，爲護光武陵也，築隄時得巨人骨，長今尺一丈，頭如三斗栲栳，不知何代人也。

林世爵 林世功等

翁記：（同，八，九，一六。）琉球使臣林世爵、向文光來謁文廟。又琉球官學生林世功、林世忠、葛兆慶等三人入國學，行廷參禮，堂下四起四拜，入室三揖，見教習一跪三叩，其人衣冠類僧，衣淡紫，冠正赤，亦稍通華言，頗能楷書也。又詢其業，頗通詩詞，所作入學述懷，有『萬里觀光吳季子，四時習禮魯諸生』之句。

黃彭年子國瑾

翁記：（同，九，正，卅。）黃壽老（彭年）來談，其人曾膺吏荐，嚴渭川保其孝行，人開朗，績學者也。又：（同，九，七，一六。）詣黃子壽前輩久談，循吏也。其人沈靜篤實，它日當大用。　王記：（光，三，六，一三。）子壽來約昏，余以黃氏子弟無過，可妻也，許之。又：（光，三，一二，二六。）子壽云：朱刻『圓明園詞』，有露才揚己之意，少忠君愛國之心，不可之甚者也。余以子壽不解詩，隨其意而諾之。又：（光，六，正，一二。）子壽詩張洋人之砲，似小兒囈語，不足一笑。又：（光，八，四，七。）黃彭年以告假編修備兵安襄，朝廷能破例用材，不必以閒曹棨之。而彭年聞命欣然，則非人才可知，蓋兩傷矣。又：（光，八，九，一九。）次青云：黃每論一事，必先作態，可厭。　翁記：（光，一四，二，二九。）黃再桐（國瑾）來談吳中事，其尊人子壽方伯欲減租額，告以三百年舊例，恐未可變，變則訟牒煩興，猶其小小者耳，恐佃業不和，將滋事端，伊亦深韙其言。　葉記：（光，一四，八，二八。）

繆筱珊與黃再同丙子同年，謂其有名臣氣。又：（光，一四，九，二七。）黃再同編修自都門至蘇省親，來訪，約同至都課其子。又：（光，一四，一一，四。）再同言朱文正得宋拓化度寺碑請覃溪審定，覃溪別造一贋本歸之，而留其眞，又從而揶揄之，以是文正恨刺骨。覃溪晚年蹭蹬，文正有以齮齕之也。又：（光，一四，一二，一六。）聞太和門災，再同云，火熾時屠梅君侍御向火大哭，而某太史遞職名於掌院，欲以救火進階，人心之不同如此。又：（光，一五，正，十。）再同出示宋本『婚禮備用月老新書』，眞奇書也。舊歸大興劉氏，子壽師爲寬夫先生之壻，因得此書，以畀再同，爲世守之寶。又：（光，一五，正，二六。）再同約赴內廷觀大婚禮，至工科朝房坐候。寅刻，皇后鳳輿至，儀衞甚肅，寂然無敢譁者。又：（光，一五，二，一一。）偕再同至古錢劉鋪，其肆舊爲小錢李所設，李善造古錢，咸豐時飽子年、劉燕庭諸人均與往還，今歿矣。劉亦能辨別古泉，故人以古錢劉呼之。又：（光，一五，一二，六。）聞子壽師薨於鄂，海內知己彫零盡矣。再同病軀，何以堪此。又：（光，一七，二，卅。）聞再同至鄂亦逝，駭極欲涕。又：（光，二四，四，廿）黃本甫來談，再同遺書，已歸廠肆，有子能讀，尚不能守，可歎也。

張文亮

翁記：（同，九，二，一九。）總管太監張文亮，樸誠鯁直，年六十餘，隨侍者十年矣，近忽以腿疾告假，此人若退，眞有關係，未可聽其去耳。又：（同，九，一一，九。）上胃口不開，而不准告人，蓋慮左右近習知之，將聞於兩宮也。此必近侍挾制，恐責彼等調護失宜耳。今春張文亮告退後，百事懶散，殿外間竟無一人聽差。

董文煥

李記：（同，九，三，卅。）董文煥（研樵，洪洞。）前年由編修出任甘涼道，頗能爲詩，喜小學，蓋得之其鄉人王主事軒，亦翰林中之才者。　王記：（同，十，五，二○。）董研樵送所作詩稿，其詩專以避熟爲主，詞意生苦，笙谷言其命薄，殆不虛也。又：（同，十，七，一一。）研樵以其嫡妾不相能而問於余，亦知余家亦不相能耶？余以正言告之，當自屈以尊夫人，以慰妾，則得之矣。　李記：（同，十，十，十。）董硯樵贈所著『峴樵山房詩』，詩學韓孟，亦一時之能手也。又：（同，一一，二，四。）硯樵乞題『太華衝雪圖』，硯樵以庚午臘日冒雪游華山，至青柯坪，故圖以記之。又觀硯樵所輯『集韵編雅』。（其兄研秋有『沈韻輯略』等。）又：（同，一一，四，六。）作書致硯樵，極言作詩甘苦，及以人品定詩品之旨，以硯樵題予詩，謂初學溫李，纔規沈宋，予生平實未嘗讀此四家詩，集中所存，自謂雖蘇李復生，陶謝可作，不能過也。研樵復書，別撰題詞一通，則許以老杜矣，性識素定，豈可強哉？然硯樵之謙退，予之直諒，亦近世所少。　王記：（光，三，五，六。）研樵寄詩翰，居然成家，可與彌之抗行。又：（光，三，一二，一三。）聞董研樵父子之喪，爲之悽惋。

俞樾

李記：（同，九，四，二四。）訪俞蔭甫（樾）于詁經精舍。又：（同，一一，六，二五）。恩竹樵以俞蔭甫新刻『吳中唱和集』索和，恩君俗吏，俞君于此事亦無所知，彼自以寄㝢吳門，有所干乞，故相應和，我輩何必效顰耶？又：（光，一二，四，五。）俞蔭甫來，二十年不相見，已皤僂老翁矣。近歲海內如陳蘭浦、張嘯山等，皆已零落，經學殆絕。蔭甫所著，雖或病其多，然實有突過古人處，世人貴遠忽近，不可以理說也。　王記：（光，一五，六，八。）閱俞蔭甫雜著，說盤庚上篇乃遷殷後政，甚確。其校諸子，亦有可采，然於經學未也。詞章尤小家數。又：（光，一五，八，一二。）游留園，兪曲園紅頂來。又同集曲園，不多言，蓋包周身之防，以余爲凶惡棍徒也。　葉記：（光，三二，七，三。）拜兪曲園師，今年八十有六，臥病不見客，吟詠如常。又：（光，二三，二，廿。）曲園師以臨終留別詩代訃，又以一刺辭行，留別詩七絕十首：一家人，二諸親友，三門下諸君子，四曲園，五兪樓，六所讀書，七所著書，八文房，九此世最奇者，十爲兪樾。此老眞能觀空矣。　王記：（光，二三，二，晦。）得兪樾臨終詩辭行片，撰述五百卷，值一死也。

秦緗業

李記：（同，九，四，二四。）秦澹如都轉，屬題其尊人小峴司寇『蘇祠落成圖』。又偕澹如都轉，蔭甫編修，飲詁經精舍。又：（光，四，十，二六。）秦澹如名父之子，風致蕭閒，雅好書畫，與余非素交，而深相知愛，惟文字則非所長。余于戊辰春病居里中時與一書，自謂篇雋得六朝之神，而澹如復書，稱其詞條豐蔚，則可知矣。又：（光，五，五，二二。）秦澹如贈浙中新刻子書十九種，澹如甚貧，累其清俸，既甚不安，而其書又皆夙有，得之同鷄肋也。

曾紀澤

翁記：（同，九，五，一二。）晤曾世兄紀澤，號劼剛，談次覺其不羣。　王記：（光，三，三，二六。）曾劼剛問入都云何，余云凡事請教於寶中堂，最忌李中堂有書疏代乞恩耳。又問夷務，余云主戰，公私之利也。又：（光，三，一一，朔。）劼剛贈余二百金。又越岑言次青疑余自託於曾郎，而擠性農，此必性農之言也。次青雖鄙不至此。又：（光，四，正，二。）往歲賀吉甫約曾劼剛至其家，滌丈甚怒，頻遣三騎追之，且語余云：『未婚壻過門，天下有此事否？』　翁記：（光，四，八，二九。）曾劼剛辭行，將往英法充公使矣。其言以伊犂當棄，白彥虎當取，以地易人最妙。又云：『英交當固，宜寬其尋常求請之款，而與合謀拒俄。』又云：『法國已衰，教王之權稍替，宜於換約時商量傳教少斂戢之法。』又送曾劼剛，值有海外客在座，不欲見之。又：（光，一二，一一，二一。）劼剛於各國事務能得要領，其言總稅務赫德可用，但須急覓替人，切不可仍令洋人接手。又：（光，一三，正，十。）總署拜年，各國來者，曾侯與作夷語，啁啾不已，余避而遙望焉。又：（光，一三，七，二九。）晤劼剛，談洋行事，美國撥五千萬在津開洋行，合肥照會，大抵有鐵路一條藏在其中。又：（光，一三，九，二六。）

訪曾襲侯，其屋內陳設，皆西人式也。彼謂大治黃河，非三千萬不可，莫若由京至揚州造一鐵路，以三十年利息歸洋人，而河工即包在內，云云，未敢置可否也。又：（光，一四，十，廿。）曾劼剛以白藥如鹼見贈，每包分許，云治胃積，因服之，覺胃中微動。又：（光，一四，一二，一三。）詣劼剛處看洋畫，燈紅酒綠，儼然西人也。又：（光，一五，六，一三）曾劼剛挈其子來看鶴。又：（光，一六，二，二三。）訪劼剛問疾，則鼓在門矣，入哭，爲改遺摺，嗟嗟，此人通敏，亦嘗宣勞，而止於此。可傷也。　王記：（光，一六，三，二。）聞劼剛之喪，滌丈長房衰矣。　翁記：（光，一六，三，九。）劉康侯（麒祥）來，劼侯之內弟也，能畫，商劼侯喪儀。又（光，二一，八，一四。）曾君和（廣鑾），劼剛子，來與談，頗有志節，非復當年童嬉，耳聾亦愈，曾氏有後矣，比重伯遠勝。又：（光，二二，一一，二七。）曾廣銓，號景沂，劼剛嗣子，其貌不揚，從英國歸，言英事可聽。

揚昌濬

李記：（同，九，五，一八。）予前日在杭州，往謁署撫楊方伯昌濬，其人予素識之，今忽詞色倨傲，相視落落，予色然駭異。及出，將穿閤就輿，楊相送，予禮辭之。楊曰：『督撫送京官，體制如是也。』予出而大怒，謂小器易盈，何至如是。旣思彼以三家邨學究，驟擁八騶，作十一郡節使，宜其魂魄已失，彼心目中自朝廷階級外，豈復知有人事，予何求於兵子輩，而輕往取辱，宜當自尤，乃猶長柄胡盧，責人正禮，不更大誤耶。　王記：（光，三，七，二一。）楊石泉巡撫來，不及峴莊，而大勝希菴。自言曾作官，雖罷猶有官意，賢乎濁世之公卿矣。又：（光，九，三，二一。）楊石泉擢漕督，往問行期，知其欣然命駕，朱學定不如此。

照祥

翁記：（同，九，八，一七。）昨日照公母夫人出殯，（慈禧母也）塗車芻靈之盛，蓋自來所未有，傾城出觀，幾若狂矣。沿途祭棚絡繹，每座千金，廷臣往弔者皆有籍，李侍郎未往，（指鴻藻也）頗忤意旨。往弔者皆易素衣。

何兆瀛

李記：（同，九，八，二一。）何青士廉使（兆瀛），江寧人，故尙書恪愼公之子，少以貴公子能詩詞，有聲都中，歷官郎署臺諫，居科中最久，名益著，今爲監司，年已六十餘矣。予在中外未嘗通謁，前日入闈候點名，廉使磬折致恭，極道傾慕之意，愛才之雅，猶有老輩流風，固爲可紀也。

馮桂芬

葉記：（同，九，閏，一三。）馮景亭夫子（桂芬）總纂郡志，命余任分纂，又命下鄉采訪。又：（同，十，四，二六。）校邠師以舊志星紀圖歲差度數不合，親自校正。又：（同，十，十，九。）校邠師命撰李協揆壽序，時有代作，不備記。又：（同，一二，一二，二一。）爲景師整理書籍，分經史子集四部，約二十架。又：（同，一三，四，一三。）景師竟不起，不勝山頹木壞之感。　翁記：（光，一五，一二，四。）昨言馮桂芬『抗議』最切時事，今日上挑六篇，題簽交看，足徵留意講求，可喜。　葉記：（光，二四，六，二。）昨有旨允孫燮臣師之請，求『校邠廬抗議』，發各衙門加簽。校邠師身後受特達之知，建霞亦搏搖欲上，僕之碌碌，眞所謂蜂腰矣。

朱一新

李記：（同，九，九，一五）鄉試揭曉，義烏朱一新朱懷新兄弟皆與選。前聞鍾愼齋言其年少有美才，能漢學。又：一新字鼎甫，一字蓉生，年少好學，經史皆通，辭賦亦有才氣，浙東之佳士也。又：（光，五，十，五。）至法源寺視蓉生病，語言無次，已成心疾，時若發狂，其弟苗生，言已定計南歸矣。又：（光，六，一二，一四。）朱蓉生以病愈入都。又：（光，七，一一，六。）朱蓉生來，偶與論論語皇侃義疏，蓉生甚疑其僞，謂文辭鄙俗，甚類日本人文法，間有似六朝者，殆彼國有佚存六朝著述，因參雜爲之。又：（光，九，九，八。）得朱蓉生書，並所上陳越南事宜疏，言多近理，合乎事會，而亦多人所已言。自洋務交涉以來，人以上書爲捷徑，庶僚往往驟致貴要。去年浙人某編修，似條陳洋務，遂得甘肅學政，翰林諸年少，喜傳言事名，書生之見，徒爲有識所笑而已。又：（光，一二，八，廿。）朱蓉生以劾內監李連英疏草見示。連英今所謂皮硝李也，其家本買羊皮爲生，有妹，亦時入宮禁，今年醇邸巡視北洋，連英從之行，口語頗藉藉，蓉生能昌言之，可謂一鳴驚人矣。又：（光，一二，十，一九。）同年朱鼎甫左官歸義烏，繪扇題詩送之。

劉有銘

李記：（同，九，九，二三。）鄉試座師劉鑴山先生（有銘），南皮人，道光丁未翰林，年六十五六矣，粥粥忠厚人也。又：（同，一一，四，二九。）赴劉緘三師之招，飲於素絲堂，去年新闢置也，頗有花竹，酒畢登其北樓，高敞可眺數里，師所居鄰長椿寺。又：（同，一三，四，一。）撰劉鑴山師七十壽序，仙洲世兄所乞也。又：（光，元，二，一二。）聞劉仙洲病卒，鑴山師無他子，又尙無孫，可哀也。又：（光，二，五，二一。）聞劉鑴山師暴卒，爲之驚痛，往哭之。見唐副都壬森入弔，號慟，行禮畢，又跪柩旁哭甚悲，唐與師爲丁未同年，年亦七十餘，老輩交情，即此可見矣。又：（光，四，一一，二。）爲鑴山師『蔗圃自訂詩文集』系一跋，師臨歿時，屬其壻陳主事授予爲删定者也。詩文皆率意而出，然眞氣流露，自爲長者之言。又：（光，五，一二，二。）劉仙洲夫人爲其嗣子延師，余爲屈飽敦夫往。又：（光，一一，五，五。）游畿輔先哲祠，劉鑴山師故宅也。又：（光，一五，四，卅。）劉師家貧甚，以同年團拜餘款十四金饋仙洲夫人，爲過節之費。

徐樹銘叔鴻

李記：（同，九，九，二四。）謁學使徐壽蘅侍郎（樹銘）。侍郎素未識面，此次錄遺，予通卷皆作說文字，以爲違例，而侍郎甚賞之，及以監臨入闈，又從受卷官索予文發騰錄，令先鈔，不能無知己之感。　王記：（同，十，正，一九。）徐壽蘅荐余於朝，而蒙顯責。又：聞壽蘅復補侍郎，喜出望外。又：（同，十，五，一一。）壽蘅來談時事，問人材。壽蘅與伯寅均倜儻光華之材，壽蘅好奇，故學識日進。又壽蘅縱論督撫材能及浙江石筍，甚奇。又言飲饌之法，無所不通。又：（同，十，四，十。）偕徐叔鴻游圓明園，訪廖參將，（名承恩，字楓亭，澧州人，圓明園營官。）先游六角橋，八方亭，訪甎殿銅殿，皆已毀矣。湖水半涸，銅屏無尾，以荆棘圍之。尋子湖澄懷園舊跡，無可識矣。游鳴鶴園，惠王賜第也。至故宮角門，尋董二太監，同游園中。循出入賢良門西行，過正大光明殿，勤政殿，保和殿，皆無復階陛。由殿下循石路稍西，過極福堂，后寢也，堂東爲帝寢，題曰『天地一家春』，皆臨前湖。湖前石山爲屏，即正殿，湖後皆坐落，名不可勝紀。益東爲福海，瓊島在焉，甚遠不可往。乃西上石山，題曰『四面雲山』。後湖前文宗新建清暉堂，亦毀矣。穿石洞登一亭，又西至雙鶴齋，後殿曰『廓然大公』，房舍未毀。登龜背橋，行廊相通，然俱低窄。歸循石道，過舍衞城，廿萬尊佛均燬矣。至董監處少坐，談宮中事甚晰。（同，十，六，二四。）叔鴻送來圓明園詩序，文甚古秀，筆有逸致，爲點定之。　李記：（光，二，五，朔。）比年與壽翁周旋，以其虛心好學，樂道人善，公卿中所難得，偶與以書，必曰壽蘅先生，或壽蘅夫子，間至其門，未嘗下車，不純以師禮事之也。今來書竟以吾弟見呼，則大可怪矣，因復書微諷之。　王記：（光，五，一二，二八。）得壽蘅書，文詞甚美，下筆不能自休，余書未免竭蹶矣。又：（光，九，十，廿。）聞人詆徐壽蘅見妓即跪，余以為此無可醜也。又：（光，一三，七，一五。）得壽蘅書，朊然以不能薦達為恨，平生交游，僅見此人，而其立朝復未能推此意，豈獨智於我耶？

崇厚

翁記：（同，九，十，一〇。）出使法國大使崇厚請訓，奉國書行。其式以黃紙畫龍，畧言大清大皇帝敬問大法國大皇帝安好，天津事，以小民無知，已遣某官會某辦理，殺二十八人，軍法二十餘人，知府某，知縣某，充黑龍江當苦差，特遣某官崇某前往貴國問候，其永釋嫌疑，共敘和好云云。崇厚並有忠誠諳練，通達和平考語，用皇帝寶。　王記：（光，五，一二，二二。）筠仙甚言崇厚之辱國，余以為十八條無關利害也。初意俄夷有遠略，今視其所求，殊無大志。翁記：（光，一五，一一，二三。）崇七地山來，欲勸瀋陽捐糧賑江南。余曰，此盛舉也，特江南人不食雜糧，能變價或運豆餅，則不啻銀錢也。又：（光，一六，九，二一。）游靈光寺，其後關一庵，曰韜光，棲覲甚麗，崇厚所建也。有僧靜一，內監也，崇厚亦稱住持，號純一。

瞿鴻禨

王記：（同，九，十，七。）瞿孝廉鴻機，春陔主事之子也。瞿李總角交，春陔貧而黼堂富，春陔又失明，省城人鮮尋之，黼堂日日步過窮巷訪焉，亦近日之高躅也。黼堂非古道者，尤當亟稱而表章之。又：（同，十，五，二六。）子久來問讀書之要。又：（光，六，正，一三。）子久殷殷問學，余云，君此時當務有用之學，志在宰相，莫若通經術也。又：（光，七，八，二六。）子玖來訴其庶母橫暴，欲請諸老往訓責之，瞿妾亦來訴三子拘束之過，是非紛紜，家中亦異議。又：至瞿宅，會諸人勸戒瞿妾，立約而散，殊勞口舌，無且夕之效也。

李記：（光，七，一二，六。）同年瞿子九學士，今年僅三十一，其庚午辛未聯捷時，甫冠耳。乙亥大考第二，由編修擢學士，爲河南主考，時年二十五，亦近日之早達者矣。然恭謹好學，詩文俱有法度，已卯任河南學政日，丁母憂，人生缺陷，不能無也。又：（光，一一，五，一五。）瞿子九授浙江學政，可喜也。又得子玖學使書，復書勸其以嚴爲治，以實學爲務。

葉記：（光，二七，三，八。）聞瞿子玖尚書到秦，言各省士氣囂然不靖，鄉試萬不可再展。又聞有各項考試停辦五年之說。　王記：（光，二七，五，朔。）看邸抄，瞿九遂軍大矣。孫萊山衣鉢有託，或云中人力也。又：（光，二八，二，一三。）瞿軍大亦非棄材，被放差開坊，養成亡國之臣矣。　葉記：（光三三，五，九。）瞿九翁爲薇孫奏參開缺，此慶邸之先聲也，其萌芽已兆於蔣趙之劾慶，薇孫因勢導，所以易若撥醲也。　王記：（光，三三，五，一五。）得報，瞿兒開缺，七年宰相，一朝屏斥，並有屢被參劾之詞，知巧人亦徒巧也。又不如叔平恬權，一時恣肆。又：（光，三三，六，一八。）陳郎言子久劾慶王有據，殊不似其爲人，豈良心發現，以大臣自命耶？又：（光，三三，一一，一六。）訪子玖，坐新堂，談京事。又瞿軍大一語失旨，慈眷頓衰，由前本未結主知也。恩不甚者輕絕，又增一閱歷。又：（宣，二，一一，一二。）瞿家辦喜事，其第三子，文筆雅暢，年始十七，作喜聯往賀之。主人衣帶縢貂，三十八肚，與所見帶縢不同，蓋內賜也。又爲瞿四郎閱詩。又：（宣，三，正，四。）子玖衣冠賀加侍講銜，並送頂珠繡補，云其自用。經廿三年不遷，以祝我久用也。又：（宣，三，三，十。）子玖作櫻花歌，波瀾壯濶，頗有湘綺筆仗。又：（壬子，一二，一七。）至滬，子玖邀宿其寓。

李壽蓉

王記：（同，九，十，五。）李篁仙出哀啓相示，似行狀。又出其樂府詞及雜文屬序，余紬而歸。又：篁仙言湘中五子皆不得意，余謂五子未必爲同榮辱憂樂之人，使篁仙得志，棄五子如敝屣矣。歸作嘉會篇，以箴五子也。　李記：（同，一三，九，十。）湖南人李篁軒，名壽蓉，丙辰庶常，以戶部主事改捐湖北候補道，不識文理，而自命名士風流，狂傲之甚，亦喜學北魏碑書，今日趙心泉約飲廣和居，在坐亂涂紙片。且謂余曰：漢碑甚工，惜少楷書；又極歎胡鳳丹詩之佳，舉此兩端，其人可想。

鄧彌之弟保之

王記：（同，九，十，二○。）非女出適鄧氏彌之之子，曰國瓛。又：（同，十，三，二五。）與彌之書，論京師友人云：劉通而勁（錫鴻雲生。）吳穩而淸（元炳子健），謝任眞超，（維藩麐伯）張居華貴（之洞香濤），高專溫藉（夢壁仲陶），許太匆忙（振禕仙屛），下語頗確。又：（光，一七，三，朔。）彌之來，皤然老矣。彌之多禮，凡三四拜，一曰賀朔，二曰道謝，三曰不再辭行，四曰告別，留心於此，宜其不暇看經也。又：（光，一七，一二，六。）保之盛稱香濤禮賢好士，及治越美政，一千金用得著也。又：二鄧不復如少時同志，乃與李少泉無異，尙不及張香濤，則可怪也。

黃上達

王記：（同，九，十，二七。）黃上達初至江南，有太子少保提督公負弩郊迎，盛具供張。黃於衆中拊其背曰：『阿利（讀若阿哥），好便宜黃馬褂耶，好便宜宮保耶，』提督慚慍謝去。余游江淮，黃攝寶應，訪之不遇，今已逝矣。

陶仲彝

李記：（同，九，一一，五。）陶仲彝同年啓約會飲娛園，其辭新秀，近時之佳手也。又：（同，十，二，二四。）仲彝至京，所寓爲故尚書阿懿愼宅。又：（光，二，五，十。）仲彝雲門移具來同居，喜賦一詩。又：（光，四，十，二一。）仲彝爲余贖羊裘，以詩謝之。及歲暮，又爲代還厨傳費。又（光，四，一一，朔。）仲彝饋鸚哥張醬蘆菔五斤，此都中最有名者，其肆在西直門大街，主肆者以喜畜鸚武得名，每年惟以仲冬之朔買此物，一日而畢，然味雖少淡，不能佳也。又：（光，五，三，四。）詩送仲彝試令江南。又：余方以詩寄去，而仲彝書適至，同心之言，固有神明相通者乎？

唐玉田

王記：（同，九，一一，十。）雪琴言衡陽唐玉田提督，初拳其兄仆地，逃出作賊，復從李世忠為捻子，投誠後至大勝關遇母妹外甥事，如一部小說也。

陸潤庠

葉記：（同，九，一一，一九。）陸鳳石（潤庠）來，並晤九芝丈談醫，心頗好之。又：（同，一三，十，七。）狀元夫人游衕，傾城縱觀。又：（光，一六，三，一六。）抵京，逕至鳳石前輩寓卸車。又：（光，廿，六，七。）訪鳳石，見內庭書目，宋元版及明刻舊鈔，在天祿琳瑯外者甚多。又：（光，二一，五，六。）鳳石疏請終養。又：鳳石以津門會文稽古兩席見讓，可感也。又：（光，二四，七，二六。）鳳石談今日有封事，請設廣史館，修五大洲通鑑通志與地圖說之書。又請設翰林院掌院專缺。又請復光祿寺，請飭各省毋擾累寺觀。又：（光，二五，六，二六。）鳳石函告館中，所進地理志，南齋恭閱繳進，後聞慈聖幾餘留覽，未發下。又：（光，二六，正，九。）鳳石來談，一片承平雅頌聲，請賦皇華之四章，僕病未能也。又：（光，二六，五，廿。）鳳石自內廷急召歸，云太后召見六部九卿云：『洋人要約二條：一、天下兵權盡歸節制；一、天下錢糧盡歸徵收；將不國矣，我不畏死，不走，爾諸臣有何良策？』又：（光，二六，九，一二。）鳳石太原函云：上月挈眷至德州，適聞召赴行在之旨，措貲得千金，以七百贍家，三百作路費，將隨蹕入秦矣。又：（光，二七，一一，二九。）鳳石隨鑾回來談，以蹕路所經祠廟賜額，屬爲捉刀，並要以急就章，挑燈走筆擬定。又：（宣，三，正，卅。）元和相國自都門假旋，八年不見矣，精神矍鑠，步履如常，餽世補堂醫書兩集，其先德九芝先生所輯述也。又：（壬寅，二，二八。）平原相國自青島來，鬚髮已蒼，尙不至皓如霜雪，談滄桑事，親貴非童昏卽老悖，隆裕太后奉安，至者寥寥，可爲太息。又：（乙卯，八，廿。）聞陸太傅薨於京邸，年七十五矣。初八日尙入直祝瑨太妃壽，不數日而逝，飾終典禮，一如承平故事，不啻重見漢官也。又：（乙卯，九，二六。）平原太傅靈櫬回鄉，出城迎歸旐者如雲。又赴陸文端第公祭，文端兩弟求撰銘幽之文，允之。又：（丙辰，九，十。）閱吳鈍齋所撰陸文端公行狀。文端枚卜，鈍齋在政府，鄙人已出京，嘉猷入告，槪未與聞，今觀其所書，皆犖犖大者，關繫存亡國故，撰墓銘時惜未得此爲藍本。古人本以行狀求碑志，今麟振先徵志而後出狀，埋幽之石石如鳳，因取名字。。其後汪教官繼之，子皆取鳳爲名，即藥階兄弟是也。蓋丹徒學舍，已入籠中，不及追改，媿無以對文端耳。　王記：陸鳳石（潤庠），其父爲校官，以庠庭有

吳郁生

葉記：（同，九，一一，一九。）吳蔚若（郁生），朱怡卿（培源）之高足也，與怡卿論文家宗旨，頗多新得。又：（光，一八，九，二六。）至吳蔚若新居，在閻王廟街，岳大將軍舊第也。又：（光，一九，一二，二二。）蔚若使粵軺旋云，有梁統高者，儁才也，闈中得其卷，誤以爲對山，抑置副車，而不知對山已高占魁席矣，（指康有爲也。）又：（光，二三，四，二九。）鈍齋同游棗花寺，觀青松紅杏圖卷，鈍齋請題，衲子堅拒，掃興而返。又：（光，二四，二八。）朝局岌岌，蔚若書近日號令，但恨兩耳不聾，鄙人亦求瑱甚切也。又：（光，二五，四，七。）聞詞臣有津貼印結之舉，皖省已行，蘇省擬援例，蔚若以爲非分，毅然不與。又：（光，二六，六，三。）潘經士送吳眷出西便門，爲團民所執，曳至壇，經士叩頭至地，額沾塵土，指爲十字。羣送端王府，告以車中爲福建主考吳郁生之婦，端命婢媼出視，又見老團，始幸而免。又：（癸丑，一一，二。）鈍齋自青島見存，別踰十年，精神雖矍鑠，鬚髯皓然矣。桑海

之刼，宗子童昏，神奸盜鼎，穿鼦搖腕以言之。云已與紫東約，同詣崇陵，恭送隆裕皇太后梓宮奉安，越日行矣。

王頌蔚

葉記：（同，九，一一，一九。）王芾卿駢文，隸事屬辭，俱極工鍊，其格在尤展成吳園茨之間，絜之乾嘉諸子，尙不及也。又：（光，二，正，一七。）芾卿近治三禮，發宏願欲爲周禮正義，以其精力，當可踐言也。又：（光，四，正，二八。）訪紱卿，相約輯古乙部書，充二人之力，積十年之功，可畧得其端緒矣。又：（光，一二，二，二九。）得蒿隱都門書，勸赴公車，並爲籌芻秣，詞旨諄切，可感可敬。又：（光，一七，正，九。）蒿隱示所作藏書紀事詩序，約同游廠肆。　翁記：（光，二一，五，六。）訪王蒿隱，此人有識力。　葉記：（光，二一，七，一。）蒿隱溘逝，髫丱至好，一旦長離，昨執手以志銘及著述爲託，豈不痛哉。

黃秉垕

李記：（同，九，一一，二五。）餘姚同年黃秉垕蔚亭，南雷先生之六世孫也，精天文算學，頗雜西法，著有『測地志要』等，其子維翰，字研芳，亦是科得雋。

陶濬宣

李記：（同，十，正，一一。）陶心雲明經（原名祖望，後改濬宣。）以詩送別，頗清老有風力。又：（同，一二，七，二七。）心雲教授自給，予與交甚疏，而遠道相思，束修分餉，今人所僅見也，詞翰高潔，亦有魏晉之風。又：（光，五，二，二九）爲心雲點定近詩 。 翁記：（光，一六，五，六。）陶文冲（濬宣）來見，此君善六朝書，能詩，今在廣雅書局。又：（光，一八，五，七。）陶心耘談書法，蓋包派也，然是英雄，不依人。又心耘云：『訪得張石洲『延昌地理志』在祁子禾處，某『漢書地理志』在蒯禮卿處，尚未鈔獲也。又：心耘以論書百首詩見示。又：（光，二五，二，十。）張季直謂陶心耘用捲筆，非法。

陳玉成、洪秀全

王記：（同，十，正，一三。）靈川劉生談軍中舊事，言陳玉成以數十萬援安慶，人結如餅，礮轟旋合，苦敵十夜而解，自此賊敗矣。不求戰畧，而虐用其衆，未有不敗，况狗盜乎？（陳號四眼狗。）又：（同，十，二，七。）洪陳勢大，非稍用智畧不定，今之曾李，少勝洪陳，因收其功，若洪陳稍與民合，未可知也。又：（光，二，三，五。）楊蓬海言洪秀全故桂王第五子之裔，以鄉團治盜，遂爲盜魁。其祖穴被掘後生大藤，至甲子而枯死，余未欲詳聞也。又：（光，三三，二，二四。）淸明當作菁萌，草初生萌，洪秀全曾改作菁，是也。

沈葆楨

王記：（同，十，二，二五。）見沈幼丹（葆楨）請立算學通論。幼丹始以攘夷要名，晚節附會以求合，眞鄙夫也。若隨流平進，亦不失督撫之位，好名心亟，乃至於此。又：（光，八，八，二四。）李黼堂言幼丹撫江西時，焚天主堂皆其指縱，其後因毛鴻賓畏事求媚，以敗全局，則郭意城之謀也。

劉錫鴻

王記：（同，十，三，四。）劉雲生（錫鴻）南海人，與筠仙交好。又：雲生談夷務，盛稱文尚書有弓燥手柔之妙。曹銳初亦言今政得黃老之道，余不以爲然也。又雲生云：英人欲興兵端。又言養兵無益，及洋炮輪船不足學造，持論甚嚴，與余意同。又：（同，十，五，一一。）雲生與申夫一流人也，不近人情而以爲率眞，故所至受詬病矣。又：（同，十，六，二二。）劉雲生言世道人心萬無可轉，勸余修己訓人以回風俗，不知余屢以正言見咎矣。又：（同，十，七，十。）雲山與補菴（汪凱泰）皆欲爲一代名人，然無奈官何也。

吳元炳

王記：（同，十，三，二二。）吳子健學士元炳來訪，石臣弟也。石臣質樸，其弟溫藉而有光輝，殆勝其兄。又：（光，元，九，一七。）黃蘭生言吳子健覆試賦得『春盡雨聲中』，詩云：『富貴春無盡』。己詩云：『隔院替花愁』。此升沉之所以殊也。

李瀚章

王記：（同，十，三，二八。）赴龍樹寺，遇李筱泉（瀚章），筱泉呼余問何爲而留鬚，余視筱泉亦老矣。又：（同，一一，九，廿。）得李小泉書，文詞亦美，其幕中亦自有張子布一流人。又：（光，元，十，一三。）自咸豐以來，督撫權重，湖廣尤甚。官伯相恣睢專斷者十二年，而李氏兄弟前後相繼爲總督，官吏視總督若藩封，凡所議建，莫敢枝梧。李兄起州縣，至台司，以持重鎭物爲治。然不喜淸議，聽師友寮舊之言，不及屬吏；屬吏之言，不及左右；而其所部割據水陸，統領營官，皆由私授，又非屬吏之比。自妾媵婢僕，外及巡捕材官，無不取盈於各營官，而轉虐取於民。湖北官民悚息其權勢，皆敢怒而不敢言也。　翁記：（光，一四，五，一五。）李筱泉同年來都，不見十年，風采猶昔。又伊謂前日歸政事，近臣必應有所述明也。　王記：（光，廿，正，十。）有人言李小泉作生日，得七珠蟒，並有送翠釧者。余因得一聯云：『八日謝客，愧孝達之專精；七蟒排珠，欣小泉之富麗。』

謝維藩

李記：（同，十，三，一九。）謝麐伯編修（維藩）屬題彭侍郎玉麐墨梅。麐伯自題七律，極高警，亦近代之傑作也。又：麐伯詩專心老杜。又：麐伯約十刹海看荷，香濤廉生均在，有新爲糧道歸者，名奇克坦泰，居臨海子，因借其樓讌焉。奇君以酒饌相款，傍晚歸。又詣麐伯，閱楊大洪擊閹疏稿半篇，以眞行書之，海豐吳氏所藏。　王記：（同，十，四，二九。）麐伯再堅廣和居之約，余與約不得再負而後諾之。遂要翰仙枵腹而往，至則杳然，蓋好人之荒唐，其大性也。

袁寶璜

葉記：（同，十，四，八。）與袁渭漁（寶璜），府襄廷（晋蕃）施擁百（肇書）侍周恂卿師同游泮宮，剔草語石，包子丹司鐸烹茗相餉。又訪渭漁，見舊鈔『一切經音義』，共廿六卷，今通行莊氏本僅二十五卷。渭漁云：段大令註說文，引玄應書，所列卷數與莊刻多不合，當卽據此鈔也。又：（光，八，七，一五。）袁渭漁云：初至粤，幾至進退維谷，不得已以一詩投建陽，大蒙青眼，其薦士書有『蒼旻如求士，呼空欲薦賢，』意畢尙書朱學士後，安得有此人哉。

張觀準

王記：（同，十，五，一四。）張叔平談畫梅，時人不能出五枝，及山水金碧古畫已失，今無從畫，乃始寫意耳。叔平於畫，深有所得，其言無裝飾，當爲近代名通家也。　李記：（光，九，正，一七。）邸抄：御史劉恩溥奏參給事中張觀準，內務府大臣俊啓劣迹，諭查復。張叔平來，言近日被彈本末，且告劉恩溥張佩綸兩人平生行事。又：都察院查覆，張觀準曾向俊啓借銀二千兩，諭革職，並飭回籍。又：（光，九，二，廿。）張叔平來辭行。叔平長者，而擇交不慎，以貧傷廉，致挂彈事。又：（光，九，四，廿。）張叔平來，言已奉旨歸渾源原籍，後復入都者。又：（光，九，五，九。）張叔平前日夜出被捉，稱是提督番役，奉旨拿人，刧脅銀數千，始得釋，輦轂之下，無賴橫行，是可駭也。又：（光，一四，八，二〇。）聞張叔平卒。叔平渾源州人，癸亥翰林，其人長者，而不飭簠簋，又濫於交游，免官禁錮，身名掃地，竟偃蹇以死。

魁齡

李記：（同，十，三，六。）昨託人至禮部，求得予覆試卷，爲侍郎魁齡所閱定，於文中一致字旁帖黃籤，蓋其意以致右从文，不从夊也。人不識字至此，伏獵舍根，㸚㸚省闥，於侍郎何誅焉。前日試殿上者九十二人，連鋪接席，皆傖楚耳，予自以脚間夾筆，足以掃之。又以故事，必派一二品官十二人閱卷進擬，其差第皆以律詩，故於八十字中頗推敲之，以求其易解，乃猶在下等，此輩肺肝，眞不可測。又：（光，四，一一，廿。）魁齡，字華峰，滿州人，幼孤貧，咸豐二年進士，由部曹擢道員，留辦定陵工程，不數年至卿貳，遂爲尙書，兼總管內務府大臣，其人頗謹厚，而不學無術，闇于大體，又識字甚少，屢主文柄，多被嗤笑。余辛未覆試文用致字，右从夊，不从文，此『康熙字典』亦如是，魁齡閱卷以爲誤，竟簽黃以進，其妄至此。然在內務府頗不作惡，在戶部亦不如董恂所爲，容容自守而已。今夏久旱，外議多歸咎戶部，而內務府以覆奏撙節之疏，復被臺抨，魁齡遂移病，蓋尙知廉恥云。後卒，謚端恪。

況周儀

翁記：（同，十，六，一〇。）楊少和太史，自廣西學政回，云：有況童子周儀，年十歲，詩賦可觀，成語屬對極妙。又：（光，一四，一一，一〇。）況儀周來見，號夔生，己卯舉人，二十八歲，其兄桂森，余壬戌本房，以教授終。

馬雨農

王記：（同，十，六，二七。）馬雨農學士言明年將有恩科，以母后四十生辰作萬壽也。余大以爲不可，祝釐之禮，必過五十，三十稱慶，已有前鑒，況女四十而可壽乎？又：（同，十，七，一一。）文宗作三十萬壽而裁損后生日之禮，蓋禮臣不知尊嫡之義，故今垂簾遂爲兩尊，非古聖詩書之義矣。因今日爲皇太后生辰，追憶庚申之事，故及之。

熊鏡心

李記：（同，十，七，十。）有江西丁酉舉人熊鏡心來，並投所著『新錄集義』一冊，中皆似八比文字，而題目曰中庸全部，曰孟子外書，曰八卦參同，皆不知其作何語。此人聞素好學，有才名，蓋窮老失志，遂成心疾，近聞在都察院遞條奏六事，皆是譫語，人以風狂目之。又：孝廉年七十矣，素究丹訣，以詩留別，有云：『君返天台求異士，長生別有海南方，』蓋以予之羸病爲言也，其意可感，依韵答之。

涂宗瀛

王記：（同，十，七，一三。）新放本省按察涂宗瀛，安徽人。又：（同，十，九，一七。）聞人言，涂臬使開銀號而爲市儈所刼，云欲京控，涂講宋學，固宜如此。又：（光，二，五，十。）吳涂兩巡撫爲布政，以循柔見稱，及去，皆小發怒以見氣骨，此鄙夫之態也。　翁記，（光，七，三，二九。）河南巡撫涂宗瀛到京請安，慈禧皇太后居體仁殿，以遠臣不便入對，上召見於養心殿，問何時起身，河南地方情形，途中得雨否？又曰：京中亦甚苦旱，極盼雨也。年幾何？由河南來行幾日？此余親得之於涂君者，甚足慰也。　王記：（光，九，正，二一。）聞人言涂宗瀛撫湘，未至時外有聯語云：『烟館愁，倡妓愁，左斗才更愁。耕牛喜，蝦蟆喜，裴觀察亦喜。』涂公在湘行政用人，盡見於此。

葉之鎬

王記：（同，十，八，一七。）葉竹香言其曾祖名之鎬，目睛有赤點如豆，明察秋毫，能自見其頸髮，年八十餘，於稻米上書『天下太平』四字，膂力過人，終於縣令。

吳長慶

王記：（同，十，九，五。）直隸營官吳長慶，字小軒，武人也而有文氣。（按本傳稱長慶禮賢下士，號儒將，張謇袁世凱皆曾在其幕。子保初，亦能文有名。）

金安清

王記：（同，十，九，二二。）金安清眉生來訪曾劼剛，設飲，余同坐，至席散乃去，未相問訊也。金時時橫肱坐，余肘之，金出問曾彼何人斯，曾告之，乃曰：『我固疑是此人。』翁記：（同，一三，二，一六。）金梅生都轉（安清）所著『蓄德錄』，本朝名臣第一卷，曰吳中三相傳，謂潘文恭、彭文敬、及先公也。其叙與肅順廷辨特詳，惟前後署有舛誤耳。此人才調無雙，而用世之心太熱，及任之事，又不能潔清自好；先公初見之，嗟賞不已，再見則曰，此熱客耳，三兄在壽州，以皖餉委之，數年中僅報解數千，餘則以媚他帥，其行事大率類此。

汪士鐸

王記：（同，十，九，二三。）至江寧，詣書局訪汪梅村，喜其健在也。問箇路枯之說，云俱見『呂氏春秋』。又告余以諸子校本。

王霞軒子鵬運

王記：（同，十，十，一四。）至江西，王霞軒招飲。其子字又霞，今名鵬運，補御史，將出作監司矣。年二十餘，知慕余莊子之學。又：（光，三，七，朔。）王霞軒放安肅道，巧宦聞之短氣。」李記：（光，七，一一，九。）爲臨桂同年王右遐舍人跋昌陽石拓本一通。又同時有兩王鵬運：一廣西籍，官內閣中書，卽右遐；一順天籍，官刑部主事。皆舉人，皆祖籍會稽。

王記：（光，廿，六，二一。）王鵬運來，不見二十年，亦自命不凡人也。

姚詩雅

李記：（同，十，十，二六。）姚致堂太守名詩雅，粵東人，以懷慶知府入都引見。王孟調昔客河南時，嘗館其署中，今以重刻『孟調西鳧殘草』見贈，較伯寅所刻多詩九十餘首，皆丙辰以前家居作也。又：（同，一一，六，一二。）爲姚檉甫撰其尊人致堂五十壽序。致堂歷任河南劇縣，有吏材，署祥符時，佐卞布政沮止米利堅夷酋建天主堂，序就此事發揮言之，壽文旣可厭，致堂年僅五十，亦不宜在稱壽之列，我輩立言，不可不愼。又：作書致曹琴巖，以姚氏壽文屬其轉寄，並畧言古文之法，非壞於八家，壞於茅鹿門以後之評八家者，雖方望谿之文有義味，姚姬傳之學有本原，而尙陋習相沿，惑於挑剔吞吐，開合照應，以搖曳爲神致，以斷續爲離奇，數字之文，必有鍼綫虮絡，一行之簡，亦須起伏映帶，此學究之蠱毒，中人最深者也。

劉坤一

王記：（同，十，一一，五。）作書與劉峴莊。峴莊於督撫中有能名，故與書試之。又：（同，一一，七，二一。）段培元談劉峴莊作客如居家。又言劉不得江督，頗爲怏怏。　翁記（光，六，五，朔。）晤劉峴莊制軍，此人樸訥有道氣，迥非時流所能及。又：峴莊談時事，至於揮涕，吾儕獨不能出一言乎？此人具深識遠見。　王記：（光，八，三，八。）遇劉總督迎姬妾，裝齎甚盛。峴莊以庸徵而躋大位，方自謂勞苦功高，雖裂土不足以酬，而身被謗訕，爲智者所笑，所遇未爲豐也。又：（光，一六，一一，七。）答訪江督劉峴莊，三十餘年相知，廿餘年未見，今日諦審之，清貴人也，不似沒字碑，亦不似老儒官。　翁記：（光，一七，二，一一。）劉峴莊來。此人精細，以臺灣開山爲不然。又言越南事，十年後邊疆必受大害，前此李揚材之獲，伊在兩廣煞費苦心也。又：（光，廿，一二，一五。）霆公議趣劉帥出關援宋，訪晤峴莊，辯論甚長，伊執隊不齊，械不備，不能輕試之語，百折不回也。旋奉諭進紮山海關。劉帥聞命具陳所處之難，語頗不平，力勸之。彼無親兵，以孑身護未識之將，亦難事也。又送劉峴莊，留余深談宮禁事，不愧大臣之言，瀕行以手擊余背曰：『君任比余爲重。』

周壽昌

李記：（同，十，一二，五。）飲長沙周荇農學士（壽昌）新居。學士曾以薄游被彈，故官久不遷。又：（光，元，七，九。）聞昔年安得海市寵時，曾文正入覲，一日，湖廣會館公宴，酒酣，文正慨然曰：『盛哉我兩湖之人物也，因屈指曰，湖北一人，湖南一人。』蓋其時有兩侍郎，皆與安豎款密也，聞者爲之悚然。兩侍郎者，其一與予相識，差賢而有文，今已左官，遂益爲人口實。其一卑諂儇險，素論尤輕，而近躋一品，予因連而記之。　王記：（光，五，十，六。）馮展雲（譽驥）得陝撫，馮之擢用甚奇，荇農呼荷荷矣。　李記：（光，六，一一，三○。）周荇農閣學來，四五年不相見矣，髭須皓然，足疾未大愈，而精神矍鑠，可喜也。又：荇農以所著『兩漢札記』中辨正地理者數條見商，幷以『三國志札記』屬閱，荇丈已老病，而懃懃考据，志不少懈，近日公卿中所無者也。閱『三國志札記』，爲補正數事。又勘校『後漢書札記』，爲補注六條。又：（光，七，十，二六。）詣荇丈久談。荇丈入冬病喘，衰狀可憐，而陳書滿案，丹黃不輟，吾曹素業，不能因性命忍須臾者也。又：（光，八，五，二二。）荇翁贈所書畫紈扇，畫作『春江夜泊圖』，甚疏秀。又以『漢書注校補』屬閱，已第十八次寫本矣，校証甚密，詁訓尤精，又爲附籤數條。又苻老以所著『思益堂日札』送閱。又：（光，八，十，四。）得苻丈書，饋銀三十兩，云是左恪靖所贈以分我者，非盜泉也，若不受之，是將絕交，則不可以辭矣。又：（光，九，二，二九。）閱『漢書注校補』。苻丈貫洽全書，於表志甚精，尤用力於地理，可卓然不朽矣。又閱『三國志注證遺』，爲補訂七條。又：（光，十，正，七。）得苻老書，云當取余贈詩『二品歸無半頃田』句刻一印章，此亦後來故事也。又得苻丈書，送所繪紈扇，並言近日病甚，恐此後不能再畫，讀之愴然。又：（光，十，十，二七。）聞苻丈卒，即素衣往哭之，已斂矣。老輩深交，從此遂盡，一棺已蓋，音容渺然，深可悲也。又：（光，十，一二，一○。）見苻丈藏書已出賣，可歎也。

王記：（光，二五，七，一一。）看周苻農詩，殊無胸次，譬兒則第一也。

蔡壽祺

李記：（同，一一，二，一八。）蔡梅盦編修（壽祺），年甫五十七，龍鍾髮盡白矣，出其所刻同人詩兩冊，必欲得予詩刻之。又以其女守貞殉夫事乞題，蓋編修長女曰澤苕，許字漢陽袁侍郎希祖子晉，未昏而晉死，澤苕竟歸於袁，立晉族子爲後。三女曰澤芝，適江夏彭知縣祖壽子元善，元善死無子，其殯也澤芝飮藥卒，得旌如制云。又其人衰老而貧，喜刻人詩文以贈達官富人，博微利，窮途無聊，亦可歎也。又：（光，一四，九，一二。）蔡枚菴卒。枚菴名壽祺，本名夢齊，江西德化人，己亥庚子聯捷進士，入翰林，沈滯不遷，客游干乞，後入勝保幕，頗招搖聲氣，以不謹聞。後官京師，署講官，遂疏劾恭邸，並及薛煥劉蓉，旨詰不實，遂降調。於是久居京師，益跅弛，日游坊曲，頗喜爲詩文，時未六十，目已失明，猶爲狹斜游，今卒矣，年七十三。

閔致庠朴鳳彬

李記：（同，一一，二，三。）朝鮮使臣閔致庠，字經國，刑曹侍書，判樞密，秩一品。朴鳳彬，字綺園，辛未慶科榜眼，翰林院編修，內閣直閣事，秩三品。問其國之史事，茫然不知。觀所贈墨，有字曰：『洋夷侵犯，非戰則和，主和賣國，其共斥之』十六文。蓋其國皆甘心洋醜，人懷敵愾，前年其王樹碑平壤，曰『衞正斥邪之碑』，此墨依碑文製之，徧行國中，務絕其致，用意可謂深矣。

朴珪壽弟瑄壽

李記：（同，一一，三，二。）朝鮮正使朴珪壽，字瓛卿，年六十餘矣，言戊辰歲英夷犯平壤，彼爲平壤觀察使，擊敗之。朴君今官禮曹判書，猶中朝之禮部尙書。其弟瑄壽，字溫甫，著『說文解字翼徵』十四卷，取鐘鼎文字以証說文，多駁許君舊解。彼國見聞旣少，書籍不多，而能究悉形聲，參稽經義，往往獨抒所見，亦難能也。

溫忠翰秦炳文

李記：（同，一一，三，六。）乞溫味秋宮贊（忠翰）繪『三山世隱圖』，贈以汪退谷楷書先梅谿府君『鑑湖垂釣圖』，並所題長歌，以府君記及汪詩言三山風景極備，贊善可按而圖之。又乞秦秋伊繪『蘿菴黃葉圖』，所畫皆秀潔，各題以詩。又：（同，一一，四，七。）屬秦宜亭（炳文）繪『湖塘村居圖』，余前題宜亭畫有句云：『都下幾人畫山水，錫山秦叟稱能工，吮毫索價頗自惜，經營慘淡天外峯。』又：見潘星翁及秦宜亭爲王子敬所畫扇，細皴密字，稱謂甚恭。子敬年少卑秩，何以致敬若此？宜亭江湖老客，固不足責，星翁年位俱尊，似稍失中朝老輩體耳。

濮子潼

李記：（同，一一，三，一九。）爲濮紫泉（子潼，刑部。）改『江淹夢五色筆賦。』又爲紫泉評選『李紳琦駢禮文鈔』。又：（同，一一，三，二二。）紫泉約醵飲極樂寺，比入寺，萬花疊錦，望之如珊瑚紺珠纍綴綠葉間，眞奇觀也。偕紫泉坐窗外欄檻，對花吟賞久之。飲於國花堂，是日春光極麗，士女雲集，海棠花事，已過十分。罷酒後，復游可園，都中人呼三貝子花園，相傳誠隱親王賜邸，道光閒嘗歸寶文莊相國，今爲賣花人居矣。又：（同，一二，正，二七。）紫泉催飲，以今日合浙中庚午南北榜八人醵飲紫泉家也。同坐紫泉、寶卿及陳芰生、蔡倩臣、朱蓉生、金元直、許怡卿。金名星桂，故南齋翰林翰臯先生（鶴清）之子也。

錫縝

李記：（同，一一，四，廿。）戶部郎錫縝，字厚安，丙辰進士，署中所稱姚、楊、錫三大將之一也。五古長篇，句法淸老，而用事多踳駁，然亦近時之矯矯者矣。楷法亦秀健。又：（光，五，二，二七。）錫縝以戶部郎中簡授江西督糧道，告病不赴；後以實錄館勞得內閣侍讀學士，未發而特投駐藏幫辦大臣，其出入皆非恒事，又復乞病；爲不樂外任歟？抑巧取捷徑歟？

李續賓　多隆阿

王記：（同，一一，四，二三。）講詩兎狡雉介，狡者恒免於難。亂世興兵，善良先死，如李滌菴，多禮堂諸公皆雉也；其存者富貴優閒，皆兎也。又：（光，五，三，二八。）陳總兵言滌菴忌蔣香泉，陷之，魯港爲寇圍，蔣登望樓吹角而寇退，遂告歸，胡撫留之，蔣大罵而去。使留此人，無三河之敗也。又：（光，十，七，二七。）改『軍志』，叙多禮堂戰略，尙不能得其萬一，然已褒矣。多生平惡文字，何以得此報哉？

潘存

李記：（同，一一，四，二四。）潘孺初名存，瓊州人，辛亥舉人，戶部主事，年五十餘矣，工詩耆學，有古君子風。又：（光，七，四，二八。）孺初夫人歿於文昌里居。孺初儷德不純，頗無琴好，離別久矣，然其今日之言曰：『彼以不善事姑，故深恨之，今聞其死，不覺悽愴者，以彼固及事吾父母者也，彼死則知吾父母之聲音笑貌者，惟我而已，不能喻之我之子女也，悲哉！』其言可謂絕痛矣。又：（光，九，九，七。）潘孺初定計南歸，作序送之。又步詣雷陽館送孺老行，久談至夜，更深燭灺，益增悽黯，乃慰之曰：『余見士夫挈眷入都，有五六人，或八九人，而無一人歸者，有數十人而祇一二人歸者，今君以貧病，一人入京，而歸時眷屬至五人，不大可賀耶？』孺初為之破涕，遂別而返。又孺老來話別，臨行叩辭，淚落盈襟，白髮蒼顏，何時復見耶？

王維珍　李宏謨

李記：（同，一一，四，二三。）邸抄太后懿旨：通政司副使王維珍，奏請益廣孝思，以臻豫順一摺，殊深詫異。皇帝侍奉晨昏，孝養無間，當亦在廷臣工所共知，王維珍所稱先意承志，幾諫不違，孝思維則，基諸宮庭等語，不知何指？似此任意揣測，信口妄言，實屬荒謬。王維珍著交部嚴加議處，原摺擲還。小人之用心，亦何所不至哉。西朝自三月初旬違豫，久不視朝，外間頗有異論，夫已氏遂以此嘗試之，鬼蜮之技，亦云險矣，卒無逃於光天之照何哉？又：（同，一一，五，三。）上諭：御史李宏謨奏請勤召對一摺，慈禧皇太后聖躬時有不適，仍以勤政為心，無間召對，迨三月初旬，違和已久，始月餘未經視朝，李宏謨竟以逐日召見爲請，冒昧已極，特免其褫革，仍傳旨嚴斥。聞此出上旨，初諭革職，以東朝言而止。

李如松

李記：（同，一一，四，五。）有直隸人李如松號虎峯者，以優貢捐一內閣中書，自名理學，對客必危坐，所食惟脫粟豆腐，常食於門屏間，欲令人皆見之。目不識數字，而著語錄盈尺。倭文端爲所惑，徐侍郎桐尤致敬，會文正入都，此人晋謁，雅步般辟而入，自稱高陽侍郎本家，文正微哂，揮之出。此人乃吾邑之山前村人，其父入京爲部役，冒籍固安，有一兄亦儇劣，其人深以其父兄爲道學累，脅其父逐兄，其父自縊死，刑部將重案其事，而徐侍郎等十人爲宋學者，謂是道學孝子也，連名呈部力保之，得免。

朱鳳標

李記：（同，一一，五，一一。）邸抄：體仁閣大學士朱鳳標，三疏請因病開缺，諭以大學士致仕，賞食全俸。朱太宰余僅與數面，而每逢賀歲，輒蒙先施，老輩款挹，又時接鄉人，殷殷垂詢，亦可懷也。

陶方琦

李記：（同，一一，五，一四。）得陶子珍（方琦，會稽人，丙子進士。）書，幷所譔『淮南許注叙』，攷訂甚密，文亦爾雅，書翰古奧尤絕。子珍力追漢魏，孟晋超羣，海內少年，未見其比，吾邑古學，其在茲矣。又：（光，四，一一，二三。）閱子縝漢孳室近文，皆說經之作，犂搜古訓，剔抉小學，備極細心，其精銳不可及也。又：（光，五，八，朔。）子縝得湖南學差，携姬人文湘往，歲暮得書，言道中懷余詩頗多。又：（光，六，五，二三。）得子縝永州使院書，言試寶慶及永兩郡之士，無通經者，欲以許鄭之學振興之，其詞甚偉。又：（光，八，二，二八。）子縝寄新刻所著『淮南許注異同詁』四卷，其書爲之積年，近更搜討紛綸，卓然可傳矣。又：（光，八，六，卅。）子縝自湖南奉諱歸，來書言以營葬故，辭湘中書院之聘，且分束修爲饋，寄詩謝之。又：（光，十，十，二三。）子縝以所箸『許叔重年表』屬閱。又：（光，十，一二，二四。）子縝化去，年四十有七，往視斂，悲不自勝，涕沾袍袖。又：取回子縝卒前三日所致詩札，閱之悽斷。又：（光，一一，二，二五。）詣子縝家，爲之點主，祝之曰：『生有令聞，沒有明神，以妥爾魂，長庇子孫。』點主之事，起於南宋，今自天子以下皆行之，然此宜卑幼爲尊長行事，而越俗必請尊行，其禮先用朱點，顧亭林以爲上行下之禮，然叉朝服向主行禮，則謬甚矣。

戴望

李記：（同，一一，五，一六。）戴望（子高），湖州附學生，游勾江湖，夤緣入曾湘鄉偏裨之幕，嘗冒軍功，詭稱爲增廣生，改其故名，求保訓導。叉竊軍符，徑下湖州學官，爲其出弟子籍，學官以無其人申報，湘鄉大怒，將竄治之，叩頭哀乞乃免。

曹籀

李記：（同，一一，五，一六。）曹籀，杭州附學生，年六十餘，歲科試未嘗得列二等，自言爲龔定盦畏友，文亦不通一字，凶傲好罵，新刻其石室藏書一，曰『籀書』。嘗見其說中字云，此爲男子陽物，象形，則他可知矣。又：（光，五，四，二六。）仁和有曹籀者，以諸生被斥，又以爭其族人財產爲有司所辱，遂著『三世聞見錄』，評論浙之官吏，分陰黨陽黨，力詆學政黃侍郎倬，布政衞君榮光，而頗頌巡撫梅君，袖其書謁巡撫，請爲序，遂刻以行。布政怒，以白巡撫，請究治，會其人已死，得不究。其人固無賴，然及與杭之前輩游，頗讀雜書，其籒書所釋中字，人皆以爲怪異，予謂此亦有據，惟籒不能援引，其所言多妄耳。逸周書武順解云：『人有中曰參，無中曰兩，男生而成三，女生而成兩，五以成室，室成以生民。』孔晁註云：『有中必有兩，故曰參，陽奇陰耦，五謂相配成室。』近儒謝氏墉申之云：『有中無中，卽謂男女，皆以形體言之，男成三，女成兩，皆下體形象，合三兩而成五，交構成室，以生民，此易之參天兩地而倚數，故曰有中必有兩，盖人道者，五行之精，萬物之本，聖人不以爲諱，乾道成男，坤道成女，天地壹壼，男女構精，皆中和之理也。』此實中字最初之詁，說文中字从口从丨，其義本難通，近儒改口从口，說自較勝，以中字爲象形者，較之取厶字爲象形者，淺深逈判矣。

張景青　閻汝弼　周悅讓

李記：（同，一一，六，一三。）浦江張御史景靑，頗能留心漢學。御史爲己酉拔貢生，由吏部郎改官者也。近日都中講經學者，有戶部主事閻汝弼，山西壽陽人，甲辰進士；禮部主事周悅讓，山東蓬萊人，丁未進士；皆五六十歲人矣。樸學自守，久滯不遷，世亦無人知之。又：（

光，二，八，一九。）周孟伯禮部（悅讓）以庶常改主事，年六十八矣，以貧甚而歸，遂於經學，不交人事，都中可矜式者，惟此老耳。王廉生爲其弟子。

邊寶泉

李記：（同，一一，七，二七。）邊御史（寶泉）參駁李台肥奏進瑞麥疏，援証古今，名論侃侃，可謂明目張膽，詞嚴義正者矣。舉世睡夢中，得此快疏，令人振竦。又：（光，十，五，二三。）邊寶泉者，漢軍旗人也，亦巧宦而不學，與南皮（張之洞）同年同鄉，夙相膠附。豐潤（張佩綸）因娶其女爲後妻，而女醜甚，豐潤不禮之，懼寶泉之怒也，因謀之南皮，合力推挽於高陽，擢之爲秦撫，因曰邊某惟我所爲也。

柯劭忞

李記：（同，一一，九，四）在肯夫處見山東人柯劭忞（鳳蓀，膠州人。）詩。柯爲肯夫庚午所取士，年僅十八，詩皆十七歲以前作，儗古歌謠，俱戛戛獨造，語不猶人。五七言古近體學六朝三唐，亦皆老成。肯夫言其少孤，被母教，史漢文選皆全讀成誦，過目不忘，箸有『文選補注』，洵異才矣。王記：（光，二七，五，一五。）新學使柯劭忞，說文所無字，忞慔，勉强就文莫加心耳。又：（光，二九，九，五。）柯學臺來，字弢生，摯甫女夫也。久坐問文詩穀梁。又：（甲寅，三，二四。）柯鳳蓀來，咎其不代遞諫與學疏，以至革命，渠猶不悟也。又：柯鳳笙箋駁魏源『元史新編』，歐陽緒極不平，此猶承平時習氣也。

靈桂

李記：（同，一一，九，一四。）冊立皇后，命禮部尚書靈桂，右侍郎徐桐爲正副使，取桂子桐孫意也。遣鳳輿，惇親王福晉恭親王福晉率命婦八人往迎。聞內中禮多如民間，開臉者，侍郎崇厚之夫人也；妝飾者，兩福晉也。迎入大清門，進交泰殿，拜天地及壽星竈君，皇上皇后坐炕，奉進湯圓子者，亦兩福晉也。賫湯圓子者，禮王之福晉也。

費一帖

翁記：（同，一一，十，一五。）常州費醫號晋卿，年七十餘，目光奕然，聲音圓亮，視病診斷，要言不煩，求者成市。士人云，費君之父更精，名費一帖，費君亦秀才，而曾充地保，惲次山聯稱爲名士而名醫，著有詩文集，又有『醫醇』一書。　李記：（光，五，二，朔。）閱武進費伯雄『醫醇賸義』，伯雄字晉卿，今之名醫，江南人推爲徐洄溪後一人。寇亂後居武進之孟河莊，就醫者舟車湊集，遂成邑市。嘗著『醫醇』二十四卷，亂後版燬，乃追憶爲賸語，最爲有用之書也。其人去年已卒。

湯伯術

翁記：（同，一一，十，一五。）至蕭山湯宅，伯術出其林皋文及所著『意林』，自理學及訓詁十餘卷，博而能精，後生可畏。又：外姑爲伯術捐官。又：（光，二，九，二二。）伯術以知州分省，爲致書李相謀釐局，可歎。又：（光，十，五，一九。）前薦伯術於左帥，頗稱之，謂已補上海，爲曾九所抑，又寫曾李信，皆爲伯術，噫！苦矣。　王記：（光，一五，三，一五）湯伯述招游海光寺，步至鐵橋，同于晦若循城（天津）直南，寺在機器局旁，有新碑云，康熙時僧相南募建。初坐行宮外，侍衞呵去之，仁皇聞梅花香遣問，因依所指造寺爲叢林。柳墅行宮在旁，今爲武備學堂。惟此寺功德獨存，寺有賜鉢，中書金字經，曲筆隨勢，書體工整。僧自然，煙霞客也。又柳墅舊爲行宮，後園地建武備學堂，掘得太湖石，即供御園舊物也。又西郊解元廟，乃芥園之誤。查氏水西莊，厲樊榭，朱竹垞所寓也，今無復基址。　翁記：（光，一七，三，二三。）伯述長子阿奎來京，年十六矣，蓋不得於父母，竄而投余，留之。胡雲楣言，伯述頹唐濫交，貧益甚，品益卑矣。

閻敬銘

王記：（同，一一，一一，七。）稽伯潤言：閻丹初爲山東巡撫，清節冠一時，而誤殺張七，駢戮避亂官民數百家，實爲過舉。張七爲張歷城令之兄，歷城遷臨清，死於寇，以虧空受誣，七欲訟之，羣官醵金爲賂，致富數十萬。當在臨清時，有學某，知天象，先辭去，約三月十五必來，其日臨清破，故七神之，受學焉，頗有妖言。又：（光，八，四，八。）閻丹初意貪尚書，而以侍郎爲小官。　翁記：（光，八，五，一二。）晤閻丹初於九卿房，鬚髯雖白，精神如昨，退居十六年，在中條山中講學也，可敬可敬。又：詣閻丹初前輩，其人學術正而閱歷多，非時流所及，長談抵暮，皆用人理財之大者也。　李記：（光，八，一二，二二。）閻丹初尚書，昔與潘孺初同爲戶部福建司官，今掌大農，力挽孺初出管曹事，且欲推轂鄙人，其勤勤有古大臣風。又：（光，九，十，二。）署中知會，閻尚書定期每日接見一司，一月兩徧。又：（光，九，一一，二十。）作致閻尙書書，言署中接見唱名之非禮，約數千言，尙書性長厚，亦廉介，善吏事，而闇于大體，頗喜操切，其于余亦知愛慕，而不能重其禮，作書忠告，以酬一日之知。又：（光，十，六，六。）閻朝邑力主和議，前日通商總署公疏，極言不可戰，其稿朝邑所定，未上而稱病請假，欲諉之他人也。又：閻朝邑與許侍郎謀款尤詭秘，且深惡湘陰之日至軍機房梗和議也，皆相約不與言。　翁記：（光，十，六，二十。）閻相對越事倡收束之議。　李記：（光，十，七，三。）朝邑前于其私宅盛宴夷稅務司赫德，乞其緩頰彼國外部諸酋，且問計所出。赫德至滬與巴酋比，益要挾恐脅，言中國自知理屈而服罪，非多償兵費不可。又：（光，一一，八，一六）近日戶部請裁八旗孤寡養贍錢糧，員外郎文悌、主事施典章主稿，而閻朝邑定其議。及被劾，文施皆求去，朝邑歎曰：『我躬不閱，遑恤爾躬。』一時傳爲笑柄。又：（光，十，八，二四。）近都中有議朝邑一對云：『辭小官，受大官，自書供招王介甫。舍戰局，附和局，毫無把握秦會之。』辭小官數語，朝邑謝恩疏中所引用也。　翁記：（光，一一，正，二。）今年新例：戶部出貲，京兆送信，約定九卿翰詹同集安徽會館團拜，彼此不再投刺，以省繁文，主之者閻公也。又：（光，一一，一二，一八。）入署閱制錢奏稿，爲余刪四五百字，閻亦無如我何也。又：（光，一二，二，九。）海運稿閻相又欲駁，余稍與違言，不免發聲徵色矣，彼勉從余。又：丹老改余稿，余又鈎塗之。又：（光，一二，四，二七。）看閻相疾，吐紅，甚憊也。又聞將引疾，余以上將親政，而老成先去位，非國之福，相對流涕，彼頗爲之動，畢竟君子。

李記：（光，一二，七，八。）邸抄：閻敬銘續假一月。朝邑前請開缺，賞假一月，今已滿而不求去，復請續假，進退自由，不顧廉恥，此古今所無者也。予初謂朝邑特纖嗇好利，執拗不學耳，去年吳峋貶官，已無解于淸議，嗣聞其疏請各省所進固本銀，專解內務府，是以貨財爲迎合也。鄙夫不可與事君，聖人之言信哉。

翁記：（光，一二，九，一六。）祝閻相七十賜壽客皆不見，余亦未送禮，從其儉素之志也。又：（光，一二，十，五。）閻公爲洋藥稅釐又與合肥大齟齬也。又：（光，一三，八，一六。）訪閻相，面目瘦，自云血枯，其實談次尙有精神，殆稱疾也。又函詢病，則稱肝痛幾死，籌款束手莫展云云，意蓋不足於我也。又（光，一三，八，二四。）閻公論河務，以爲汴西古有道，不知今日淮水非古淮矣，何憒憒也。又（光，一三，一二，一二。）致函閻相，勸其强起，復書稱病，其志堅矣，可憾也。又：（光，一三，一二，二九。）訪閻相長談，彼眞讀書談道君子人也。又：（光，一四，三，四。）邀閻成叔（廼竹）來，力勸乃翁毋遽退，支此難局。又：（光，一四，四，四。）訪閻相，談三大願不遂，激昂殊甚。三願者，內庫積銀千萬，京師盡換制錢，天下錢糧徵足也。又談山東陳團事，娓娓可聽。

陳團者，畧如苗練，彼以數語釋其兵權，今其人署川北鎮矣。又：（光，一四，一二，一八。）太和門災。訪閻相，此老獨居深念，談時事涕泗橫流，吾滋愧矣。又：（光，一五，四，二〇。）閻成叔辭行，云丹相已赴新店，余曰：『相公一騾去，余能匹馬追。』乃告尙未行，遂約野服一訪，長談一時猶未暢，惜談過卽忘耳。賢人去國，余心怏怏。又：（光，一五，一二，二六。）銀庫今日封庫，共銀一千二十七萬九千四十兩零，各項統在內，惜閻相不及待也。又：（光，一八，二，二二。）聞閻丹初相國卒於虞鄉，『人之云亡，邦國殄瘁』，可歎也。又：（光，二二，一二，一八。）看大臣傳至閻文介，不覺興歎。當時破格用人，故能剷平禍亂，文介治事刻覈，故人多怨之，然待余最密，愧不能副所期也。

路朝霖

李記：（同，一一，一一，二二。）兩得路覃叔（朝霖，畢節人，戶部郎中。）書，此君年少有志，喜看雜書，而苦于無友，自滿過甚，於詩未知門徑，而狂不可一世，以爲『說部數種，此外無學，解吟七字，並時無人，』此十六字近日江湖才子通病也。

楊翰

李記：（同，一二，二，一一。）楊翰，字海琴，乙巳進士爲編修。有張起鵷者，任順天府府尹，其子與楊友善，日親暱，出入臥內。張初爲僧王管糧臺，時方料理報銷案，楊竊視其故籍，得一二虛揑事，遂從張貸千金，謂所造報銷，外閒頗有異論。張知其猲己，怒而拒之。楊以告御史伍輔祥，遽疏劾，立降旨褫張官，下刑部，籍其家，旋死于獄。其事漸有聞者，皆薄楊，旋以卑汚被彈，楊知不見容，遂投勝保營，執贄稱門下，勝保故乙科，則大喜，累薦之，洊擢至湖南辰永靖道。前年始以人言罷任云。

李文杏

李記：（同，一二，二，一八）嘉興人李君文杏，字少石，直隸候補知府。肯夫言其通小學，嘗校刊『助字辨畧』，亦白先生之從子行也。

王仁堪

李記：（同，一二，二，二二○。）王可莊同年（仁堪），故尚書文勤公慶雲之孫。又：赴可莊邀飲，所居華敞，陳設雅潔，懸鐙頗巧麗，餚饌亦精美，閩廚也。又：（光，四，十，二九。）閩縣王修撰仁堪，楷法爲近日館閣第一，頗不肯輕作，余爲殷蕚庭代乞書其兄墓志，屬送十六金，而蕚庭猶以爲難，此亦周旋之苦也。

葉記：（光，一九，十，二四。）聞王可莊作古，吾郡失一賢太守。

鍾駿聲

李記：（同，一二，二，二八。）近日仁和鍾雨人修撰（駿聲）輯錄詩話，皆取潛德已往之人，凡見在及顯貴者不錄，其例甚佳。又：（光，元，一二，二一。）鍾雨人所刻『養自然齋詩話』，意在表微拾墜，以人存詩，惜所采稍雜，不免入于庸近。又間附己作，亦爲非體，當告修撰刊去之，以成完書也。

李竹丈

王記：（同，一二，三，一三。）李竹丈喜言山水形勢，以分水爲龍行，云東三省尚當有興者，俄羅斯必臣於中國，皆以地形決之。

盛昱

李記：（同，一二，四，八。）同年宗室伯希孝廉（盛昱），柬約賞牡丹。伯希年少好學，家有園亭，其閨人及令妹皆能詩，遂赴其招。牡丹半落，香色未減，亭館淸幽，廊檻迤曲，疊石爲山，屈曲而上，上結小台，可以延眺，垂楊婀娜，薜荔四垂，其居室亦雅潔閒敞，都中所僅見也。又：（同，一三，三，二〇。）伯希以其母夫人芸香館遺詩求序，夫人博爾濟吉特氏，名那遜蘭保，字蓮友，其詩頗有清才。那遜者，譯言善，其兄弟行名也。又與伯希畧論國朝掌故，及滿洲氏族，俱能留心，近來宗族子弟中不易覯者也。又：此君留心掌故，宗室中之傑出，當不媿完顏璹趙與旹也。又：（同，一三，九，二四。）詣盛伯希門外，停車半日，始以他出爲辭，可笑。又：（光，十，三，一七）聞十三日朝廷有大處分，先是同年盛庶子疏言法夷事，因劾樞臣之壅閉諱飾，遂一日逮兩巡撫，易兩疆臣，而不見明詔。次日，東朝幸九公主府賜奠，召見醇邸，奏對甚久。是日恭邸以祭孝貞顯皇后三周年在東陵，至十三日甫回京覆命，而嚴旨遂下，樞府悉罷，而易中駟以駑產，代蘆菔以柴胡，所不解也。又：（光，十，七，三。）盛昱等上疏阻和議。前月二十四日東朝召諭盛昱曰：『爾等外廷諫官，所言多與予意合，而軍機總署諸臣皆不然。予初以前當國者不善，故易之，而復如此。爾等有所見聞，其盡言之，必不汝責也。又曰：『與予意合者，惟醇親王耳，他無一人任戰事者。』　翁記：（光，十，八，四。）盛伯熙新授祭酒，談良久，持論高，究有識見，天潢中儁傑之士也。又：（光，十，九，一七。）訪晤盛伯熙，大言炎炎，以理學爲宗，其評量人物良是，詆張幼樵一巧字甚切。又：（光，一一，五，一九。）盛伯熙以新鑄名印見贈，山東薛君善鑄印，陳壽卿之客也。　李記：（光，一四，十，一二。）聞盛伯希祭酒疏言海軍衙門報效，並爭開京師鐵路，及劾合肥進奉西洋鐙玩等事。近日海軍報效，不由吏部，徑取中旨行之，且可先下旨而後入貲，斜封墨敕，不是過矣。　翁記：（光，一九，五，二六。）賀盛伯羲得子，實抱別房子，門者諱之：　葉記：（光，二六，三，二八。）王廉生爲盛伯羲奏請宣付史館，列入儒林傳。伯羲於漢宋兩家皆無撰述，儒林實不合例，以法梧門祭酒爲例，文苑傳中似可位置一席。

鄧琛

李記：（同，一二，四，一二。）黃岡鄧獻之（琛），以所著『荻訓堂詩鈔』來質，此君年五十餘矣，癸夘舉人，任山西蒲縣令者十年，近以卓異入都引見，遂捐升郎中，詩雖不工，自非今之俗吏也。又：（光，十，一二，八。）得獻之書，以今日大雪，憂余絕火，贈十金。其書云：『以爲先生壽。』此老年已六十餘，棄介休劇縣，入爲郎，孑居僧寺，淸絕塵表，而念余不已，分其槖䬦，極可感也。

孫増祿

李記：（同，一二，五，三。）孫鏡江同年名增祿，辛未聯捷，官吏部主事。聞其所著有『說文蒙求』。與談金石數事，蓋亦留心古學者。又觀鏡江所作篆，筆力大進。又：（光，二，一二，二一。）爲鏡江寶漢堂額作跋。鏡江家舊有寶漢樓，儲藏金石漢刻爲多，經亂散失，今鏡江復酷嗜之，搜求不已，仍以寶漢顏其寓齋，乞余題之。又：（光，三，八，三。）孫鏡江言，即日出都，將改外矣。鏡江成進士年未二十，分吏部學習，約計循資格由郎員上考，得知府須五十歲，稍有阻滯，便不可知，京官何可爲乎？又：（光，五，正，二九。）鏡江好古特甚，去冬持漢至隋碑帖十餘種求審定。又：（光，八，十，六。）鏡江以所得濰縣陳氏漢器柘本十事見示，皆精絕，著錄家所未見也。

樊增祥

李記：（同，一二，五，朔。）得樊雲門增祥書，雲門筆扎雅令，極似北江。又：（光，二，五，二二。）雲門同居，偕談說部，遂及邨書市劇，鼓板彈詞，曼衍恣肆，以遣酷暑。又：爲雲門梅卿改課藝。余與諸君約，今年爲夏課，此其第一課也。又：（光，三，七，一二。）雲門餽助祭銀兩，言甚竺摯，是知我貧也，賦詩謝之。又：（光，三，八，六。）送樊雲門庶常乞假還夷陵省親。雲門尊人鑑庭總戎，咸豐中以永州鎭總兵署湖南提督，忤左相國，爲湖廣總督官公劾罷。又：（光，三，九，二四。）見雲門寄子宜弢夫書，力勸二君暫留京邸，謂君輩若行，從此師門遂無一人在左右，可勝歎悵？嗚呼！此言他人尙不可聞，況僕耶？　王記：（光，五，正，九。）樊鎭子名增祥，字雲門，已選庶吉士，頗能駢文及詞調，此湖北新有聞者。　李記：（光，五，十，一七。）樊雲門入城，車箱被送稅務所，爲作書鐵香謀之，留談止宿。故人新至，情話縕勤，至四更不覺也。又：（光，五，一二，，十。）雲門與弢夫約，爲余作生日，辭之。雲門書言生日稱觴之不可少，情辭極婉摯，要亦强相排解耳。又：（光，六，二，朔。）雲門餽怡府舊造角花素箋，作詩謝之。又：（光，六，四，二八。）雲門散館，竟改知縣。又：（光，七，三，一一。）雲門尊人卒于里，雲門聞訃，告哀于直隸方按察大湜，余爲致書杜仲丹，屬其婉言乞賻，聞已送二百金，雲門可即奔喪矣。又：雲門以書案等物留寄余寓，而書案爲其同居陳編修理泰篡之去，云是彼物，亦祗得聽之而已。又：（光，九，十，二五。）雲門自宜昌入都，別去三年，天涯重聚，喜可知也。又：（光，十，五，二三）雲門來夜談。近日南皮豐潤兩豎，以朋黨要結，報復恩怨，惡余之力持清議，深折姦萌，二憾相尋，欲致死力于我，遂廣引纖子，誘以美官。南皮儉腹高談，怪文醜札，冀以炫惑一時聾瞽，尤惡余之觸其隱也，故日尋干戈。以雲門盛氣負才，益籠絡之，誘以隨往粵東，甘言重幣，煽惑百端，幸其叛我，多樹敵仇。雲門旣惡所選宜川荒瘠，聞言不能無動，遂欲從之過嶺。余謂之曰：『仕宦惟州縣可爲，舍自有之官，而入他人之幕，已爲非計。且君以有母呈請近地，今遠適嶺外，必致人言，卽吏部亦必格之。』雲門雖不然余言，然亦因此自阻。余與雲門本無素分，旣欲劃寧之席，不妨彎羿之弓，我豈容心，彼何過計。又：（光，十，閏，四。）爲雲門議婚祝氏，今日迎娶，往賀。又：雲門新夫人來見，娟潔如玉茗樓詩格，足稱佳耦矣。又：（光，十，七，二四。）送雲門行，涕泣言別，慘然久之。又：（光，一四，正，卅。）得雲門書，及其母夫人訃狀。書辭激楚，言遭慘後，止餘宦囊二千金，擬暫寄拏案中，過百日後復須橐筆依人矣。　王記：（光，二八，九，二四。）聞樊增祥在行在私事滋軒，同人呼爲孟浩然，取夜歸鹿門譴之。易實甫乃又欲依樊，未之卜也。又：（光，三一，正，二五。）陝藩樊雲門致書，極力恭維，令人有戴高帽喫米湯之意。又：（光，三一，九，一七。）作樊雲門壽叙成，樊頗知六朝文。又：（光，三一，一一，朔。）至長安，藩台自出郊迎。又往賀樊生，看字畫。又談翁師得君失君之狀，令人齒冷。又：樊親送至霸橋。又登華嶽，雲門車騎送啓並詞，限一日到，果依期到。又：（光，三二，正，三三。）看樊山艷詩，大要爲小旦作，故無深致，邪思亦有品限也。又：（光，三二，一一，二四。）聞樊山撤任，近今所罕有也。升允亦可人，兩賢不宜相戹，使夏竹軒在，不至此。又：（壬子，一二，一七。）至上海，樊山坐小艇上船，談阻北行。又午訪樊山，眠未起，待久之，同赴思賢會演說。又：（甲寅，五，一四。）聞雲門北來有日，已辭聶館矣。又：至打磨廠看雲門，寓居門外，以示不久留也。問來意，云：『就乾館。』　葉記：（甲寅，五，六。）聞樊山已應聘，舊人新官，從此一錢不值矣。又：（甲寅，一二，一。）樊山毅然入都供職，兼參議顧問兩官，又兼清史館，其嫡來尼之，絕裾而行，寐叟塡鷓鴣天一闋嘲之。

鄧承修

李記：（同，一二，八，十。）鄧鐵香名承修，惠州歸善人，年三十三，善書能詩，藹遠有塵外之致，以舉人爲郎，改御史。又：（光，六，一一，二三。）爲鄧鐵香擬一文字。（按李記十三日記云，侍郎長叙嫁女，是日聖祖忌辰也，等語，今代草奏。）又：（光，六，一一，二七。）上諭：鄧承修奏參大臣婚嫁違制一摺，本月十四日係屬忌辰，戶部右侍郎長叙之女出嫁山西布政使葆亨之子，實屬有干功令，均著交部嚴議，旋議革職。又：（光，八，正，一四。）爲人擬條陳稅釐之弊洋使之費兩奏片。又：（光，八，正，一八。）鄧承修奏請飭查關稅侵蝕，諭嚴查。又：（光，八，八，一一。）詣鐵香觀日本刀，及日本錢幣譜。又閱日本外史，皆何學士如璋使還所贈者。又：（光，八，一一，二五。）擬條陳科場積弊疏。又：（光，八，一二，廿。）邸抄：給事中鄧承修條陳科場事宜，諭嚴查整頓。又：（光，十，五，二一。）鐵香深惡洋務，又以其鄉人劉雲生言外夷屢欲推奉合肥，合肥挾以自重，遂不滿之。及雲生以劾合肥罷官，尤致憤憾，屢疏攻擊，今和議成，更嚴劾合肥，言之憤絕。然劉之說極爲無稽，余屢爲鐵香言之，以此頗與齟齬；而能深知二張之奸，列數諸人之佞，是則雅合吾心，無慚君子矣。又：（光，十，八，三。）邸抄：鴻臚寺卿鄧承修疏辭總理衙門行走之命，請改武職，不許。疏中不平，見于詞氣。又：（光，十，八，八。）鐵香來談，即至總理衙門商進退之宜，告以遇大事力持國體，小事諉之他人而已。又：（光，一四，四，朔。）鐵香來辭行，爲之黯然。鐵香自越邊畫界旣不得行其志，回京復命，東朝頗慰勉之，遂乞歸。朝士得如鐵香之歸者，有幾人哉？知難知止，潔身而退，年甫强仕，歸奉老親，朝廷眷留，天下想望風采，如余者，汩沒冗郎，頭童齒豁，孑然一身，鷄棲不歸，眞非人類矣。

朱采

李記：（同，一二，八，二一。）朱亮生（采），留心經濟，精於地理之學，議論侃侃，亦極樸實，世之志行士也。嘉興人，辛酉優貢，現在李合肥節使幕。又亮生寄所譔『治河私議』約數萬言，熟于地輿，深權利弊。又：（光，五，九，四。）亮生前隨巡撫周恒祺至山東，新自山左還保定，仍以知府分發直隸也。又：（光，一五，三，廿。）得雷瓊朱亮生觀察書，並饋銀十六兩，書中言瓊黎剿撫事甚悉也。

陳彝

李記：（同，一二，八，二七。）陳六舟（彝），約爲二閘三閘之游，書言至玉河放生，屬必至，遂同出東便門，至大通橋下，舟過賞荷軒，泛至二閘，小憩龍王廟，復過福壽公主故園，將至三閘，望見高碑廟，以風勁折回。河廣水深，煙波渺然，逸山繪玉澗秋泛圖，各賦詩紀之。六舟好放生。　翁記：（光，一一，正，二五。）陳六舟臬使入覲來晤，鬓半白，貌加豐也，云豫直東交界寇盜充斥，須添兵捕治，河南南岸工程，不可裁減。　李記：（光，一二，一一，七。）陳六舟巡撫皖中，作詩贈之。此君亦張香濤之流，故以此爲人事耳。

王守基

李記：（同，一二，八，二九。）王守基，山東人，壬子進士，戶部郎中，深曉部務，著有論鹽漕等文，伯寅侍郎方爲之梓行，而遽病卒。伯寅近刻諸書，無見在人著述，獨王君無恙，而忽刻其書，乃甫授梓而遽殉，此亦一奇事也。又：校王郎中『鹽法議畧』，據會典則例，及邸報公牘鈔撮而成，考國朝鹽務者，固莫詳于是書矣。

王柏心

李記：（同，一二，九，六。）湖北名士王柏心，字子壽，以進士官部曹，告歸不出。聞頗好學，能詩，楚人以爲巨擘，今年已病卒，七十餘矣。又：（光，一一，九，一三。）宗文宿（能徵，滌師子。）以湖北人王柏心所撰滌樓師墓志見示，王本無知，而好爲大言，附會理學，此志文劣，甚不能成句讀，有曰：『遇名儒忠節遺蹟，力爲表章恐後。』有曰：『鄉人士海內交游故人子弟有緩急，傾身營贍，力不足亦大聲助呼將伯。』此等三家邨秀才執筆，亦不至此，而尙云百餘年來漢學大興，眞儒益少，以此欲依附閩學，恐新安五尺之童，唾而逐之矣。

張家驤

李記：（同，一二，九，一二。）邸鈔：侍講張家驤，在南書房行走。家驤鄞人，壬戌進士，甲子保舉南書房，試詩賦報罷，今不知何以得之也。（疑由王慶祺所保。）　翁記：（同，一二，九，一二。）聞張家驤召見，有殊禮，旋命南書房行走。又：（光，五，二，一九。）張家驤奉旨在毓慶宮學習行走，同志同直，可喜也。又：（光，一一，五，二三。）劉總管言，上昨夜未安睡，云是守庚申，係得之張師傅，并學洋人以手摶飯，亦得之張師傅。問子騰，則前一節渺不知，後一節微有影響，亦未嘗謂當爾也。又：（光，一一，十，一六。）看子騰病，益憊，執手囑後事，請代作遺摺，但云不怕死。又：（光，一一，一一，一一。）子騰竟逝矣，往撫而哭之。

華志清　吳冠英

翁記：（同，一二，九，一二。）無錫華志清爲余寫照，得七八分。華君畫史之佳者，人亦無江湖氣。又：吳冠英（儁）來寫眞，得八九分，冠英三十年老手，亦講金石。

徐之銘　岑毓英　劉嶽昭　彭瑞毓

李記：（同，一三，正，二七。）韓紫東丈談雲南近事甚悉，如言何有保之殺鄧爾恒，由徐之銘主使，徐革職後，文宗有詔諭駱文忠，俟其出境即就地正法，而徐已知之，不敢出，竟病死於滇。岑毓英爲土司之子，附學生，後以殺人逃入雲南，捐從九，從軍自効。旣保至知縣，得部兵千人，遂脅布政使花詠春去位，而權代之。勞文毅爲總督，廷寄令察看，勞以示岑，遂結爲師生。勞乃奏保可用，題署迤南道，旋授布政矣。劉嶽昭少以捕魚爲業，其効川督吳棠及岑毓英也，因糧儲道彭瑞毓爲劉主章奏，急欲得巡撫。而其兄子彭汝琮，以四川候補道入將軍崇實幕，又爲崇謀去吳而代其位，遂爲劉草奏而强請上之，瑞毓又爲劉附片保己可大用。邊裔蟲沙，鬼域變幻，固無所不至也。彭瑞毓壬子傳臚，南書房翰林，以京察授雲南糧道。紫翁言：其頭踏燈籠，皆題『玉堂供奉，金殿傳臚』八大字。

岑毓英子春榮

王記：（光，二，五，一四。）陸祐勤言：岑署督（毓英）豪傑之士，頗讀書，明史事，非但李欽差不及，雖今大吏鮮有及者。又云：李熙泰緬人也，已與英和。　翁記：（光，五，二，一六。）晤岑彥卿中丞，其人淵然有學問之意，對之生愧。又：（光，五，三，二一。）彥卿談邊事，大畧營制宜改，弓矢可廢，專用鎗砲，砲台宜小，專用地營。其言懇切而多閱歷，惜其應酬氣太重，又負其功績，雖謙實伉，記之勿謂長安無具眼也。又：（光，一二，九，一一。）岑東階（春榮）戶部郎將往東三省，穆將軍調辦支應局，其人深穩幹練有父風。　李記：（光，一二，九，一六。）岑伯豫郎中（春榮），彥卿宮保之子也，居處儉約，恂恂自守，貴游中僅見者。又：岑春榮送其弟春澤去年廣西鄉試卷。其履歷載始祖仲淑，宋時由浙江從征廣西，遂襲土職。其後有名密者，始分襲上林長官司。至康熙時，有名恩者，承襲長官司，改土爲流，始隸籍泗城府西林縣。至其祖蒼松爲歲貢生，實生定圃宮保，而猶系以祖籍浙江紹興府餘姚縣，可謂不忘所自矣。

梁僧寶

李記：（同，一三，二，八。）鴻臚寺少卿梁僧寶奏：磨勘試卷，應議過多，請飭申明定例。諭：禮部議。梁僧寶，廣東人，本名思明，咸豐戊午中順天鄉試第三名。是科文題，『吾未見剛者』，其文中二比，以乾坤分股，士林傳爲笑柄。未幾科場事發，梁卷中疵繆百出，自計必被議，遂逃歸，幸而得免。次年入都，改今名，竟連捷爲庶吉士，改禮部主事，入軍機處，由御史至今官。（凡試卷歸其磨勘者，皆不能免，呼曰魔王，人皆惡之。）又：（光，元，九，卅。）御史周聲澍奏：磨勘官梁僧寶逞臆行私。諭：復查。遂請開缺，許之。又：（光，五，九，九。）題順德梁福草封翁（九圖）畫蘭。梁君爲僧寶之父，素以詩名，有人倫鑒，李學士文田幼孤，貧甚，一見卽識其不凡，爲飲食敎誨之，今年七十餘矣。

兪金門

翁記：（同，一三，三，十。）兪甥金門，刻摯好學，可望有成，可喜也。又：（光，二五，四，一二。）金門所稱邑中士宗子戴器識好，蕭麟徵治古文，其弟嶙志節高。又，蘇州章鈺人軒爽，通經史小學，張一麐有志節。又，金門任事勇，見理明，立意定，可敬也。

宋祖駿

李記：（同，一三，五，四。）宋偉度名祖駿，長洲人，有詩名，山東知縣，近至京。又：（光，三，六，三。）宋偉度邀飲熙春，懃懃相訂，且言在坐惟紱丈秋蓤。又言此席專為紱丈與余而設，午後赴之，坐有洪修撰鈞，日昳而散。修撰固邀再飲韓潭，半道驅車歸。

程秀

李記：（同，一三，五，十。）江蘇程秀者，故副都御史庭桂之子，咸豐戊午，庭桂主順天鄉試，秀在外招搖，收受關節。科場事發，庭桂初不為意，以秀年尚少，恐質証吐實，令其長子工部主事炳采代之赴質。王大臣載垣，端華，陳孚恩等嚴鞫之，炳采不勝刑，自誣服，並逮庭桂入獄考訊。讞上，皆坐辟，而秀宴居徵逐倡優自若也。炳采竟伏法，庭桂戍軍臺赦還，旋死。秀入貲為戶部主事，丁夘中順天舉人，今亦成進士，以原官即補矣。

方濬師

李記：（同，一三，五，四。）伯寅以定遠人方濬師『蕉軒隨錄』送閱。濬師由舉人中書充通商衙門章京，得擢廣東道台，其人本不足齒，而復強作解事，妄談經學，中言詩文，諂附時貴，卑鄙無恥，文理又極不通，梨棗之禍，至于此極，乃歎鬼奴之爲害烈也。京師人稱通商衙門官員爲鬼奴，以其諂媚夷人無所不至云。

王懿榮

李記：（同，一三，五，一四。）王廉生（懿榮）以李香君小景畫扇乞題。又：（光，五，九，一五。）王廉生獲雋，出繆小山房。又：（光，九，五，一九。）得王廉生書，以蜀漢三闕拓本爲贈。又：（光，十，二，一一。）齊人王懿榮者，素附南皮，竊浮譽，後以妹妻南皮，益翕熱。其父以龍州僻小郡守驟擢成都道，致富鉅萬。懿榮旣入翰林，侈然自滿，揮斥萬金，買骨董書畫，昨忽上書爭京官津貼，又請復古本尙書與今本並行，言甚詭誕，人皆傳笑。又：（光，一三，六，二九。）王廉生乞譔其元配黃宜人志銘，此已有成議五六年矣，同居京師，而音問濶絕，今日始尋息壤，思之罔然。又：（光，一四，二，二。）訪王廉生，久坐，所居前爲廣尙書廣壽宅，廉生以萬金得之。　葉記：（光，一四，一一，二二。）訪王廉生，見藏石甚多。廉生云，陳簠齋藏器固爲天下冠，卽其椎拓之精，亦古今無匹，能知某器宜用某紙，厚薄大小，無不得宜。又云：劉燕庭之後，式微已極，至流爲乞丐。　翁記：（光，一七，正，一九。）訪王蓮生，遇端午橋，談碑讀畫，蓮生所藏無一不精。又：（光，廿，五，七。）特旨命王懿榮在南書房行走。

楊守敬

李記：（同，一三，七，一六。）楊惺吾守敬，湖北宜都人，壬戌舉人，爲輿地金石之學，書法極工。又：（光，五，十，二五。）楊惺吾以所拓漢熹平石經六紙爲贈。又：（光，六，三，二九。）惺吾將赴使日何如璋之招，聞何君辨東洋事頗有骨力，琉球滅國之事，漸有轉機。又：（光，六，一二，二四。）得楊惺吾日本書，言其國中古籍甚多，所見有唐人寫本『玉篇』，又有釋慧琳『一切經音義』，又隋杜臺卿『玉燭寶典』等，皆鈔本，其餘秘笈尙夥。隋唐以下金石文字，亦美不勝收。彼國自譔之書，與中土可互證者尤多。聞之神往，有懷鉛浮海之思。　葉記：

（光，十，八，一九。）得査翼甫書，知楊惺吾自東瀛携歸宋元槧不少。又：（光，十，九，一六。）翼甫附到『大藏音義』一部，三十六元，而黎星使購寄者，直祇十六元，楊君嗜利至於如此，眞出意料之外。翼甫伉爽無城府，爲所欺也。又：（光，十，十，七。）翼甫云：星吾售書，不允送來，而欲余往觀，其所謂宋元槧，亦皆不可恃。其人之離奇閃爍，無與比倫。聞有宋本藏經，以番佛三千尊售之宋軍門，欲其補全，卽藏其目。翼甫以爲鮑叔衡侯念椿之不如，誠哉是言也。又言星吾之詭譎絕頂，目錄之學亦絕頂。其宋本藏經，改易目錄，售於宋德鴻，旣爲一衲子道破，復作罷論。其所居宜都城磚甚古，皆刻字携之東瀛，善賈而沽。又：（光，一二，正，九。）『韻石齋筆談』有記王越石一則，楊惺吾殆其後身，何神似也。王記：（甲寅，四，三。）黎副總統設宴瀛臺，同坐楊惺吾，新從鄂來，老矣。夜上船，頗不便於行，余尙能扶之。

張行孚

李記：（同，一三，八，二三。）爲張子中同年（行孚）題『荷鉏帶經圖』，兼送其赴補淮安。子中博學，精天算。同年中如餘姚黃蔚農精算學，著『測地志要』等書，金華程勵卿亦爲此學。又：（光，五，三，七。）張子中來自揚州，見示『說文引蒙辨疑』。其于許書，極爲貫穿，所引大小徐及近儒嚴錢王諸家之說，皆能有所折衷，辨析指事象形異同之恉，及讀若之例，頗有挧發，其論多前人所未言。又得張子中書，津津言其說文辨疑一書，自喜特甚，欲余篇篇夸美之，此揩大習氣也，然其書郤有心得。

王慶祺

翁記：（同，一三，九，十。）上講書畢，皆退，已而中官傳旨，獨召王某入。又：次日臣龢與王慶祺偕入，而令臣下取詩本。既而命臣作菊影七律一首。有頃乃散。又有旨：掌院保南書房翰林，口敕寶鋆與王慶祺商酌。次日，特召王公見於乾清宮。　李記：（同，一三，一二，一四。）邸抄：侍講王慶祺，被劾忘親嗜利，微服冶游，品誼有虧，有旨革職。又：（光，十，八，二四。）同治甲戌之冬，都中有一對云：『弘德殿，廣德樓，德行何居，慣唱曲兒鈔曲本。獻春方，進春冊，春光能幾，可憐天子出天花。』指王慶祺也。慶祺之召入弘德殿，外間傳言以嘗在廣德樓歌院唱曲，遇穆宗微行識之。又素與內監交結，遂得供奉，寫里俗曲本進御，且時以市賣春冊獻。既聖躬不豫，人無不歸咎慶祺者。龍馭上賓，此對盛傳一時，言路聞之，遂入彈章矣。

王彥威

李記：（同，一三，九，二一。）同年王君弢甫（彥威，黃巖。）年少而惇行力學。又：（光，二，一二，二一。）王弢夫薄游邗上，有碧玉之眷，約登第後迎之。別後至京，三年未遂斯願，乃繢『綠揚春影圖』屬題。又：弢夫眷朱霞芬，乞題霞芬蘭影。又：（光，三，十，二一。）弢夫以大母病召歸，言歸非得已，里居之貧，甚于作客。余曰：『君大母已七十六矣，人生事父母已為難得，況君更有大母可事乎？貲郎冗員，復何所戀？』復以書告之。又：（光，六，正，二八。）弢夫以台州兵制公疏稿相商。又：（光，六，二，六。）比日窘甚，而索債麇集，今日弢夫饋京錢百千，雲門饋白金十二兩，兩君皆出典質之餘以救其窮，累及貧交，深用自媿，辭之不得，彌疚于懷。又：（光，六，七，一四。）弢夫乞為其大母林太淑人撰八十壽序。又：（光，八，六，一四。）得弢夫江南通州試院書，言其祖太夫人已棄養，今仍從黃閣學（體芳）襄試事，詞翰斐然，其學益進。又：（光，一二，六，二。）弢夫考送軍機司員，列第一，伯寅尚書所取也。（按王直軍機，南皮資以抄錄檔案，近印外交檔案，即所錄副本也。）

何澂

李記：（同，一三，九，二八。）何竟山自越來，以同知入都待引見，又以『洞天訪石圖』乞題，談永嘉孤嶼及桐江之勝，令人神往。又：（光，一四，七，二九。）聞何竟山病沒。竟山名澂，山陰諸生，能書畫，有才藻，後入貲爲郡丞，需次閩中，以能吏稱，頗留意金石，所收藏漸夥，亦精鑒別，嘗攝浦城令，宦橐頗充，而民不惡之。竟山鈔余駢文一冊，亟爲開雕，且屢求全集，將次第刻之，余方作書報之，而已爲古人矣，悲夫！

蔣益澧

翁記：（同，一三，一一，十。）訪蔣香泉（益澧），以爲偉人也，而臃腫無甚特識，以臬司被召到京也。　李記：（同，一三，一二，二七。）蔣益澧者，少與其父俱無賴，朱孫詒知湘鄉，捕其父子置之立籠，將押斃之，其黨潛入署放益澧出得免，而其父竟死。益澧投湘軍，積功至廣西布政使，年未三十也，遂驕縱，中允李載熙爲廣西學政，益澧屢侮之，嘗曰：『若六品官耳，不足爲我輿卒。』載熙不能堪，疏劾其冒餉殃民狀，降爲道員，旋護浙江巡撫，專浙事，橫甚，賄路公行。以始輕學政而被劾也，乃僞禮貌京官，京官之至者，必厚饋之，而杭士亦爭走其門，頗得微利，無不藉藉頌之。性奢侈，每出，則以紅頂黃馬褂者數人扶輿。又好男色，官吏皆薰香新衣以見之。及御史陳廷經編修蔡壽祺劾之，益澧憤甚，左宗棠復書慰之，有曰：『陳蔡之厄，雞鳴狗吠，不足介懷也。』益澧喜甚，出其書徧示坐客，時予在浙，親見之也。後遷廣東巡撫，以與總督瑞麟互訐，遂左降去。今夏以臺灣有警，密召曾國荃等八人，益澧獨先至，體肥甚，須二人挾掖以行。會穆宗已病，不得召見，寓法源寺，日怏怏，而朝官多往匃索之，益澧不能應，一日暴疾死。

鄧百萬

李記：（同，一三，一二，五。）邸抄：江南鹽巡道鄧裕功降同知。裕功湖北監生，家以販鬻積重貲，久居京師，自稱鄧百萬，狹邪賭博，交通賄路，無賴之下流也。商人訐其侵蝕公帑，始撤任，責其補完方劾降。

胡鳳丹

李記：（同，一三，九，十。）金華人胡鳳丹者，監生貲郎，今爲湖北候補道，蚩鄙之甚。向在京師，目不識丁，近日聞其好吟詩，與人唱和，刻以詒人，見者無不失笑，而香濤且爲之序。今日此人遂爲予言：香濤湖北學政任滿時，耗費甚鉅，非伊振恤之不得歸，小人不可與作緣，可以爲戒矣。

榮祿

翁記：（同，一三，一一，二九。）上病甚，太后召諸臣入視，命擇醫。榮祿曰，有祁仲者，年八十九，治外証甚效，可傳來診視。祁仲至，入視畢，言此痘癰發潰，倘非腎俞穴，冀可治，藥方未用，存案而已。又：（光，元，正，一二。）奉命相度陵地，與醇邸魁榮兩公請訓偕往。又榮侍郎携酒同飲，醉矣。（按翁榮交好，醉中榮漏言沈吳江失寵，伊實進言，翁述於恭邸，未幾榮遂斥退。廿載閒散，其怨深矣。）又：（光，元，四，一七。）仲華失子，意極戚戚。又：（光，二，二，八。）送榮太夫人喪，送者極多，塗車芻靈，窮極奢侈。又：（光，四，一二，朔。）訪仲華。仲華腰疾，延洋人刀割，出血數盂，壯哉。又：（光，一一，一一，一五。）榮仲華家被刦。　王記：（光，二二，五，一六。）看申報，榮仲華拜袞矣，又何晚也。　翁記

：（光，二四，五，四。）榮仲華厚餽，却之。又專使來，乃答受。　王記：（光，二六，六，九。）聞吳楚各省定自保約，蓋疆臣欲以恐嚇樞廷堅和議，或云出自榮相也。　葉記：（光，二六，六，七。）上月，榮相聞董軍移駐永定門備開仗，檄令調駐南苑，董云，從前受中堂節制，此時我奉諭旨，祇能前進，不能退後。榮相已下値，再請獨對，以太后硃諭出示之，始撤兵。又：（光，二六，六，一二。）攻使館，榮相懸停攻牌，大書高揭，而兵團熟視無覩，攻之益猛。又：（光，二六，八，一八。）聞榮相在保定。又聞日人以榮相不能守，不能死，又不能扈蹕以出，焚其邸第。　翁記：（光，二九，三，一六。）聞榮仲華長逝，吾故人也，原壤登木，聖人不絕，其平生可不論矣。　王記：（光，二九，三，一四。）電報榮薨於位，辰死午聞，可云迅速。又：（宣，二，一一，二七。）子久言鹿滋軒事，云榮祿妻卽靈桂女，師門交情也，爲鹿求官，不關妻妹。又：（甲寅，五，十。）作榮文忠故宅詩，榮居一品五十年，眞貴人也。晚好士，能薦達，不及曾侯者，士之咎耳。得一孟浩然而不能用，謚曰文忠，未爲忠乎。

朱學勤

李記：（光，元，正，四。）朱修伯，名學勤，杭州之塘棲人。其父名以升，道光丙戌進士，官直隸知縣，以經學名。修伯承其家學，頗知探討，聚書甚多而精。咸豐癸丑進士，由庶吉士改戶部主事，入直軍機章京房，不數年爲領班，官至宗人府府丞。丁母憂，服闋，補大理寺卿而遽卒，年甫五十耳。其在軍機也，深爲恭邸所眷，十餘年來，聲氣灼甚，外吏爭走其門，曾湘鄉左湘陰諸公皆頗惡之。然其人尙自檢敕，好與文士游，予識之在同治初，時方爲戶部郎中。及此次入都相見，亦甚致殷勤，予以其居要津，不甚答也。今聞其死，殊爲悵然，葢此人猶能讀書習掌故，在軍機中自勝餘人。又其儲藏既富，可以暫相借讀，今則此等人亦無之矣。

杜文瀾

李記：（光，元，正，十。）伯寅贈秀水杜文瀾所輯『古謠諺』一部。文瀾以諸生從戎，今爲江蘇候補道，屢署兩司，聞其精于詞律，有補正萬紅友之作。此書雖體例紛糅，出入任意，然以經史子集分編，采取博洽，亦可傳矣。又：（光，二，五，八。）杜文瀾『平定粵寇紀畧』，詳畧失當，敘次全無文法，不足觀也。

袁昶

李記：（光，元，正，一八。）袁爽秋（昶，桐廬人。）多聞善記誦。又：（光，七，六，二。）爽秋以近所抄得『夷船入寇記』及『庚申北畧』借閱。『庚申北畧』記庚申英夷入京事，事頗不覈，如云夷酋巴雅里于安定門樓駕礮內向，居民盡爲灰燼，並無其事，余時在都知之最眞耳。又爽秋以近文相商，其雅材好博，固一時難能之士，不可得也。又以夏初坐余齋藤花下五言古詩見詒，詩淵雅有古澤。又過爽秋，閱所購總理衙門新譯中俄交界圖，不佳。又：（光，八，正，一六。）爽秋爲高麗使臣金秉善乞題其母朴氏世講圖。圖名既甚不經，叙次尤極可笑，往時張香濤吳清卿諸人，噉名嗜異，喜與高麗人往還，余嘗歎笑，因致書爽秋還之。又：（光，九，三，六。）爽秋以攷試總理衙門章京論文送閱。自來試軍機及此衙門，皆限時四刻，以寫字十三行爲入格，行二十字，其文絕不成理，爽秋作論至五百餘字，經史紛論，蓋絕無僅有者也。惜哉，以此手試此論也。又：（光，十，二，三。）跋爽秋所校四十二章遺教經各一通，還之，得復書，叙昨題梵經，讚歎歡喜，此君語言之妙，固可愛也。又：（光，一一，正，卅。）爽秋近詩九首，頗清逸可愛，其詩多爲別調，一意求新，佳處在此，病亦在此。

葉記：（光，一六，八，一〇。）袁爽秋贈所著『漸西邨人詩』，詩筆精清曠朗，不着塵氛，在宋人集中，於涪陵爲近。又爽秋背誦杜詩如瓶寫水，記問眞不可及。又：（光，二五，五，二六。）訪爽秋，去年曾索交蒿隱碑跋一卷，忽云未見，且謂自改京秩，刻工已遣散，無力付梓，遂不贅一辭而出。又：（光，二六，十，二七。）爽秋二子衰絰踵門，稽顙流涕，英英靈爽。談次不忘家學，爽秋爲不死矣。云藏書百餘箱，當致命時，盡爲亂軍所刼，由內達外，門窗洞然。

許景澄

李記：（光，元，正，一八。）許竹篔（景澄，嘉興人，戊辰進士。）質敏氣銳，刻意學騈文，具有領悟，近治小學甚勤。又：（光，五，五，二七。）竹篔爲四川副考官，屬擬策問。又：竹篔歸，惠銀四十兩。余與竹篔交誼本疏，聞其此行，蜀裝非富，而分斯厚餽，深感過情。又：（光，六，一一，二。）聞竹篔被命出使日本。竹篔以甲戌歲爲故相文文忠保舉堪使外洋人材，至此始得之，卽可以侍講升用，且加二品頂戴。然坊局之選，得于蠶室；侍從之華，用以媚夷；吾深爲竹篔惜之也。又：（光，七，三，二。）得竹篔書，十日之間，連喪三子，可慘之甚。又：（光，十，五，廿。）竹篔使德國，來辭。竹篔好學有文，竺于友誼，翰林中所僅見。庚辰命使東洋，行抵上海，聞外艱歸，今復奉命。竹篔有老母，無兄弟子姓，遠適數萬里外，爲之愴然。

葉記：（光，二七，一一，一二。）劉葆良來談，其弟葆眞（可毅）前在大學堂與許竹篔待郎論勸拳匪，堂上堂下，聽者側目，後來之禍，實基於此。

陸心源

李記：（光，元，二，九。）有湖州舉人陸心源者，入貲為廣東督糧道，貪穢著聞，被劾開缺。閩督李鶴年奏調福建，委署糧道，遂專閩事。招搖納賄，屢與巡撫王凱泰競，去年凱泰乞病，亦以此也。及潘霨入覲，頗為當路者言之，心源復被劾開缺。鶴年怒，遂亦因事劾霨，有詔查辦。霨告病還蘇，而心源亦歸湖州矣。心源好為詩古文而不工，多蓄金石書畫以為聲譽，其鄉人言其險薄鄙詐，劣跡甚衆，一郡皆不齒之。然聚書極多，凡四庫所著錄及存目者，聞僅少三種云。

翁記：（光，一九，三，二九。）陸存齋觀察送字畫皆未受，著書甚夥，貌則甚俗。又：陸潛園書來，歷叙宦蹟，官興甚濃。又：（光，一八，七，六。）陸純伯（樹藩）以其父存齋所刻書見贈，人亦溫雅，陳伯商之門人，呼余為太老師。

桂清

翁記：（光，元，二，一七。）桂蓮舫（清）清，前直書房，以爭園工外轉，今以叩謁梓宮來京，留補工部侍郎。允矣爲君子人矣。又：（光，二，正，二二。）問蓮舫疾，坐談良久，其人有敦樸氣，洵未易及。又：（光，五，二，五。）蓮舫垂危，以遺摺囑改，爲之流涕，摺甚切至，蓋口授其姪端方，內用八數語特佳。又有毋忘庚申之變丁丑之災等語。又桂蓮舫病終，哭之過慟，君子道消，可歎可歎。

喬松年

李記：（光，元，二，廿。）河道總督喬松年，字鶴儕，山西徐溝人，故御史大興劉位坦之壻也。御史精于金石之學，收藏甚富，松年得其指授，亦喜書畫，能爲詩，而性不能人，卒無子

丁日昌

翁記：（光，元，四，九。）丁雨生中丞來談夷務，又招飲，晤陳蘭彬李鳳苞於座。又：（光，元，九，二〇。）得丁雨生書，寄帖子來，以兄自居。又：（光，三，二，一九。）丁雨生台灣函，洋洋千言，有八奇之說，如讀炎荒記也。又：（光，三，七，廿。）聞雨生卒於香港，爲

之於邑。雨生卞急其天性，而意氣激昂，才不可及。又遇余獨厚，斯才爲世愕已，後知此信不確。又：（光，三，一一，四。）得雨生書，大約疏請開缺，寄桂一枝，此人尙在可喜。又：（光，八，三，一四。）丁志德來見，雨生胞姪也，伊言雨生因賑捐事爲人侵冒，請地方官勒追，因此不協於鄉里，由是發怒吐血，遂卒。挽以聯云：政續張乖崖，學術陳龍川，在吾輩自有公論。文字百一廛，武功七二祉，問何人具此奇才。又雨生子惠衡函，爲請謚事，與伯寅談，竟未敢冒昧，謝之而已。又：（光，二二，四，二二。）丁惠康，雨生之子也，具言家世凋零，此人尙秀而口遲。

陳蘭彬　李鳳苞

翁記：（光，元，四，九。）陳荔秋名蘭彬，其人磊落，嘗至美國及古巴國。古巴誘致華民五六萬，伊以口舌爭之，今歸國，猶未得要領也。又：（光，元，五，一五。）崇明人李鳳苞，號丹崖，秀才捐郎中。從上海來，能算，頗知中外地理，與陳蘭彬均備專使絕域之選。　李記：（光，元，一一，二四。）上諭：郎中陳蘭彬，以三四品京堂候補。蘭彬廣東吳川人，癸丑庶吉士，改刑部主事。初在勝保軍營，後歸高州辦團練，累從劉長佑軍，至直隸，入曾文正幕。庚午天津夷務，其所贊也。旣文正悔用其言，而丁日昌薦之，于是加四品銜，赴西洋各國，領學習諸幼童，閱三年，託故還京言事，未報，因歸粵，遂有此擢矣。又：（光，二，九，一八。）出使之議，發于粵人陳蘭彬，蘭彬嗜利小人，敢爲大言，自以翰林改官，潦倒不振，祇以自便私圖，不惜賣國耳。　翁記：（光，十，七，二二。）蓀秋深悉各國情形，以爲法越戰局，終非計也。

李師泰　李沅

李記：（光，元，五，一六。）邸抄：詔湖廣總督李瀚章，前往雲南查辦事件。聞去年英吉利夷酋由雲南赴印度傳教，過騰越神護關，至猛卯土司境，土官之弟李四者，以軍功保至道員，領兵巡境上，遇之，酋出通商衙門所給護照責犒饗，李怒，盡執而殺之。夷人因責于我，必欲殺李四，朝廷以責雲南巡撫岑毓英。毓英旣素忿夷之無狀，又內畏李四，不敢討，游辭往復，思以金帛釋其恨，而英吉利遽以兵三千由印度駐緬甸境，示恐喝，滇人皆憤爭欲致死，毓英因馳跪請戰。詔嚴責毓英無妄動，廷寄十四諭相繼發，不知作何布置也。又聞湖南人李沅者，以軍功保至知府，去年赴滇，請之毓英，借數萬金，言赴印度爲貨易，毓英給之。沅旣得金，則募結楚中弁勇之在滇者，率數千人以去，時印度地已悉屬英，緬甸國土亦半入英矣。沅入印度，即奮擊英人，屢敗之，得數十城，衆至十餘萬，英人甚懼。故毓英外恃二李，而滇中諸將如楊玉科等，皆經百戰，多欲立奇功。廷議以戰既不可必勝，又恐其入據天津各海口也，故力尼之。李四或云名師泰，所殺英酋名馬加理，頗狡黠云。今命楚督往查，其事可知矣。

啓續

李記：（光，元，五，一八。）邸鈔：御史余上華，奏劾戶部郎中啓續，遇事把持。諭派查辦。啓續，曹中堂印也。予初入都，時戶部司員氣力最盛者，爲今順天府尹彭祖賢，今內閣讀學鍾佩賢，前太僕少卿德克津泰，候補京堂富續，皆肅順黨也。及癸亥觀政戶部時，則司員中今湖南巡撫王文韶，前嚴州知府丁壽昌，今山西河東道昇泰，最稱能吏。辛未再入都，則今四川川東道姚覲元，今直隸知府楊鴻典，前江西督糧錫縝，有三大將之目。今則啓續及郎中董傳翰，熏灼尤甚，其貪緣賄賂橫於曹中者，指不勝屈也。畧舉其最者而類次之，可以觀世變矣。　翁記：（光，一三，一一，一一。）啓廸齋（續）曾爲河南道員，爲邵積誠所劾革職。又爲黃兆樞保舉，交戶部查其政績，覆奏稱其能，而又斥其語言便給，非監司器，來遞治河條陳，蓋欲戶部轉奏也。

許鈐身

李記：（光，元，六，八。）上諭：候補侍郎郭嵩燾，直隸候補道許鈐身，派充出使英國欽差大臣。許鈐身者，錢唐人也，尙書許文恪之子。以捐班郎中，改捐直隸知府，今以保升道員，送部驗放，而即有此投，蓋李合肥疏荐也。後兩日始赴內閣驗放。聞賀左都袁侍郎等出語人曰：『今日驗放欽差大臣一員來。』中外傳爲笑柄。又：（光，二，九，一八。）許鈐身尤險詐無恥，洋人頗以其不由甲科，益侮辱之。

李玉墀

王記：（光，元，六，一二。）蘭丞言江西李玉墀字丹山，以同知在湖北，被何小宋劾罷，投俄羅斯。又入安南，今爲國王，故王阮甲已入內地矣。

許宗衡

李記：（光，元，七，一一。）許海秋名宗衡，上元人，咸豐壬子進士，由庶吉士官起居注主事，居京師，極負時名，歿後，伯寅刻其玉井山館集及筆記詩文，皆模擬桐城，絕無眞詣，記尤淺率，蓋道光以後名士，皆剽竊浮言，坐致虛聲，不知有根底之學也。

常大淳

王記（光，元，八，二七。）龢堂言常文節聞母疾，上疏卽行，或云不待命必革職，常云，此時何暇知有職。其居喪，晨必自掃庭室，皆其子孫所未及知者。

楊乃武

翁記：（光，元，九，廿。）訪夏子松，遇吳君仲愚，餘杭人也，爲楊乃武稱寃。又晤朱敏生，極稱楊乃武之寃。入署索葛畢氏原案，不得，怒斥之，僅而得見。細核供招，互異者一，可疑者二，疏漏者一，遂用余說駁令再審。又：（光，二，一二，九。）葛畢氏案，提驗屍骨無毒，皆具結矣。此案余首駁議，而松姪司審極用力，甚矣折獄之難，而有司者之不可不審愼也。李記：（光，二，一二，十。）楊乃武京控一案，聞昨海會寺開驗葛品蓮屍骨，皆白色，絕無毒也。此案初起，衆皆指楊謀殺，又傳實餘杭縣知縣劉錫彤之子遣人下藥，楊與葛畢氏皆不知情，鍛煉成獄。劉為大學士寶鋆鄉榜同年，皆欲右之。聞初訊劉猶恃老咆哮，及驗無毒，乃觳觫，齒相擊，俯首無辭。劉錫彤無論矣，若原審之巡撫楊昌濬，力庇屬員，顯抗朝旨；覆審之學政胡瑞瀾，朋比欺蒙，喪心鍛煉，至被旨駁問，猶敢堅執，今將何辭以對乎？

蒯光典

葉記：（光，元，十，二九。）蒯禮卿（光典）從金陵來，其人年未弱冠而篤志古學，亦一時之雋也。偕至虞山觀瞿氏藏書。又（光，一八，八，一八。）禮卿云：『本朝通儒不談經濟，不談掌故，錢竹汀宮詹有觖望，潛揅堂集為謗史』皆可駭也。

黃師誾

李記：（光，元，一一，二二。）編修黃師誾授廣西思恩府知府，思恩廣西極邊郡也，有瘴氣，多蛇虫，知府歲入止白金八百兩而已。　王記：（光，五，八，八。）黃師誾得其父石琴思子詩，讀之泣下，次日即告歸終養。

李雲麟

翁記：（光，光，一一，二五。）晤李雲麟匆匆數語，其人奇士，今將赴隴右爲左相差委，察其詞近俗，恐非任大事者。　王記：（光，二，三，一七。）聞李雨蒼已往涼州，乃文中堂（文祥）令繼左督之後耳。文猶有心於時事。又：（光，五，七，二九。）丁雅璜談李雨蒼言左相短，少荃不宜代奏，失大臣相維之道。又：（光，七，十，一六。）雨蒼娶蒙古王女弟，狄俗無嫡庶，其祖常受活佛記，言李雲麟當興蒙古，故強結婚，與生子，已十歲。又：（光，一八，六，二二。）得李雨蒼寄詩，雨月通押，駭人聞見，戲作二首嘲之云：男兒得壽已非奇，定遠封侯郤太遲，尙有蝸廬供笑傲，更無牛相賞嶔崎。胸中自鬱匡時畧，病後能吟出韻詩，伏櫪壯心千古恨，可憐張頷不曾知。又：（光，二六，八，二六。）昔胡詠丈以一軍窮雨蒼，是一塊試金石也，說大話者，皆宜一試。

奕劻

翁記：（光，元，一二，一四。）臣龢奉命授讀，與劻貝勒等同召對。又輔廷來長談，皆深談也。又：（光，七，九，六。）上滿書未開口，劻貝勒復上，敷衍刻許。又：（光，十，五，一三。）越事日緊，劻公見醇邸力言和局宜保全，邸拂然而起，不以為然也。又：（光，十，一一，八。）慶邸往拜榎本武陽，極意牢籠之，榎本語更桀驁，云高麗本自主之國，將來內政，日當干預。又：（光，一一，五，廿。）上命慶邸畫扇，而臣等題之。又：（光，一二，二，一二。）昨以李若農所抄探路記，託慶王付同文館用活字印行。又：（光，一二，九，一八。）劻公以俄人所畫衣冠圖進，其中其有似虎狼似鬼物者，此閻立本所未及見者也。又：（光，一三，二，二八。）祝慶邸五十賜壽，王公畢集，觀劇飲酒，送壽對云：『一時無兩詩書畫，不朽有三功德言。又：（光，一四，一一，一六。）詣慶王處看所藏字畫極多，然眞者絕少。又：（光，一六，四，四。）尋慶邸，懇其力持大體，不借洋債。云已定，不能回，允後勿再借。又：（光，一七，一一，一。）上在勤政殿，命奕劻帶同文館教習進見，講洋文，日為常課。又（光，二二，一二，一五。）施使責我無故開西江，而索與英一體利益，曰開礦，曰接路，礦指雲南，兩粵路至百色，限一年，慶邸抗聲拍案，余則索彼照會，伊氣餒：不肯繳。又：（光，二三，十，二八。）談膠事，慶邸激昂流涕。（按慶請領軍防守，翁笑云，邸以此為體面差使耶？慶因是大銜之。）葉記：（光，二六，八，四。）聞洋人請慶邸即日回京定約。又聞洋兵至清河迓慶邸。又聞慶邸回京，因合肥尚未到，不能主持和議，往拜各國使臣，僅見美日二國，餘皆未得其門而入。又：（光，二七，六，二六。）慶邸傳諭二十六日萬壽，家家門聯一律更新，且各掛紅燈一盞，以昭祝嘏之忱，禮也。又：（壬寅，二，二八。）陸鳳石言隆裕大喪，慶邸父子四人皆在津門，無一至者。

楊紹和　吳西川　殷源

李記：（光，元，一二，二七。）聞侍讀楊紹和，編修吳西川，庶吉士殷源，同日暴卒。紹和字協卿，河督以增子，乙丑翰林，守其父之藏書極富，宋槧至三百餘，爲海內第一，而略不能讀；家貲爲山左冠，而吝嗇特甚；工於夤緣，散館甫一年，即保至學士銜，以五品坊缺用。子保彝，年十七，中庚午舉人，亦以抄襲得之。紹和今年止四十六。西川字蜀江，秦州人，家極貧，初以拔貢官中書，至不能具饔飧，庚午辛未聯捷爲翰林，其年未四十也。源吳江人，吏部侍郎兆鏞子，癸酉甲戌聯捷進士，其人浮躁，貌似市儈，而工心計，極儇薄，以酒色耗損而死，年亦未四十也。楊吳死皆無疾，而吳頗馴謹，能讀說文，爲可惜也。

威妥馬

翁記：（光，二，正，十。）總理衙門約會外賓，邸及諸公均在，堂中設果席二，左右設果席八，午初陸續至，凡八國，就中威妥馬最沉鷙，赫德最狡桀，餘皆庸材也。英國威妥馬，年近六十，語無游詞，陰險之至。俄國布策滑，美國何天爵，在彼族中似樸實。德國巴蘭德，已白頭。奧國史福禮，此人歎此會難得，欲年年如此。日本森有禮，有靜氣，未多言。秘國愛勒謨爾，小身甚黠。法國羅淑亞，病足長身，老而譎。總稅務赫德，儀節疏慢，但畧持其冠，於中事極熟，能京語。同文舘總教習丁韙良，專談學徒事，近騃。又美國副使畢姓者，忽至余席上長談，其人年三十，不甚猾，問其讀何書，則繙廣事類賦也。

徐祺

翁記：（光，二，二，二二。）徐琪，字花農，有『漢書五行志注』，及『理學卮言』等書，年才二十六，何著作之多也。又：（光，三，二，卅。）看徐生賦稿，才華自詡，所得尚淺。

李記：（光，一一，一二，二五。）得同年徐花農編修書，並為余壽，書偉麗，詩亦一時之寶也。又：（光，一二，二，一四。）花農來，忽執贄稱弟子，固辭之，非分之施，交際所宜慎也。又：（光，一三，正，二。）花農同年，新納一姝，郤扇初朝，細詢姓里，乃其舊桃葉之妹，以金縷曲調之。

屠壽田

李記：（光，二，二，二五。）同邑新舉人屠壽田，字子疇，本名銑庚，言於癸酉歲改名壽恬。去年揭曉時，學政胡侍郞以爲犯御名，必欲斥去，正考官奎君（潤）力持之，且曰：『此字固宜避也，然公何以錄送入闈乎？』胡不能答，始得免，故榜後又改壽田云。

查翼甫

葉記：（光，二，二，二六。）查翼甫來，云欲仿『尙書地理今釋』爲『漢書地理志今釋』，其人好學，頗沉靜。又：（光，十，一二，二五。）訪翼甫，有楊惺吾日本內府刻『醫心方』，僅見一冊，皆容成之術，多述黃帝之言，雖不可爲訓，亦未見奇書也。又：（光，一一，正，十。）翼甫出所藏宋元本餳觀，中有中統本『史記』，錢警石手校，卽見於『曝書雜記』者。翼甫內家爲硤石蔣氏，此其匳贈也。又：（宣，三，一一，四。）老友査翼甫司馬來，現任松江海防同知，此次變作，革軍踞其署而逐之，携印出避，長談而去。

許應騤

李記：（光，二，三，二〇。）命翰林院侍讀學士許應騤甘肅學政，此甘肅設學政之始。應騤番禺人，聞其鄉人言，絕不知文字，亦隴凉之大不幸矣。又：（光，六，四，二七。）謁座師兵部許侍郎應騤，此公素以不學名，語言甚鄙，而驟由翰詹躐躋九列，甫以甘肅學政還都，即主會試。國朝兩廣人無得會總者，外間皆言其有捷徑，所未詳也。

沈韻初

葉記：（光，二，三，二四。）沈韻初藏弆極富，尤嗜漢唐石刻，如漢石經殘字，宋搨華山碑，海內所詫爲奇物者皆有之。英年早逝，良可痛惜。身後遺物，並藏吳清卿太史家。又：（光，一三，二，二五。）韓詩孫談沈韻初逸事，其金石之學，皆得之朱筱鷗廉訪。咸豐中，朱爲川沙同知，招韻初至署中。又：（光，一三，七，二六。）沈韻初中年遽逝，其太夫人慟之，即焚所藏，實爲人所哈，沈氏物固在，當時拉雜摧燒者，非兎園冊，即會計簿耳。前年趙撝叔歿，亦聞所藏盡爲盜刼，鄭盦爲之嗟歎，而不知亦沈氏故智也。又：（光，二三，七，二九。）沈肖韻來，願列門牆，以鮮於伯機墓志爲贄。又：（光，二七，三，一〇。）聞沈小韻翁玉行自南中來，挾貲購求書畫古玩，慢藏可畏。

郭松林

王記：（光，二，四，二〇。）郭子美提督（松林）來，索飯同食乃去。又約送五百金，姑待之。（按觀此則一聯千金之說，不足信也。）

楊仁山

王記：（光，二，四，七。）尋楊仁山文會，鏡初稱其佛法第一者也。又：（光，八，六，廿。）鏡初處有梵字往生咒，楊仁山能譯之。　翁記：（光，二一，四，二八。）楊仁山談，抵暮去，此人駃而沈摯。

耆英

王記：（光，二，四，十。）李黼堂言耆九峰（英）之險。又云，吳甄甫扣缺與鄧七丈，宣宗云，我放人總不行，他用人皆好，我偏不依，另放史致諤去。其後耆卒得力致督撫，而誤事不少，鄧亦因此中傷也。

瞿良士

葉記：（光，二，四，一五。）至常熟，寓瞿氏恬裕山莊，觀書，晤敬之濬之兩丈，至酒家小飲，當罏者亦瞿氏，忠宣之嫡孫。相傳忠宣殉難時，遺命子孫毋得應有司試，至今埋名屠沽，尙是忠宣家訓也。又：（光，三四，一二，二四。）端午帥密電，爲鐵琴銅劍樓藏書。良士保守祖澤，卽保守國粹，瞿氏有此佳子弟，賢於陸純伯遠矣。巧取豪奪，非鄙人所敢與聞。

僧藥龕　通智　雪舟

葉記：（光，二，四，二八）至清涼寺。寺僧藥龕藏弆甚富，初見未便索觀，壁間書畫，皆其下乘，有明人合景扇頭，乃知此習不起自近時。又：（光，八，七，七。）鄧尉聖恩寺有僧通智者，阮文達之孫，晏尙書之壻，精通三乘，彼敎中一大智識也。又：（光，一五，一二，六。

）杭州靜慈寺雪舟和尙，工六法，頗好鑒藏。

宜屋

李記：（光，二，五，一七。）且園者，滿洲同年宜伯敦（宜屋）所新闢也，別舍三楹，小足留憇，在城南李鐵拐斜街。

金保泰

李記：（光，二，五，二五。）金忠甫來，言某翰林幼貧窶，未識一丁，陷賊中數年，得出爲縣隸給役。有同陷賊者憐之，稍敎以文字，會杭州補童試，額多人少，竟得入學。居蕭山爲質庫司簿記。庚午開科，得題不能成比偶，遂混寫成三段，劉鐫山師素不喜時墨，得而異之，竟中舉人。次年會試，文亦爲三段，闈中又得而異之，竟中進士，入翰林。有杭人吳煦者，由小胥官蘇松太道，以此人旣貴而未娶也，妻以女孫，奩資數萬金，竟貴且富矣。甲戌散舘，改吏部主事，展轉乞要津求陵工，求實錄舘，於是炫衣服，飾輿馬，日徵逐於市，意氣益高矣。其人面黃而瘦，目小而無光，於相法必無貴徵，雖連得非分，恐其福薄耳。又：（光，四，八，一八。）攷試軍機章京，浙江取三人，其一金保泰也。保泰前十年尙逐劇場，賣水果，爲人吹火進水煙，未嘗識字，杭州皆知之，保泰亦自言不諱也。（光，十，九，九。）又：金忠甫書，送來沈東甫唐書，合訂八十冊，索直九兩，此書板近歸其婦翁吳煦家也。　翁記：（光，一八，五，一二。）金忠甫太保（保泰），去年江南主考，熱病二日而亡，可傷也。

潘敦儼

李記：（光，二，五，二六。）邸鈔，御史潘敦儼片，請改定毅皇后謚號，懿旨嚴加議處。敦儼江寧人，故雲貴總督鐸之子，蔭生，刑部郎中，近爲御史，聞其正摺，請開除醇親王差使，有子不得臣父，北面而朝，不免爲臣民所惑之語。語雖稍戇，誠今日所宜言也。其附片有聞毅皇后絕粒吞金之語，則誠謬矣。幸而朝廷寬政，不窮其事也。使詰以聞自何人，責其明白回奏，將何辭以對乎？然孝哲皇后去年之事，異論甚多，臣子之心，能無傷痛？敦儼入臺甫數月，乘亢旱之災，感激言之，君子當諒其心，無深責之可耳。

薛福辰

翁記：（光，二，五，二九。）薛君福辰來，此人薛曉帆之子，號撫平，能古文，通醫，十年前工部司員也。今爲濟東道，其政事未可知，獨於洋務言之甚悉，以爲中國無事坐失鳌金每年千萬，是大失計。又言破洋人惟有陸戰，陸戰之法，曰散陣、行陣、小陣、其守法則用滇黔地營，必可操六七成勝算也。又：（光，六，六，二三。）旨下直省薦醫，李相薦薛福辰，曾沅浦薦汪守正，與御醫李德立同至長春宮，召見請脈。又：薛與汪議論抵牾，薛云西聖是骨蒸，當用地骨皮等折之，再用溫補。汪云亦骨蒸，但當甘平。（次年病愈，皆得優賞。）

顧璜

翁記：（光，二，六，四。）新庶常顧璜，字漁賓，來見，才十九歲，美材也。其祖母南京避亂，依親於河南，遂冒籍，其父處館。又：（光，五，五，一二。）顧生來談，此人清挺有志節。

何如璋

李記：（光，二，八，一五。）何如璋番禺人，戊辰進士，其人齷齪下材，去年文相國等保舉堪使人員，列其名，近日定議以郭侍郎嵩燾爲西洋各國正使，而刑部候補郎中劉錫鴻以五品京堂爲之副。以直隸候補道許鈐身爲東洋各國正使，而如璋以編修特升額外侍講爲之副。　翁記：（光，九，九，二○。）何子莪學士新授船政大臣，來談，雖初見，知其有偉略，非以使才自詡者比。

陳其元

李記：（光，二，九，朔。）偶閱陳其元『庸閒齋筆記』，其元字子莊，海寧州人，由諸生官至江蘇候補州判，其書多載家世舊聞，間及近事，頗亦少資掌故。惟太不讀書，叙次又拙，不足稱底下書耳。其考據無不舛謬。此書本不足駁，正因其中屢自詡博奧，而書甫刻於去年，已有翻板，蓋短書小說，最易惑人耳。

方濬頤

翁記：（光，二，九，三○。）方子箴（濬頤）來送所著『二知軒詩集』及『叢說』，先文勤兄揚州祠事，賴其力得成，可感也。　王記：（光，五，正，二○。）看方子箴二知軒詩，頗有熟巧之境。子箴海琴，意興相似，廣交亦同，使當承平時，必勝於畢秋帆曾賓谷，惜其人未足供揮霍，而海琴尤窮，甚可念也。又子箴午中見除夕詩，戌初和韻來，舒卷自如，可謂敏捷。又：（光，五，正，二二。）子箴言前在慧山，有女冠名細寶，贈以聯云：『不知細葉誰裁出，如入寶山空手回。』語有風趣，興不淺也。又談南海舊游諸伶，艷跡盡散，此公風流自喜，不宜爲憲司耳。

繆荃孫

李記：（光，二，九，一九。）江陰繆筱珊庶常（荃孫），久客蜀中，讀書頗富，言姚彥侍爲川東道，購書及金石甚多，所刻咫晋齋叢書等皆已竣矣。又：（光，一二，二，二八。）雲南繆素筠女士（嘉蕙）善繪事，筱珊其族弟也。女士適人八月而寡，守節二十餘年，隨其弟計偕至京師，賣畫爲活，余屬其續桃花聖解盦塡詞圖。　葉記：（光，一二，五，二九。）訪繆筱珊，其寓繩匠胡同，國初徐澹園司寇碧山堂，卽在其地也。又筱珊云，在蜀中停舟夔峽，自搜得聖宋中興頌摩崖，徑十餘丈，撰書人皆趙氏，宋宗室。又：（光，一二，八，二八。）夏閏枝述筱珊因與掌院爭紀愼齋入儒林，大考，爲所中傷，前日接見同署，昌言不諱。又東海屬撰紀大奎傳，筱珊不允，余不能却，即此媿吾友矣。又：（光，一四，二，五。）蔚庭談及藝風黎邱之技，相與蹙頞。又：（光，二五，八，二六。）筱珊適北來，史館提調一缺，不啻虛左以待，乃云即日南旋，雲中白鶴，高不可躋，幸未以腐鼠嚇之也。又：（壬寅，九，二八。）聞藝風赴淸史館，任儒林文苑兩傳，張孟劬亦翩然行矣。又：（丙辰，八，五。）藝風以精槧易米，翰怡持目見示，宋本十四種，索直二萬元，不敢贊一辭。

章貞

李記：（光，二，九，一九。）會稽八章貞（碩卿），其父爲富順縣丞，不求仕進，獨喜讀書，收藏精槧秘本頗夥，刻有徐星伯校注漢書地理，嚴鐵橋校輯馬氏意林，皆世所未見也。又：（光，六，三，廿。）同縣章石卿（壽康，本名貞），自蜀入都，以知縣赴部。章君生長京師，後隨其父富興縣丞任，幼喜買書，不肯爲制藝應試，今年三十一，收藏舊藉精槧極多，勤於校勘，恂恂謙謹，吾鄉僅見之佳士也。又：（光，三，十，七。）爲章碩卿譔所刻式訓堂叢書序。又：（光，七，七，卅。）章碩卿在蜀刻書甚多，吾鄉好古勤事，無其匹也。

季邦楨

翁記：（光，八，九，二一。）季士周求致書丁雨生，爲仙九師請謚。　李記：（光，八，正，二四。）季士周者，名邦楨，廣東化州人，庚午辛未聯捷進士，官吏部主事，頗不持士行，爲鄉論所不予。忽有刻續虞初志者，所記皆季刦脅詐財，賣友無行，並及其帷薄，醜詆毒詈無不至，其書徧布於士夫。又：（光，十，十，一。）季士周爲長蘆運使，送學海堂課卷。又余所居爲季氏屋，已逾十年矣。

王文韶

王記：（光，二，九，卅。）聞恭王爲鎬仙移書王撫（文韶），問上林寺事，余云三者俱失之矣。鎬仙託於和夷以挾制地方官，王大臣不問民事而懼毀殺堂，王撫畏勢而不言其非，體紀安在乎？此事王撫當捕亂民，鎬仙宜置不論，恭王等若移書，當令奏明情形，治郭王曲直，今以三細民至驚動朝廷，亂之甚矣。又：（光，二，一二，二二。）崔姓來言王撫有二委員，著小泥皮袿，以崔烈女死爲自刎，迎合撫意，將和結云。又：（光，三，三，一八。）過劉故撫門，見王撫妻綠輿垂簾而至，嫗婢以百數，何用多人自隨如此，至人家又作何安插？此輩殊不解禮體，向見慈安太后弔四公主，女官宮監十許人耳。又聞巡撫大堂頻有人挾刃闖入，此何祥也。又：（光，三，一二，十。）看王撫出城，行裝備鹵簿，典制所無也。又聞曾劼剛跪留王撫，殊出情理之外，未知劼剛撞騙耶？糊塗耶？寶佩蘅裝憨耶？眞憃耶？又：（光，五，一二，二八。）論王文韶與邵亨豫，庸駑一也，而邵撫湘時，縱令崇福鬻官販缺，王遂居然明牧，亦可歎哉。　翁記：（光，八，十，二二。）王文韶以雲南報銷被劾，再請開缺養親，不准，已陳謝摺矣，而張佩綸連劾之，並有前席之對，遂優旨准其告養。又：（光，九，五，二一。）送王夔石行，夔石畢竟聰明，於天下餉源了了也。伊名爲送太夫人至通州，其實偕至天津聽信，如案結無事，便長行矣。又：（光，九，五，二五。）召見詢問雲南報銷案，惇邸意在從重，龢曰：『臣等依律擬定，豈能畸輕畸重，若再從重，將殺二人乎？此不足惜，特不枉法？如此枉法，將何以處之？』慈諭曰：『我亦無意加重，但須按律例耳。』又吏部奏雲南報銷處，諭曰：『此案別人無可惜，惟景廉當差無誤』。遂定如吏議，而景廉仍留軍機，王文韶等實降二級。又：（光，一四，五，二七。）王夔石來都，老瘦可憐也。又：（光，廿，一二，二五。）王夔石到京，亟訪之，鬚已白盡，精神尚好，派充北洋幫辦大臣。又：（光，二四，五，九。）王夔石來送，右耳微聾，面亦瘦，話別意甚長。

周盛傳

翁記：（光，三，正，十。）聞天津小站防勇持門，遂戕統領。小站之兵，乃開屯戍守者也，以辛苦賠墊多怨言，營官姚士禮斬為首一人，衆遂變，統領周盛傳往招撫，為所戕，此天津人所傳也。李相奏甚輕易，謂變者二百餘人，已歸伍，管帶姚士禮擬撤辦，然則周未被戕也。

盛宣懷

翁記：（光，三，三，二一。）盛荇生觀察（宣懷）來見，今之卜式桑羊也。又：（光，七，三，二六。）盛旭人來，以其子杏生被劾事及李相覆奏稿見示，此中事變，未易悉也。又：（光，八，正，二三。）盛杏生來談，因知為名醫費伯蓉之徒，請診脈。又：（光，十，七，廿。）得電無名，殆盛君所為，言日志併朝，俄涎吉江，皆顯露，云云。又：（光，二二，九，二九。）有旨詢盛宣懷借洋債集股票有把握否。約杏孫談，此人綜覈精能，若在農部，百事舉矣。

王家璧

翁記：（光，三，四，二○。）送王孝鳳（家璧）行，其人雖少迂，而有孝行，新刊詩文亦可觀。又：（光，六，二，二一○。）王孝鳳來，極談被劾之誣，此老究非貪墨者。（王以奉天府丞秉學政被劾。）

升泰

翁記（光，三，四，七。）答升竹珊廉訪（泰），其人富相國（俊）之孫，好讀書，稍涉理學，意氣未平也。（升泰由山西知府歷至駐藏大臣，光緒十六年定藏印條款，卒於官。）

恩承

李記：（光，三，五，五。）上諭，吏部左侍郎恩承之母許氏，年屆百齡，精神强固，洵為熙朝人瑞，著賞扁額一方。恩承字露園，聞事親頗能孝養，亦可嘉也。又英良之母百齡，亦有賜額。　翁記：（光，七，一二，一六。）弔恩露園，其太夫人百齡又三矣，露園尙兒啼，可敬也。又：（光，一五，二，二九。）祝恩相國七十壽，門庭悄然，可喜也。又：（光，一八，六，二三。）聞恩中堂病故，此人清鯁可惜。又露園事百齡之母甚孝，執喪有禮，喜看禮學書，頗能書，並能作小楷，居官不受人錢，與人落落寡合，余與之縱跡疎，而敬其爲人。

鍾文蒸

李記：（光，三，五，十。）趙桐孫寄來鍾子勤『春秋穀梁經傳補注，』鍾名文蒸，嘉善舉人，桐孫之師也。其書博采衆說，深研義例，用力數十年始成，近出諸書中爲卓然足傳矣。

段起　吳世熊

李記：（光，三，五，一二。）上諭，段起准其調補江南徐州道，從沈葆楨請也。段起本任江西督糧道，以前在江右貪穢妄爲，人人切齒，不敢復往，故有此調耳。江西人無不言段起之奸者，其在糧道，貪劣萬狀，至强納一衣冠女子爲妾，旋復棄之，衆憤甚，將焚其署，乃詐稱疾去，故沈爲違例請與吳世熊互調。又：（光，三，十，二九。）吳世熊者，杭州人，紈袴騃豎，不知其何以進。年未三十，卽任河道，方以縱盜被訐，糧道歲入三四萬金，得此回換，兩受其賜。

疆臣之欺衒恣肆，卽此可見，天下事尙忍言哉。

何金壽

王記：（光，三，六，一二。）何金壽本名鑄，昨疏劾郭筠仙有二心於英國，欲中國臣事之，有詔申飭。郭嵩燾毀其『使西記』版。鑄本檜黨，而不附和議，甚可怪也。

彭祖賢

李記：（光，三，六，二一。）彭芍庭府尹祖賢來，爲近議修順天府志也。以大興陳主事某所擬凡例總目屬閱，此事體大，而又前無所因，僅有明萬曆間謝尙書杰沈尙書應文所譔志六卷，蓋草畧不成書，余亦未嘗見也。又彭芍庭府尹送來『畿通輔志』等，又鈔本乾道臨安志，作書復之。余以修志事既非易，而經費又甚絀，且余名爲總纂，而共事者有一無知識之大興陳某，及狂謬自衒之同年潘某，分纂者有終日淫昏之杭人姚某，著名輕妄之粤人張某，又總纂之上有監纂者，故按察謝應禧等五人。意不得行，肘且多掣，已決計辭之，因先于書中言其畧。

柯逢時

葉記：（光，三，八，二四。）柯巽庵武昌人，秋谷丈分校鄉闈所得士也。又遜庵見示所作湖北三都賦，約作文課。又：（光，五，三，二十。）憶柯巽遜言刻書之佳劣，不在梓氏而在校者，苟能精校，不患非佳本也。此言良是。　王記：（光，二六，六，朔。）看柯巽庵運使（逢時）亦有老派，議論不離官話。

文錫　英樸

李記：（光，三，十，九。）昨霞芬言數日前已革內務府大臣文錫夜宴恭邸于家，招之侍飲，且演軟舞。軟舞者，所演皆小劇，都人謂之軟包也。恭邸語霞芬之師蕙仙曰，比觀一陣風演齣，嫌生旦脚色不多，以後演時，爾當分半班來，此柄國之經濟也。又言前日大學士英桂之弟英樸，以江蘇糧道督運至京，邀步軍統領榮祿及左右翼總兵成林文秀三人夜飲。招霞芬等五六人，達旦始罷，此金吾之功伐也。又一日公讌演劇，兼府尹侑書萬青藜至夜半不肯罷，必欲招西伶十三旦，屬苑平令鎖之來，言未畢而適至，萬卽離席膝坐，爲媚態以迎之，曰：『汝來何遲，幾得罪矣，幸勿怪，速上妝以慰飢渴。』此京兆之勤勞也。連歲大旱，而大小恬熙，時事如此，朝廷何以自存，我曹無死所矣。

弈紀

王記：（光，三，十，一五。）海老言弈紀於道光間扶卟，宣宗問國祚，判云：春秋明日。又問春秋何意，卟言不知，至今未知何祥也。

張佩綸

李記：（光，三，一一，一四。）邸鈔，侍講張佩綸疏劾陝撫譚鍾麟覆奏措辭過當，請旨申飭。張君豐潤人，庚午辛未聯捷進士，今年未三十也。此疏侃侃勁直，可爲香茗生色。余自見譚撫疏深歎外吏恣睢，朝官闒茸，而台中受其詬斥，竟無敢反脣相稽者，賴侍講此疏少存朝廷之體，特喜而錄之。張君仁和朱修伯大理之壻也。又：（光，八，四，一五。）張樹聲奏請派翰林侍講張佩綸赴津幫辦水師，諭毋庸議。張佩綸與樹聲之子賁郎某交甚狎，故有此請。佩綸遂不與考差以待旨，而不意其不行也。次日陳寶琛劾張樹聲擅調近臣，諭交議處。陳與佩綸日相唱和，此疏以掩外人耳目也，然太難爲樹聲父子矣。　翁記：（光，四，一二，一三。）張佩綸劾翁曾桂大員子弟，不應列京察一等，旨飭查，見張侍講原摺，甚切實，眞講官也。　王記：（光，八，一一，二七。）張佩綸超擢副憲，令人有口舌得官之意。　翁記：（光，九，一一，二六。）友樵呼余，告以將赴天津與李相商事，入則慈諭張某自請與李某談論，鼓舞其氣，此人奮勇能辦事，汝等有所見，不妨告之，令與李鴻章商酌也。　李記：（光，九，一一，二六。）聞劉永福爲法夷所敗，退入雲南，徐延旭亦退入廣西，張樹聲畏懦不敢出廣東，其白面少年如張佩綸輩，皆神氣沮喪，昨日召見佩綸，不能出一辭，惟請赴天津自效。又：（光，十，五，二二。）佩綸初娶，吾鄉朱修伯大理女也；繼娶邊寶泉女，醜甚，不禮之，娶一妾，惑之甚。又：（光，十，八，二四。）邸鈔，張佩綸奏參游擊楊金寶棄台退走，佩綸蒙面先逃，乃不自劾而以劾人，顏之厚矣。近日都中傳有一對云：『堂堂乎張也，是亦走也；倀倀其何之，我將去之。』謂佩綸與何子莪也。又：（光，一四，十，七。）聞合肥以女妻張幼樵，合肥止一女，繼室趙夫人所生，敏麗能詩，甚愛之，今甫踰二十，幼樵年四十餘，美鬚髯，已三娶矣。又張佩綸之入贅合肥署中也，仍用三品頂帶，合肥爲之行數萬金於海軍衙門，乞以道員簡放，張欲得四品京堂，而醕邸却之，以慈寧怒佩綸未已也。佩綸漸干預督署事，凡章奏文牘皆徑改作，幕中大閧。吾鄉景某爲合肥司章奏奏二十餘年，最練事者，首辭去，賓客紛紛告退，將空署矣。小人失志，遂爾披猖，可歎也。王記：（光，一五，三，八。）至直督府，遇張又樵。張惟談醫，不及論事，余亦未深言，與見諸名士迥異，蓋道不同也。又：（光，一五，四，一四。）張豐潤來談肅黨，云可作一書，恣意譏評，蓋猶世俗文人筆端之見，非知著作者也。又：（光，一五，七，二一。）幼樵出談，不以孝達爲然。

王升　史賢

李記：（光，三，一二，二一。）僕人王升史賢，皆阜城諸生，王升已補廩生，近日士之流品至于如此，雖由不自惜其名節，而時之不能養士，亦可爲極變矣。又：（光，四，二，三。）以書令僕人史賢裝訂，破損狼藉，怒而斥去之，北地秀才，不識丁甲，至不中爲人奴僕，無怪七十老公竟掇高魁矣。使此僕不是文章憎命，張李何難及哉。又：（光，四，五，一四。）舊僕王升，本名長榮，近歸阜城，求致書與編修大澂，乞一振務奔走之役，圖保舉作校官，不得已草一書付之。

慶陞

李記：（光，四，二，一八。）戶部右侍郎慶陞以病奏請開缺，許之。慶陞由太常寺贊禮郎，不十年驟躋卿貳，僉謂其贊導善謦欬，工趨蹌，爲政府所賞。然人材闒䢄，不識一字。其子尤無賴，向其父索金錢，不滿其意，輒愁詈，至相毆，近日以爭產舉銀鋌擲慶陞面，破額血流，不得已乃以忤逆告刑部，尙書桑春榮不敢問，屬人居間爲解之，而其子不肯服，慶陞不能出，始乞病云。

勒方琦

翁記：（光，四，正，五。）得勒少仲方伯函，極言蘇藩庫支絀，論及崇節儉，以爲浙燈小事，蘇公猶爭之，矧飛金等不貲之費乎，其言令人媿也。又：（光，五，七，二九。）勒少仲言東南民病由於銀貴，輸納者倍於乾嘉時，甚切要。又少仲談金石書畫頗暢。又少仲云，吐血不可服藥，但一味藕當飯，即能止，如咳，用白米極好者在露天受露氣數日，炒微黃研麵常服。又得勒少仲函，並運氣法。

羅嘉福　黃貼揖

李記：（光，四，三，二十。）聞山西河南自去冬已人相食，山西一人僅易錢一百四十。羅嘉福被檄往襄振務，行至中涂，其子忽不見，迹之，已爲人所食矣。黃貽楫襄振河南，偶出即被捡，解衣將刲，黃力自白，且出所懷文券，久之始得釋。

羊復禮

李記：（光，四，六，二九。）羊禔奮（復禮，刑部。）晨來速十刹海之遊，携兩姬同往，禔奮及其姬人已早在矣。借與侍郞（恩）第宅，臨街水榭三間，高槐老柳，夾峙門外，荷花百頃，亭苕滿前，眩色交香，風日尤美。禔奮更致酒饌冰果，食飲紛羅，晡後回車，復經南北海，倚橋柱延眺苑中晚景，薄暮始歸，可謂極清游之樂矣。又：（光，五，正，二六。）譔禔奮母太夫人八十壽序。太夫人許氏，歸尊公小峴文學，文學卒無子，禔奮以兄子爲之嗣也。又：（光，八，六，三十。）羊敦叔自吳門寄惠書籍，並以通鑑等數種屬友人易銀致余。

寶森

李記：（光，四，九，三。）邸鈔，詔，寶森遇有四川道員缺出，即行補用。寶森大學士寶鋆弟也，素無賴，前以知縣需次直隸，後加捐至道員，發四川，益貪鄙百出。今年春，川督丁寶楨忽特疏保之，謂熟悉邊情，才識卓絕，爲蜀中所僅見，且薦辦馬邊廳軍務，實無譽也。或謂寶楨惡其人，實欲使之去蜀，故請送部引見，加之擢用。或謂寶楨欲以媚政府，丁士彬因獻此策，爲具奏草，故言寶森能留意邊事，則不欲其離川可知矣。

張樹聲

翁記：（光，四，一一，一一。）張振軒中丞來，連日有起，其人樸誠，首以停捐爲造膝之請，可謂知所務矣。又：（光，九，六，二三。）張靄卿來，談越事，其尊人頗欲有爲，而苦粤東之空虛，甚可慮也。又：（光，九，八，二五。）張樹聲摺，以兵事自任，又請赴前敵，詞氣慷慨，傑作也。

英桂

李記：（光，四，一一，二六。）順天府奏：耆臣繙譯，鄉試中式，科分重逢，應否重與鹿鳴筵宴？上諭，予告大學士英桂，早年中式繙譯舉人，由內閣中書洊登揆席，現在鄉舉重逢，准其附入鹿鳴筵宴，並著禮部纂入則例。英桂辛巳繙譯舉人，繙譯向不預鹿鳴等宴，禮部以無例可稽爲言，故有此諭。

唐烱

王記：（光，五，正，二四。）唐鄂生（烱）坦直寡言。　李記：（光，八，二，二八。）邸抄：四川建昌道唐烱爲雲南布政使。烱貴州遵義舉人，張之洞之妻兄也，與徐延旭皆以道員超擢。又四川布政使鹿傳霖者，之洞之姊夫，徐延旭與鹿爲兒女親家，故一時鵲起。　王記：（光，十，正，二二。）聞唐拚命已逃回昆明矣。又：（光，十，五，一二。）稺公言，當密保唐鄂生，以挐問，恐倉卒正法，不及救也。徐唐貪位僥倖，正使殺之，亦所應得，況必不至死乎，乃以私交爲輕重。又：（光，二一，閏，二六。）拚命弄錢，念唐鄂生眞如一大夢也。又：（

宜，三，二，十。）唐鄂生子堅送年譜，求作碑，看唐自作年譜，殊不詳覈。又：作唐拼命墓碑成，殊不簡質。

楊銳

王記：（光，五，二，一五。）楊銳，字叔嶠，院中所稱高足弟子也。與談頗久，因習詩，爲說葛覃等三篇。　李記：（光，一一，九，一一。）四川人楊銳廣東人梁于渭皆得雋，皆一時知名士也，亦皆有才氣。然梁楊輕肆非國器，梁尤非端士，昔屢來執贄門下，余以雲門言力辭之。揚爲張之洞所賞拔，久居其幕下，聞爽秋言其險譎不可信，前日繆筱珊坐上遇之，王益吾盛稱其才，余終席氷襟，不交一言。

廖季平

王記：（光，五，二，一七。）廖生季平登庭，有志習公羊春秋，拙於言，未知其學何如。又：（光，五，六，十。）與廖季平論文，言古人文無筆不縮，無接不換，乃有往復之致。又相一婢，神似井研廖生，年十五矣，高僅三尺，揮去之。又：（光，一五，六，二一。）看廖生經說，欲通撰九經子史成一類書，亦自志大可喜。

錢振倫 錢恂

李記：（光，五，二，二九。）錢楞仙名振倫，戊戌翰林，告歸二十餘年，主揚州安定書院，遂卒於揚，年六十四。其人頗孤介有學，常熟翁文端其乙未鄉試座主也，以女妻之，而翁壻不相能，每詆翁爲不學，士論以此少之。所著有示樸齋駢文，聞其胎息義山，甚有唐法。又嘗與其弟篴仙共注樊南文集補編，余皆未之見也。近日翰林家居有文名者，楞仙司業與臨川李小湖，大理聯琇，出處相似。大理告歸時年亦甫逾三十，遂主講以終，所刻詩文集，聞亦多佳搆，去年亦卒于江寧鍾山書院矣。

翁記：（光，五，十，二五。）錢篴仙與袁君昶以口舌有隙，袁欲殺之，並作醜語痛詆，余力勸不足介意，將往平之。又籥仙姊丈病歿，訪篴仙商迎二姊來京，姊以年老不願來。又：（光，一五，三，一九。）錢篴仙之子錢恂來，送中外交涉表，甚好。又：（光，一九，十，一七。）與念劬談泰西事，有識見，於輿地講求有素，可用也。訪龔仰蘧星使，以念劬屬之，仰蘧以其與薛叔耘有違言，頗致疑，余切箴念劬令改。

李揚才

李記：（光，五，二，二十。）都中自去多坊市小兒忽歌云：『太平年，太平初，十八女兒想丈夫，媽媽好糊塗。』徧傳內外城，近日乃聞李揚才事。李揚才者，廣東人，歷從楚軍，積功至記名提督，別爲營部，防勦廣西，所部漸至十餘萬。去年署廣西右江鎭總兵，代者未定，巡撫楊重雅檄令去任，揚才乞緩期不許，且令遣散所部，揚才索餉亦不許，遂怒率所部出太平關，投書重雅，言中國旣不能容，當並力圖越南以自存活。迭破越南諸郡縣，直搗其國都，越南告急，法蘭西亦移書通商衙門，而揚才衆益盛，至百餘萬，遂克其都城。揚才自建國號曰新，改元順清元年，名所都曰太平府，豈童謠此之驗歟？

楊重雅

李記：（光，五，三，一三。）邸鈔：詔廣西巡撫楊重雅來京另簡。重雅江西德興人，辛丑翰林，嘗知成都府，頗有政聲，及爲監司，漸不振，撫粤西以不職聞，（李揚才之獄，被劾逼叛。）茲詔來京，行至湖南病死。

丁浩

李記：（光，五，三，一七。）瓊州府知府丁浩者，河南寶豐人，戊戌進士，咸豐壬子科，以中書副曾文正典江西試，中道文正聞訃歸，丁獨主試事，大被嘲笑。及由御史出爲廣西知府，貪競無厭，大吏患之。移瓊州，益婪酷。定安有縣役起宅當學宮前，縣紳張鍾琇等控於令，遂毀其宅。張爲故撫岳崧之第四子，役大恨縣人。王三者，積爲惡，與丁比，唆役控之府。丁旣得役辞，王三爲之謀，遂悉捕士紳掠治之，人責數千金，發縣嚴比。張故與丁同官中書者，來謁丁，丁拒之，張歸不食，歐血死。未十日，王三見張爲祟，暴死。丁聞之方懼，一日坐客次，忽起立，亟揖曰：『四哥何來？此事王三哥主之，無與我也。』又亟言不可解，家人覺其異，舁入內，而呼譽益急，不可止，未幾亦死，此可入還魂記者也。

童華

王記：（光，五，三，二三。）童華恩承來蜀查案，今奉寄諭，以藉詞遷延，飭令早去，此諭可謂明見萬里矣。次日二使出境，往看之，行裝纍纍，有四百馱一百餘扛云。其來百人，其去千人，可訝也。所費亦不過十萬金，而炫赫道路如此。

吳可讀

李記：（光，五，四，十。）吳吏部可讀（柳堂）自縊於薊州野寺中，蓋以穆宗立嗣事爲尸諫也。聞其人素慷慨，喜爲詩歌，不飾邊幅，初以爭成祿事鐫秩歸皐蘭，左湘陰甚重之，延主書院。比再入都補官，年已將七十，人竊以其再出爲疑，而閉門謝客，不復賦詩飲酒。前月大雪，忽戒車告其子以獨游盤山，如久不歸，當至山相迎也。蓋其再出時志已早定，欲俟山陵事畢，從毅皇帝于地下，孤忠獨行，二百年來所僅見者。然其疏專爲穆宗紹統，則不知帝王立後與臣庶異，凡嗣位者，皆爲子道，豈若民間必別立後人承祧傳嗣乎？

唐帽頂

王記：（光，五，四，十。）唐帽頂總兵友耕，字宅坡。帽頂者，俗以稱盜也，本昭通山盜投誠者，言語有小說氣，余誤問其所以至蜀，遂言之不諱。又：（光，五，一一，二。）終日對客不得休，人品以帽頂爲最優，議論以帽頂爲可聽，殊爲可慨。又帽頂談其微時遇仙事，雲南多依託神仙，其俗然也。

龔自閎

李記：（光，五，四，一七。）工部右侍郎龔自閎病故。自閎字叔宇，仁和人，尙書守正之子，甲辰翰林。吾浙人今官京師者：左都御史一人，童華，鄞人；侍郎七人，吏部夏同善，仁和人；戶部王文韶，仁和人；兵部朱智，錢唐人；刑部錢寶廉，嘉善人；工部孫貽經，錢唐人；而錢唐許庚身以大理卿署禮侍，爲近來之極盛，今龔之亡，弱一個矣。雖然，是八人者，合其學不及一當家之秀才，萃其力不敵一服田之老農，娖娖斗筲，何足算乎？

于蔭霖

翁記：（光，五，四，二三。）于蔭霖號次棠，翰林，講小學，潘左階稱其有志節。又：（光，一一，五，二六。）粤臬于次棠來，此君理學，操守第一，愛民之意甚切。又：（光，二四，三，八。）安徽藩司于蔭霖陳時政，謂宜用公正大員，舉徐桐崇綺等，而痛斥李鴻章臣龢誤國無狀，並謂臣之先人廉正傳四海，而龢不肖如此，其詞嚴厲。此摺留中，記此以自勵也。

謝夢漁

李記：（光，五，五，六。）謝夢漁名增，儀徵人，未堂侍郎（溶生）之孫，幼及見乾嘉諸宿，有時名。道光甲午舉人，庚戌進士第三人，官給事中二十年不遷，以前月卒，訃云年六十九，其實已七十外也。余與之交游二十餘年矣，雖性情非契，而文字可談，老輩凋零，亦爲可惜。又謝夢漁前曾死而復甦，初絕時，如入夢，至一官署，遇一士人，自稱同年薩大年，謂君不可至此，亟送之歸，遂復活。及檢同年錄，確有薩姓名，問之，已死數年矣。又謝夢漁初寓賈家胡同，舊有女子自縊於宅，白晝現形，其幼子驚死，夢漁叱之不退。因曰：『汝自有寃，奈何禍吾子？』鬼曰：『吾寃重，陰氣盛，君子自觸及耳，何不速遷？』夢漁曰：『汝不知吾窮耶？』因復問以姓氏及寃狀，鬼竟哽咽不言而滅。

豫師高雲溪

翁記：（光，五，七，一三。）豫錫之著論，理解得力於姚江之學，考其行事，似未然也。又：（光，六，五，六。）錫之深於禪，而於陽明之學多所發明，惜眼已盲，無所用矣。獨稱許今年墨卷。又：（光，一六，一二，二六。）赴豫錫之約，伊住一庵日圓通觀，在西長安街雙塔寺後，蔬肴清話，頗蕭散。又：（光，一八，二，七。）詣白雲觀豫錫之約，飲，方丈高雲溪，濟寧人，治蔬菜尙佳，亦俗人耳。又：（光，一八，十，七。）樂善公所在西四牌樓北大街西，錫之所糾建也，講書試時文甚勤。又看所紀險異，惜筆墨太俗矣。

單懋謙

李記：（光，五，八，十。）致仕大學士單懋謙卒於家。懋謙字地山，襄陽人，道光壬辰進士，在翰林以不學聞，廣東英夷之警，懋謙以祭酒爲學政，託疾歸，宣宗甚怒之，密記御屏，有永不起用之語。咸豐末，以見惡於巡撫胡文忠，不得已入都，驟至大用，庸庸粥飯中樞而已，朝論亦輕之，乃致歸。

張景和

李記：（光，五，八，二十。）晚赴張霽亭府尹景和之招，梅蕙仙生日也。客甚雜，坐有周阿五者，商城相國之逆子也，不相見者十餘年矣。今日與學士孫毓汶爭酒相持，出穢言，忽波及於余，余怒叱之，周孫皆逡循退入室，而滇人高某禮部遂默遁去，此所謂飲人狂藥者矣。

傅培基

李記：（光，五，九，二十。）昆明人傅培基，以進士官刑部主事。其姊少許字同邑潘俊，各隨父外任，寇亂道阻，不得成嘉禮，俊遂納妾生子。未幾俊死，培基之姊聞訃，慟哭請死，家人禁之，乃縗服誓終身不嫁，今十九年矣。俊子樹勳已長，入都來迎母，涓吉以今日適潘氏之門。培基庚午同年也。致柬於余，余深感其事，故記之。

王先謙

王記：（光，六，正，一八。）京師傳誦王先謙邪說一疏，極為丁公道地。又前傳有聯云：『體寶鋆心，杜寶廷口，出寶楨氣，可惜一寶押錯。繼壽昌志，逃壽慈事，救壽農命，居然三壽作朋。』　李記：（光，六，四，一三。）王益吾在闈中見余首場卷，即決為余作，錢辛伯亦以為然。屆填榜時，甫填十餘名，益吾即出告外收掌，先取墨卷視之，知為余書，亟入語，共以欣然。又送行卷祭酒，以甲戌房薦，故以師稱之。余甲戌會試出益吾房，李高陽首中之，及填榜，以詩多二韻易去。今年會試，益吾惟恐余之不得，及覆試，李公閱卷，以不置第一爲惜，余因稱情以報之。而益吾來書，深致媿謝，乃作復，與言平生師友報施之禮以廣其意。又：（光，七，三，一七。）王益吾輯『十朝東華錄』已成，送閱，並言近有選刻國朝古文之舉。又以所箸『漢書補注』屬閱，采取矜愼，體例甚善，其附己見，亦俱精塙，尤詳於輿地。又：（光，七，八，一三。）益吾新納一姬，有詩述其比年昆季子姪零落之感，太夫人望孫之切，情詞肫摯，殆不自勝。又：（光，七，八，一四。）得益吾祭酒書，贈銀二十兩，書云：『此非盜泉，不妨一勺，如或拒之，視非人類。』此可感也。又再得益吾祭酒書，贈十金，作書辭之。余近日窘絕，殆不能舉火，祭酒調知之，輟俸相餉，君子之交，其意甚摯，而辭尤婉，來自廉泉，非不可受，報以讓水，取其彌永耳。又屬譔左湘陰七十壽文，浙撫陳俊卿所託，潤筆百金，此荇丈及祭酒言之中丞，故得此饋，可感也。又：（光，八，三，六。）蜀人葉更端（大起）來，新選廣東長寧縣者，與益吾祭酒故交，今寓祭酒家，好骨董書畫，其名字可謂絕奇矣。 翁記：（光，八，四，九。）王益吾長於經學，人開張，可用才也。又王祭酒請頒發殿版各書。 李記：（光，八，四，朔。）益吾祭酒以所譔其母鮑太淑人年譜屬商定。祭酒太翁甚貧，以筆舌自給，與淑人侍母，生四子一女，祭酒其三子也。三子皆夭，太翁亦卒，淑人艱窶無不備至，冬月猶葛衣，近年祭酒迎養，擢官典試，色養甚隆，而祭酒連殤子女，其女兄亦早寡無子，觀其所述單悴之況，爲之咸涕。又：（光，八，一二，二四。）得王益吾長沙書，並詒新刻『續古文詞類纂』，專續桐城家法，甄別審愼，多有可觀。然尺木台山茗柯碩洲四家，實與桐城無涉，以之充數。而錢衎石及宗滌甫師與桐城桴鼓相應，乃反不錄，惜祭酒在都時未及與之商榷也。　葉記：（光，一二，二，一二。）王益吾學使歲考，建霞得首列，可謂破格拔人，吾鄉後起庶幾知嚮學乎。　李記：（光，一三，九，朔。）閱王祭酒擬刻『皇清經解續編』目錄，爲之考訂，擬去五種，增四十七種，家法謹嚴，必當讀者。又：（光，一四，五，一八。）得益吾祭酒江陰書，並劾太監李連英奏稿，其言甚激切，爲之憂念。　翁記：（光，一四，五，一九。）聞有王先謙劾中官李連英，留中未發。　王記：（光，二二，正，六。）往祭酒家看戲，請官場與武營，兼有諸爵主及諸名士，門多雜賓，信乎其雜也，惜其位望不足副之。又：（光，二五，六，二九。）蓮弟云，王先謙罵曾昭吉，一萬金送去矣。又：（光，三二，正，二。）王益吾請陪王爵帥，夜演鐙戲，久無此升平風景，人以爲侈，吾喜其存古也。又：（光，三二，一一，一六。）訪王祭酒，防中風，不能出矣，而貪居議長，不以讓余，令人怏怏。又：（宣，二，四，二四。）京報王孔葉楊革降，以言國會也，皆不用我言至此。又：（宣，三，八，二十。）聞一梧已蒙瑞督開復。又：（宣，三，十，二九。）王祭酒亦至上海，未被刦也。

林泂淑

翁記：（光，六，二，一七。）林小颿（泂淑），文忠之孫也。來談，其人沈實有識力。略言禦外當修內，修內不第在船砲，當盡力講水利，示大信，開煤鐵。又言其弟泰自英國習水戰歸，言中國非歐州之敵也。又言欲往各國密密游歷，眞有志之士哉。

劉崐

王記：（光，六，三，一四。）劉韞齋侍郎（崐）詩序：侍郎自湘撫內召，引疾乞休，遂居省城，文酒談燕，但招客不詣人也。庚辰春，余復有蜀行，設餞席談，因及京師宴集之樂，明內廷有供奉班，國朝因之，王公入坐聽戲，著爲典禮，故京師公私會集，例俱有戲，侍郎以余不及待其堂戲再集爲憾。往歲己未，覆試直省舉人，文宗命試臨風舒錦詩，侍郎分卷，取余第一，以班階置次第五。明年大駕東巡，天下多故，余從祈門軍中遂還山居，侍郎一主江南，亦遂外任，迄無座主門生之緣。侍郎撫湘時，大議征苗，犯疑謗，而克定之。今退老閒居，年過七十，旁無姬侍，與二三親舊，奏技謳歌，亦可紀也。又劉恃老免，高自矜置，前後撫湘者，皆其門生後輩，唯而不諾，此外更莫不降志，惟於余加禮敬，三辭其招而約益堅，可謂禮賢好士者也。

萬青藜　吳仁傑

李記：（光，六，二，一八。）邸抄，尙書萬青藜，太僕寺卿孫衣言，國子監祭酒吳仁傑，請開缺。引年之典，古今通義，知足之傳，仕宦美談，如三人者，皆非其比。萬素無行檢，冒利嗜進，頑鈍無耻，賄賂公行，小人之歸，朝野同辭，近被台抨，事皆有據。翁尙書以葭莩之戚，力相左右，得以倖脫，遂從輕議。自知爲公論所不予，前日續請二旬之假，姑請簡員暫署，以爲嘗試。朝旨竟如其請，倉黃失措，至於涕泣，今請開缺，不得已也。孫自命淸流，性耽文詠，洎爲藩臬，以老自恣，吸食鴉片，廢弛公事，一閒內轉，遽乞病歸，鄙夫殉財，素望盡喪。吳本寒人，甲子之歲，來應京兆，連捷春秋，遂入翰林，常熟龐文恪以女弟妻之，富貴頓來，干進益甚，政府寶沈二公，一爲乙丑座主，一爲震澤同鄉，助之速化，躐躋坊局，司成督學，滿志而歸，原情不同，負國則一，吁，可悲矣。

田秀栗

王記：（光，六，三，二四。）田秀栗來，字子實，知瀘州，所云送李鴻章妾，遺僕婦入督署鈔文書，探消息，及花盆埋金者也。聲名達九重，以爲必有異人，及見乃庸庸無奇，或云其能捕盜，熟視之，亦不似能健吏也。

黎培敬

王記：（光，六，四，九。）黎簡堂（培敬）談蜀政，甚有勤求之意，觀其才志，誠爲楚材之美，在楊譚以上，胡詠之一流人，聰明不及耳。又簡堂自言，其爲政常使後人有可循之績，無積壓之事，頗喜陳宏謀之書，近於讀書以飭吏者。又簡堂有攘夷之志，今督撫中所無者也。又送黎侍郎詩序，侍郎嘗撫黔，披荆棘，立軍府，戡定邊亂，艱苦之功，著於天下，及左遷四川按察，未一年被命督漕，超階酬功，寮吏咸喜，而失此治蜀之機，是可惜也。

劉恭冕

翁記：（光，六，四，二十。）訪落第通人劉叔甫先生（恭冕），楚楨先生之子，此君通達時事，不僅經生也。（後主講湖北經心書院，續成論語正義並補。）

沈曾植 弟曾桐

李記：（光，六，六，一一。）沈刑部曾植來，字子培，嘉興人，故工部侍郎維鐈之孫。又子培送行卷，久談，此君讀書極細心，又有識見，近日所罕覯也。其經文皆博而有要，策對西北徼外諸國，鈎貫諸史，參証輿圖，辨音定方，具有心得，視余作爲精密矣。又：（光，九，正，一四。）沈子培以小琅嬛仙館所刻述學等見詒，此余舊物，子培購於廠市，見有余題識，仍以見反，可感也。又：（光，十，四，一一。）沈子封（曾桐）自都來津，余荐之合肥督相，司筆扎也。子封之大父鼎甫侍郎，（維鐈工侍）合肥之太翁愚荃先生入學座師也。侍郎有清節，合肥言初入翰林時嘗謁見之。又：（光，一一，一二，六。）子培於西北邊事，考古證今，多有心得，尙論宋明學術，亦具有微言，此事知者鮮矣。子培兄弟年少好學，一時儔類罕見其匹，略爲發之，亦能起予。又：（光，一三，十，九。）子培欲以神僧傳與祟效寺僧易諸司職掌，爲諧價，以四金得之。 翁記：（光，一四，八，二。）沈子培來長談，此人博雅，惜少駿氣。又：（光，二十，六，二九。）子培談韓事有遠識，而語謇澀。又：（光，二一，一，十。）子培來談，意在開學堂設銀行也。又：（光，二六，四，六。）沈子培來訪，蔬談而去，云高陽致憾於吾。

葉記：（丙辰，六，二二。）沈乙庵與客談契丹蒙古畏兀兒國書，及牟尼婆羅門諸教源流，滔滔不絕。又：（丁巳，四，一五。）宋本草窗韻語二冊，蔣孟蘋以千五百元得之，紙墨鮮明，刻畫奇秀，出匣如奇花四照，一座盡驚，可謂尤物。沈子培稱之爲妖物云。

汪宗沂

翁記：（光，六，六，一六。）汪仲伊（宗沂）以所著逸禮及樂書數種見示，皆絕學也。長談一時，令人心折，且於時務亦極究心，經生中通材也，可敬可敬。

伍廷芳

翁記：（光，六，七，朔。）盧慶雲極言粵人伍秩庸者，熟洋人律例，有志氣，非徵召不至，不應諸侯之聘也。又：（光，二一，四，九。）添派聯芬偕伍廷芳送約，伍隨李相在長門，蓋喀使謂伍習於倭，而並舉聯以請也。又：（光，二二，十，二八。）美國駐使伍廷芳來談印花稅，謂可行。

李雨亭

李記：（光，六，七，八。）寶森書坊來告其主肆李雨亭死，此人知書籍原流精悪，爲琉璃廠中第一，尤喜與士夫交，亦近日之陶五柳朱文游也。余與之交有年，爲歎惜久之。

潘霨

翁記：（光，六，七，二三。）潘偉如（霨），由鄂撫丁憂，被薦來京，爲太后診視，今欲告假南歸。伊好善而能順民情，深於禪理。

夏震川

翁記：（光，六，八，一四。）主事夏震川請遞封奏，摺盈寸，辭以緩酌。彼語氣激昂，執定殺頭不怕，叩閽不辭二語，殆非平正人矣。乃即據呈代奏，與鈕玉庚等摺同發，傳旨閱看而已

李記：（光，六，一一，二九。）工部主事夏震川，富陽人，本窶貧，甲戌會試中式時，

年甫冠，以字劣不覆試，丙子覆試三等，丁丑殿試三甲，今年朝考三等，文辭陋甚，一無所知，而狂不可一世，其屢延試期，不過覬幸館選，其志趣亦可知矣。丁丑歲，聞其往見張之洞，言欲求教。之洞詢以浙中師友何人？曰，無可友者。問嘗識俞蔭甫、汪謝城乎？曰，不識。問曾識鍾子勤、黃元同、譚仲修諸人乎？曰，益不識。賓主嘿然，冰襟而出。出語人曰，吾今日見張之洞，固一字不識者也。今年九月，忽遞封奏，參樞臣十六款，工部堂官不肯上，固爭之，乃上，留中不報。震川大哭工部曹中，遂告歸，其所言不知若何，亦可謂一節之士。杭人傳其行止之狂妄，京師人傳其筆札之不通，衆惡之言，亦或過甚，然即此觀之，其人可想矣。

梁鼎芬

李記：（光，六，八，二一。）同年廣東梁庶常鼎芬（星海）娶婦送賀。庶常年少有文，而少孤，丙子舉順天鄉試，出湖南龔中書鎮湘之房。龔有兄女，亦少孤，育於其舅王益吾祭酒，遂以字梁。今年會試，梁出祭酒房，而龔亦與分校，復以梁撥入龔房。今日成嘉禮，聞新人美而能詩，亦一時佳話也。又：（光，八，十，二五。）應梁星海之招，圍爐小飲。星海年少有才，飛騰得意，字謂余輩，令再讀書十年，當不至此也。又：（光，十，五，二二。）作書致梁星海。

星海少年喜事，疏劾合肥，言有可殺之罪八。東朝大怒，幾罹重譴，閻敬銘持之而免。然中外傳以爲駭，此血氣之過，亦近日風氣使然也。　葉記：（光，一二，一二，四。）梁星海丙子同年，以彈李傳相掛冠，刻一印曰『年二十七歲罷官。』又：臨黃魯直梨花詩，吾友梁星海書與之絕相似，今日始知其寃臼也。　王記：（光，廿，五，二七。）聞張孝達猶重梁星海，梁名了不能憶，大盜之貌，而有穿窬之行。又：（癸丑，正，二〇。）漚寓梁鳳子紅頂朝珠來，云聞余前年頂珠待客，客皆無頂珠者，故特來補一客。李曉暾問其截辮，梁不欲答。　葉記：（甲寅，正，卅。）梁節庵奉本朝之命，守護崇陵，今之烈士，亦奇士也。又：（乙卯，五，六。）節庵以崇陵祭品餺餺一枚見賜，敬受之。又：（丙辰，五，一七。）翰怡設席，節庵同坐，不見二十餘年矣，神觀奕奕，談興甚豪，猶如疇曩，但頷下長髯亦白矣。今日時報即登寧垣嚴緝謀復辟梁鼎芬等，眞讕言也。

劉銘傳

翁記：（光，六，一一，二〇。）劉省三（銘傳）來，初見也。伊封奏言開鐵路事。又贈號季子槃拓本及其詩一冊，此武人中名士也。（後爲臺灣巡撫。）

全慶

翁記：（光，六，一二，四。）詣全師祝八十賜壽。又：（光，八，正，四。）謁全師，師言每日磕頭一百廿，起跪四十次，此法最妙。又：（光，八，四，一八。）全師奄逝，老成凋喪，其子尙幼，族人爭產，往解不聽，令其家人保護幼主，約同人爲議析產。又：（光，廿，六，十。）憶己未庚申間，余以院長全賈兩師囑，檢翰院藏書，至寶善亭，列架如櫛，今櫃內殘編，較從前不過十之三耳，永樂大典殘八百餘本，本院無書目，不能查對也。

任應準弟慶準

翁記：（光，七，正，二七。）高麗朝正正使任應準，致其弟慶準函及詩，慶準號蓮齋，於丁巳春隨其父來朝，廿年故人也。又：應準號澹齋，來拜，因留飦筆談。此君筆調不俗。明日答之，火坑曲屏，脫履而登，別有古趣。又：（光，八，一二，二八。）得朝鮮任蓮齋函，謂其兄澹齋以文字獲禍，將置海島，事猶未已也。

汪守正

翁記：（光，七，二，四。）汪子常名守正，汪小米之胞姪，所謂振綺堂汪氏，藏書最富者也。山西陽曲縣知縣，會沅浦薦醫來，爲西聖診病者也。　李記：（光，七，二，一一。）山西陽曲縣知縣汪守正，錢唐監生，巧滑吏也。去年西朝不豫，各省大吏多薦屬員之知醫者入京，守正其一也。其子某，隨入都爲貲郎，以九千金爲玉僊脫弟子籍，晉中久大祲，而守正囊橐之富如此，可憤也。又：（光，十，三，二二。）天津守汪子常來，其人老吏，倨而猾，以後不必見之。

李鶴章弟和甫

李記：（光，七，二，二八。）曾國荃請爲已故甘肅甘涼道李鶴章立祠。鶴章鴻章弟也，由廩生從曾文正軍得官，後佐鴻章勦江浙之賊，頗有勞，又從文正勦捻匪，乞病歸，以上年十二月卒。又：（光，一二，五，九。）庚辰同年李經世編修，訃告其尊人和甫觀察之喪，觀察年五十八，幼瞽，而善居積，故最富，合肥之季弟也。　翁記：（光，二八，一一，六。）李仲宣（經義）來，此人有綜覈才。（按經義爲鶴章子，先公與鶴章同用兵，太倉含山之克，先公力也，事平同引退，文忠贈先公詩，稱爲非常人，聞經義有子國英，能文章，惜未識面。）

任渭長

葉記：（光，七，三，七。）觀任渭長畫册頁一百二十幅，係其避地甬上時，取大某山人詩或兩句或一句繪爲圖，用筆之奇突，設想之變幻，傅色之穠豔，悸心眩目，幾於拍案叫絕。猶憶山鬼一幀，含睇窈窕，披薜荔衣，擁辛夷旗，騎赤豹，從文貍，皆與楚詞合，其他服飾器具，亦處處有來歷，末幅終以萬古名山斗室春，畫任與姚某伯像，其自負蓋不淺矣。

夏燮

李記：（光，七，三，二二。）夏燮，字嗛父，當塗舉人，父兄皆耆儒，承其家學，博涉經史，著書十餘種，昔年尙爲吉安永寧縣令，卒後虧累，其所刻書板，聞悉錄入江西布政司庫矣。

又：（光，七，六，三。）得平景蓀書，並夏嗛父所撰『明通鑑』一部，言是嗛父臨歿時以屬景蓀致予者也。

丁鶴年

李記：（光，七，七，七。）御史丁鶴年奏，禁內城十刹海等處，開設茶園。十刹海演劇，恭邸子貝勒載澂爲之以媚其外婦者，大喪甫過百日即設之，男女雜坐，內城效之者五六處，皆設女坐。近聞采飾串演，一無顧忌，載澂與所眷日微服往觀，惇邸欲掩執之，故恭邸喻指鶴疏上年，即日毀之，外城甫開演一日亦罷。又：（光，七，八，二八。）丁鶴年授重慶府知府。鶴年奉天漢軍，由辛酉拔貢爲工部司官。故事，漢軍無送軍機章京者，倭文端以館客故特道地之，遂入軍機，越年以員外郎改御史。今無京察無截取而忽有此授，以河督李鶴年有疏薦之，實則前日政府喻指一疏之力也。

王記：（光，九，八，一九。）丁鶴年母教子有法，入夔州，知府黃毓恩故與同館至好，嘗登堂拜母，至是送菜四盤，母不知爲黃送，怒責其子云：『入境而受餽遺，吾不忍見此。』命舟欲歸。子告以故，又請黃自謁母言之。母復數黃曰：『汝爲子友，有所餉而先不白吾，此自送汝同官，非送友母也。』辭不復受。黃又以路險遠，欲令先至重慶，母亦不可，竟居舟中數月，子到任乃迎致之。今年卒於官所，此宜特奏以勵之。

貝毓修

翁記：（光，七，四，一八。）海門鎮總兵貝錦泉毓修來見。此人漁戶出身，咸豐年即捕海盜，往來南北洋，左相所激賞者也。忠勇奮發，熟於沙線，年五十，可用之材也。

陳寶琛

翁記：（光，七，四，二四。）傳復書房。此乃陳庶子寶琛密摺陳請所得，若再遲，眞難爲功矣。自慈安大喪，已曠課兩月。　李記：（光，七，八，九。）陳伯潛來，不見。又：（光，七，九，一二。）都察院奏江蘇同知駱基賢誘姦民女一案，伊婦駱張呈訴被誣，諭交訊奏。駱基賢閩人，無賴，爲上海洋行小厮，積金錢得官，此以先圖娶十四歲女子愛寶爲妾，女兄不許，乃令其妻張與愛寶之嫂言，以愛寶爲義女，迎至其家，遂强姦之，事發治罪，而駱走使京控。陳寶琛欲爲具疏，陳汝翼以告余，余曰：『伯潛果上此疏，名節掃地矣。』汝翼乃力止之，而令控于都察院，其呈亦寶琛所爲也。後三年左宗棠始奏結。又：（光，八，二，二九。）翰林院侍講學士陳寶琛奏，江寧三牌樓命案，疑竇孔多，請查辦。寶琛疏言六可疑，專爲開釋洪汝奎地。蓋以事由沈葆楨主之，閩人祖護鄉誼，又以沈爲聖人，少年淺識，無足多怪，外傳其入洪重賄，當不至此。又：（光，九，三，朔。）作書致陳伯潛閣學于江西學署，勸其奏裁捐輸學額也。又：（光，十，五，二八。）詔曾威毅以全權赴滬與法議款，陳寶琛許竹篔隨往，寶琛懼甚。先以其祖父故廣東鹽運使景亮死，疏請期喪假，不許；復請假省其父，又不許；乃疏言口訥不善辯論，請別簡人。朝廷怒，嚴旨詰責不許。蓋寶琛本輕險之士，無膽識，又戀江西學差也。

劉璈

翁記：（光，七，五，二三。）新授台灣道劉璈（蘭洲，岳州。）來見，左帥幕中最得意者。其人能談，於水利事頗謂宜詳慎。伊言欲於永定、滹沱、清河三水合流處別開一河入海，然未親歷也。

王記：（光，六，五，二五。）聞人言劉璈將甘軍，頗有布置，階州瓜子溝回衆所聚，人莫敢往，璈至移屯，四日而盜酋並獲，陽撫餘衆，以待其懈，將才也。

傅雲龍

李記：（光，七，七，一七。）湖州人兵部主事傅雲龍，字懋元，近分纂『順天府志，』撰方言考，以所作補正程奐若『說文古語考』二卷求閱。又：（光，七，八，一四。）經十剎海，過傅懋元門，閉戶草長，秋花滿院，知其人不俗。又：（光，一二，一二，二。）傅懋元以其尊人行述呈閱，乞為墓志。其文字喜為澀體，然尚不俗。凡學唐小家如樊紹述劉蛻等者，每易犯此病，蓋求免庸熟，而不能雅馴也。又：（光，一三，四，一四。）通商衙門考試游歷人員，聞取二十八人，兵部傅懋元第一。大抵非窮途無聊，即行險徼倖者耳。又聞懋元此次試自明以來中外交涉論，引證甚博，且推原化學重學汽學之法，實本于墨子，此近人鄒叔績等嘗言之。國家考試，至有出洋游歷一途，而應之者不乏考據之才，亦近日風尚使然也。又懋元頗欣欣有得色，可謂人各有志矣。

翁記：（光，一五，一一，一一。）傅雲龍從日本游歷歸，贈所著書甚多，其人筆下極好。

黎庶昌

翁記：（光，七，九，二七。）訪晤黎純齋（庶昌）於總署，其人開展篤實，眇一目，今充日本正使也。又：（光，一七，二，二六。）黎純齋使日歸，言日本深忌俄，而願與中國和洽，伊有密奏，謂宜固中日之交，冲繩可置勿議云。

倪壎

李記：（光，七，一一，二三。）吾鄉倪署正壎，浮沈胥吏，輕躁不學，而頗好古，三十年來，日徘徊舊攤小肆間，摩挲骨董，出入販賣，家甚貧，亦藉此自潤，頗能辨識眞贋，爲都人所推。一事能專，亦足流譽士夫矣。

曾廣鈞

王記：（光，七，一二，一九。）曾栗諴之子廣鈞以書來，索觀撰著，文詞頗復斐然，與書勉之。又：（光，八，正，三。）曾郞重伯來談，博涉多聞，較余幼時爲有門徑，語亦不放蕩，美材也。惜生華膴，譽之者多，恐因而長驕耳。又：（光，八，十，一六。）曾郞送詩，共看賞之，以爲今神童也。又：（光，一三，八，二。）聞曾郞娶良爲妾，當興訟，往問之，云帥姓女，曾發八字，已入門矣。　翁記：（光，一六，五，八。）曾襲侯卒，重伯來見，力白其家庭無勃谿事。察其詞氣，蓋亦無他，不過少年狂逸而已。　王記：（光，二七，四，一六。）庸松言神童見鬼，疑唐才常等爲祟。又：（宣，二，二，四。）重伯送其母詩本請序。序云：重伯當成童時，自京師歸長沙，左季丈郭筠兄與語，皆敬爲天才。數過余，每談輒移晷，或至夜分，必有一老僕隨之，余心知其母教嚴也。見其兩弟，恂恂如村童，益歎其母之賢。又聞其女子皆能書畫，工詩文，益心異之。曾氏子弟並有異才，而重伯獨秀逸，有名士之風。今最錄其母夫人詩，皆紀事書懷之作，既不求工，而自然見其性眞，非有學識莫能爲也。云云。又：（甲寅，五，一○。）薦任重伯爲國史館秘書，亦翰林有文材者。余以修史當用翰林也。

金重容

翁記：（光，八，正，七。）晤高麗使臣金重容，年六十三矣。又見朝鮮金石山所著散體文，甚古雅，具有韓歐軌範，歎賞不已，爲作書後一篇。又金使一日數書，必欲來過，以外交之戒辭之。答詞怏怏，不得已訂期茗談，與行人曹學士東谷同至。金詩筆亦老健，曹則稍遜，然明敏也。八

江標

葉記：（光，八，二，一○。）江生標來從游，汪郎亭所薦。又：（光，九，六，二八。）建

霞云陶子續編修藏有『大藏音義』，爲諸儒未見之書，共一百卷，從其中搜緝許愼淮南子注，亦一鉅冊，他可知矣。編修甚秘其書，不輕示人。又建霞書論辞禪之異，頗有折衷。又：（光，十，九，三十。）建霞寄所篆說文部首，仿石鼓文，頗有進境。此子天分絕人，余所見蒯禮卿外，殆無其匹。今更能潛心樸學，眞不可量矣。又：（光，二一，正，三〇。）建霞述其外家華氏藏書甚富，後人俱不好古，羣稚隨意棄擲，即扃閉者亦多飽蠹魚。然向之或借或售，則護持如頭目腦髓，可謂書之一刼。又云：崑山趙靜涵名元益，亦華氏甥，今藏書尙多，能讀能守。　王記：（光，二一，正，二〇。）見學使江標建霞，清於馮煦，腴於吳撫，似是有用材。又屬題江藩募梓圖，並塡小詞頌華蘭貞，江學臺母也。又：（光，二一，正，十。）聞呵殿聲，學臺停轎，門無一人，自出接帖，周媼送茶，江編修已入矣。縱談三時許，兩餂一粥，上鐙乃去。　葉記：（光，二四，八，二一。）邸鈔，四品京堂江標革職嚴管。靈鶼目動而言肆，趾高而氣揚，早知其有今日。又：（光，二五，正，二九。）聞建霞新遭回祿，盡失所有，禍不單行，可憐可歎。又：（光，二五，十，二九。）聞建霞噩耗，嗚呼！建霞竟死矣！天生美才，不善用之，摧殘沮抑，至於不永其年，良可痛惜。余著藏書紀事詩，得罪樞要，十年沈頓，潘文勤師甫欲付梓，騎箕遽去，今建霞刻成而逝，豈眞爲不祥之物耶？又善化俞同年談建霞督湘學，臨行與葉煥彬交鬨，幾成笑柄，不滿於葉。而云建霞在湘士論有去思，皆平情之論也。

剛毅

翁記：（光，八，二，一二。）剛子良毅來，言廣東民稍健而官疲，惠潮等處積案不問，以致械鬥，倉穀不儲，以致無以備荒，故爲矯之，此人結實人也。又：（光，一一，九，二七。）剛子良晤談，以所刻『牧令須知』『兵事聞見錄』見贈，並『律例總類』。此君清廉明決，特沾沾自喜耳。（按世傳剛毅不識字，余嘗見其少時課藝，寫作俱佳。）又：（光，二三，三，二四。）子良挈其子來，令賦詩寫字，年十二，端重，詩拙。又：（光，二四，三，八。）剛君與余論事未合，然其人直，可恕也。　葉記：（光，二五，正，一八。）聞貽靄人云，剛相屢面保龍殿揚，慈聖問人才究竟何如，剛相奏云：『此眞奴才之黃天覇也。』樞廷傳爲笑柄。　翁記：（光，二六，九，六。）報云，剛子良死於聞喜途次，爲之一歎。

張之萬

翁記：（光，八，十二，一五。）晤張子靑於朝房，伺斐鑠也。又：（光，一二，四，一三。

）殿試閱卷，有一卷余謂當置一甲，張公不可，爭之不得，後張公忽以第四易第三，問余可否，余笑應之，張公立時粘籤矣，折封馮煦也。又：（光，一二，八，二七。）子青中堂招觀劇，醇邸樞廷及內廷諸君咸在。又：（光，一三，四，二七。）赴慶和堂張子青協揆之招，陪賈湛田，平樓憑眺，正臨十刹海，荷葉翻風，極適。　李記：（光，一四，三，七。）南皮協揆酷喜雜齣，近有理藩院吏越人韓某之子韓六，及兵部書吏魏四等習唱爲優，名清票子弟，皆旦脚，以蕩艷名一時，堂會公宴，非此不歡，南皮尤奇賞之。六有兩兄，皆入貲爲刑部郎中，六亦需次順天通判，而纏頭獻技，畧不爲恥，都中士夫流品溷淆，風俗卑汚掃地至此，而當國鉅公，巍科先達，以此爲經濟，亦歐後浪子之罪人矣。　翁記：（光，一五，二，二九。）自張相國管戶部，到任後凡三交名條，恐奔競者紛來矣。又：（光，一八，十，二九。）樞廷禮邸項生瘤，頗相患痔，孫公足疾，昨許公傾跌傷鼻，今日惟南皮相國獨值耳。又：（光，二三，五，一五。）南皮張公仙去，平生喜慍不形，眞大福相。

鍾某

李記：（光，八，二，一六。）兩日在文昌館觀劇，見吾鄉鍾某（家世爲吏）之女三四人，年皆及笄，韡足巾額，爲男子服，而耳飭珠翠，面傅脂粉，雜坐樓梯之側，駢肩擁背皆屠沽也。時或對鏡撩髮，褰裳露袴，佻態百出，衆人指目，坦不爲意，此亦人妖矣。衆皆指之爲鍾家女云。

馮焌光

李記：（光，八，八，一一。）閱馮竹儒『西行日記』，記其赴伊犂覓父柩事也。其父名玉衡，候選知州，咸豐初隨賽尙阿廣西大營，還京後，其僕訐其通賊，戍伊犂。竹儒南海人，以舉人入上海製造局，不數年捷任上海道，其父病死伊犂，已十七年，始請假往迎柩，而先遣其族父單行探視。據言尸柩已失，于土中掇拾殘骨，馱之以歸。竹儒一路逗留，甫出玉門，卽與偕反，竟未一履其地。此記中惟誇其將迎之盛，聲氣之廣，所至宴會，流連風景，及歸抵上海遽卒。督撫遂以孝行請旌，國史竟列之孝義傳，而其父以大辟未減者，至稱之曰忠魂，此眞今日之忠孝矣。

陳桂芬

李記：（光，八，九，二三。）天台陳子香病殁南雄副將署任中，年三十六。子香，名桂芬，戊辰武狀元，拔力冠時，而人儒雅。留心吏治，喜親士大夫，與余僅一二見，見必執弟子禮甚恭。至粵後，屢通書問，皆用細書如稟狀，並有饋贈。聞其在肇慶參將任，嚴裁陋規，勤力操練，今忽隕謝，深可惜也。

文廷式

李記：（光，八，九，一三。）順天鄉試揭曉，第三江西人文廷式，云是近日有文譽者。王記：（光，一三，五，七。）文廷式道溪來約會談，至則已出游矣。與長者期約而不信，未必自知其非也。又：（光，一四，三，二十。）重伯會文道溪、梁星海、陳伯嚴、羅順孫飲談，重伯言文道溪無禮，衆皆不然之，未知何如也。陳子濬來言，文以余言彼與醇王倡和，疑其譏已，故盛氣相陵，則余戲謔之過，談中其隱故耳。　翁記：（光，一五，五，二四。）考試中書，汪柳門所取爲第一名，余曰：『或者江西名士文廷式乎』榜發果然。又：（光，一六，四，一七。）閱貢士覆試卷，見嵩犢山處一本挺拔有偉氣，余與伯寅柳門力贊取爲壓卷，遂定，折彌封，文廷式一等一。又殿試閱卷進呈，第二文廷式。上云，此人有名，作得好。又，恩榮宴，鼎甲不願行叩拜，文廷式力言古者拜非稽首，引說文字義爲辨，迨余等出，而鼎甲三揖，余答一揖，觀者愕然。徐相欲傳三人至翰林院申斥之，其實何足道。又外間以文廷式得鼎甲，頗有物論。又：（光，二一，三，二五。）大考卷下，傳旨第一毋動，餘皆可動。　王記：（光，二十，四，一八。）大考單第一即閭閻也，實爲可笑。此人必革，第一例不善終也。　葉記：（光，二十，九，八。）道希木齋約赴謝公祠議聯銜奏阻款議，及邀英人助順。又，道希主稿，請聯英德以拒日。　翁記：（光，二十，一一，一〇。）文學士彈濟寧，詆訾過當，上亦不甚怒也。次日太后見樞臣，論及言者雜遝，如昨論孫某，語涉狂誕，事定當將此輩整頓。又：（光，二二，二，一七。）楊崇伊參文廷式，摺呈慈覽，發下，永革驅逐，楊彈文與內監文姓結爲兄弟。又聞前發黑龍江之太監王有聞德興，均就地正法，聞即楊摺所謂文姓者也。上年有奏事中官文德興者，攬權納賄久矣，打四十發打牲烏喇，聞有私看封奏干預政事語，蓋慈聖所定也。又聞昨有內監寇蓮才者，戮於市，或曰上封事，或曰盜庫，未得其詳也。　葉記：（光，二二，二，一七。）道希爲楊辛伯所糾，牽涉松筠庵公摺及內監文姓事，革逐回籍，鉤黨之禍起矣。

寶廷

李記：（光，八，一二，三十。）侍郎寶廷奏，典閩試歸途中買妾，自請從重懲責。諭交嚴處，旋議革職。寶字竹坡，宗室，素喜狎游，爲纖俗詩詞，以才子自命。癸酉典浙試歸，買一船妓，吳人，所謂花蒲鞵頭船娘也。入都時，別由水程至潞河，及寶廷由京城以車親迎之，則船人俱杳然矣。時傳以爲笑。今由錢唐江入閩，與江山船妓狎，歸途遂娶之。鑒于前失，同行而北，道路指目。至袁浦，有縣令詰其僞，欲留質之，寶廷大懼，遂道中上疏，以條陳福建船政爲名，而附片自陳，言錢唐江有九姓漁船，例備官坐，舟人有女，遂買爲妾。明目張胆，自供娶妓，不學之弊，一至於此。聞其人面麻，年近三十矣。寶廷嘗以賀壽慈認市儈李春山妻爲義女，劾之去官，故有人嘲以詩云：『昔年浙水載空花，又見閩娘上使槎，宗室八旗名士草，江山九姓美人麻。曾因義女彈烏柏，慣逐京娼吃白茶，爲報朝廷除屬籍，侍郎今已壻漁家。』一時傳誦，以爲口實云。

陳寶箴

翁記：（光，八，一二，八。）陳寶箴來見，字右銘，江西辛亥舉人，能文，新投浙臬。又：（光，二一，正，一六。）督辦處請陳右銘商事，右銘嘗從曾文正營，頗知兵機，其言以游擊之師爲主，津北津南須分兩大枝兵禦之。又：陳右銘於召見時請讀『周易折中』，其言懇切，廷臣中如此者希矣，甚服其學有根柢，講易以中爲主。又爲余診脈。　王記：（光，二八，六，一一。）陳幼銘革職時，或爲聯譏其子三立云：『不自隕滅，禍延顯考，』云云。一若明以來四百年俗套訃文，專爲此用，亦絕世奇文也。

張曜

李記：（光，八，一二，八。）得張朗齋（曜）提戎喀什喀爾行營書，並惠銀四十兩。張君本杭州人，而籍大興，余與之絕無平生，乃萬里致書，極致傾挹，此眞空谷足音矣。又得施均甫蔣子相兩同年書，皆在張君幕也。又：（光，一一，二，六。）張朗齋來久談，言其高祖官於濬縣，始由上虞遷杭州，至其祖父始占籍大興，皆以科名起家，先墓皆在杭也。又書致張朗齋，爲鄉祠工費甚鉅，勸其助千金，得施均甫書，言朗帥許助修祠費千金，此公眞可人也。又：朗齋尙書巡視黃河，饋百金爲別，時尙書治都城濠新竣，作詩送之。　翁記：（光，一一，六，朔。）晤張朗齋於朝房，以提督改授巡撫，未易之遭逢也。又張朗齋來談，本非武人，極明白，極閱歷也。又：（光，一一，一一，一一。）張朗齋中丞談河事頗有識，伊久在河南，熟悉也。又：

（光，一七，五，朔。）嵩武軍欠餉六十餘萬，奉諭停發，今復請，當據前旨駁正。而張相國則已交糧房照行，奇矣哉。又與青相談山東欠餉，彼先入東撫及善後局之言，不惜以民膏填債壑矣。又：（光，一七，十，三。）司官來言張曜洋款，眞是奇談，然不能駁也，只得模稜。　王記：（光，一七，八，九。）陳雋丞言張朗帥正吃鴨子，忽然而死。醇王儲以代李者，今李尙存，而其人先死，信難測也。

何秋濤

李記：：（光，九，正，二九。）何願船名秋濤，福建光澤人，道光甲辰進士，官刑部主事。咸豐庚申，尙書陳孚恩進其所著『北徼彙編』，賜名『朔方備乘』，晉員外郎，在懋勤殿行走。次日詔毋庸入直，旋以憂去官，主保定蓮池書院。同治元年卒，年三十有九，所著多散佚，刻有『一鐙精舍甲部藁』。

麟書

翁記：（光，九，正，二十。）詣麟芝庵，祝其太夫人壽，鐵冶亭先生之女，年八十矣，聰明健飯，眞福人也。又：（光，一一，九，一三。）麟芝庵新充掌院學士，不由翰林出身，且現任都統，未補尙書，而膺此選，眞異數也。　李記：（光，一一，九，八。）邸抄，命候補尙書宗室麟書充翰林院掌院學士，兵部尙書烏拉喜崇阿教習庶吉士。故事，滿州大員非翰林不得爲掌院及大教習，雖曾爲庶吉士及由外班對品改翰林者亦不與，麟烏兩尙書皆起家部曹，故軍機處進單皆不列，而特旨用之，此異數也。　翁記（光，一七，十，廿。）芝庵因父子不相得，心疾如癡，因約瑞睦庵至其家呼虎哥入，父子相持而泣，虎哥伏地請罪也，遂辭而出。

劉志沂

翁記：（光，九，正，二四。）新授潼關道劉志沂，號春軒，江西癸丑進士。少孤，事母篤孝，家極貧，授徒自給。在戶部三十一年，絕不干謁長官。來見曰，吾於撫字必當盡心，斷不取非義一錢，語甚切摯；蓋血性人也。

馬仁齋

翁記：（光，九，二，五。）沂州人馬仁齋，爲廣紹彭治病，對坐呪之，揚眉撮口，情態百出，云治好多人矣。又成均嵩祝三談馬布衣呪術云，其妻氣病不食，一呪而愈。馬醫有氣性，不喜周旋，必數日治一病，始有效，頗神奇也。又馬仁齋（云里）善呪術，京師人走其門者如雲，今因陸妾病屙溫面腫，請伊來呪四次，約一時許，無效，遂未再請，慮滋物議也。

錫良

翁記：（光，九，二，一三。）錫良，字清弼，甲戌進士，即用山西首縣，張香濤目爲循吏第一。其兄繼良，新授寧夏府，能受辛苦，有志氣，可辦事，其家旗下差使。又：（光，二三，一一，二四。）德使論膠案，兗沂道及州縣均革，錫良調任他省。　王記：（光，二六，八，一〇。）錫瀋北上勤王，未知孝達聞之感想如何。

黃體芳子紹基

李記：（光，九，二，二七。）同年黃仲弢庶常紹箕來，其尊人漱蘭侍郎，寄贈銀二十兩。又黃仲弢新得元槧李心傳『道命錄，』較知不足齋本多程榮秀一序，直至二十四金。又：（光，十，二，朔。）黃仲弢贈元代李字銅押一方，並絕句二首。又作書致黃仲弢，凡數百言。仲弢才質之美，庚辰同榜中第一，文章學問，俱卓然有老成風。近甚厚予，以予與其仲父卣香比部有交誼，持後生禮甚謹。其尊人漱蘭侍郎，亦甚致禮敬。念近日都門自北八二張以諫書爲捷徑，故煽浮薄，漸成門戶，仲弢喪耦後，南皮兩以兄女妻之。而皖人張某者，粵督張樹聲子也，爲二張效奔走，招搖聲氣，世以火逼鼓上蚤目之。近與仲弢同居，故作書勸其閉戶自守，勿爲人所牽引，以自立于學，所以效忠告也。　翁記：（光，一七，八，一九。）祝黃漱蘭六十壽，送對曰：『抗疏不矜，乞身非隱；傳經多壽，命酒長坐。』上言其直諫，下言其愛飲，渠五月引疾開缺，可羨也。又：（光，二二，九，二一。）黃仲弢來見，有疥疾。　王記：（光，二九，三，一五。）端公宴客，大雨有雷，問畏雷否？余甚訝之，詢知黃學士畏雷也。

朱福詵

李記：（光，九，三，一六。）朱桂卿同年福詵，以所刻『疇人傳』并番銀三十爲贈，固辭其銀不得。又朱桂卿見贈，用山谷上蘇子瞻古詩二首韻，風格辭旨俱佳。又胡亘伯以與朱桂卿酬唱詩見寄，中有同事李夫子句，次韻答之。　翁記：（光，一一，六，二四。）庚辰通家朱桂卿福詵貽書責余，言甚切至，可感也。

曾紀鳳

翁記：（光，九，三，十。）新授貴臬曾紀鳳，字質民，湖南諸生，在劉嶽昭駱文忠軍營，至黔十三年，似講理學。其人沉聲，氣度從容，問講筵語切至。談及黔事，以爲地瘠民殘，苗漢皆無復畔之理。林肇元性太和平，操守好，惟張弛不能得中，言者謂其驕橫納賄，則正相反。易佩紳一切皆好，惟應事疎，不免名士氣。

恩合

翁記：（光，九，四，五。）恩海瀾（合）來，此人有材幹，而習氣甚深，陪都人往往如此，所以不堪大用也。小用有效，大用僨事。

于式枚

李記：（光，九，四，一九。）庚辰庶吉士散館廣西于式枚晦若，賦盈四紙，較他人倍長，以詩有陳宮製曲名句，在二等末，于有文學，可惜也。又：（光，十，二，五。）赴沈子培之招，坐有于式枚，狀似風狂，舉坐笑之，亦不知也。此人庚辰榜下，頗有才名，余曾兩遇之，恂恂自下，三年不見，怪狀如此。聞其歷游合肥督相及粵督張樹聲幕下，去年詒書都門，極稱侍郎王文韶才器，爲當今第一人，而以攻擊者爲小人，性識善變，遂爾披猖，惜哉。　翁記：（光，一六，二，一八。）于晦若來，論東事極實，此人他日必大用。

鮑臨

李記：（光，九，五，二三。）鮑敦夫臨派分教庶吉士。故事，掌院二人，大教習二人，每人各派翰林官分教習二人，共八員，謂之小教習，按殿試名次輪派之，然所派往往不得人，庶常有不願者，聽其自擇。自丁丑分教有某某者，無人肯認，由是不聽自擇，今敦夫分得十八。又：（光，一五，五，一二。）敦夫以奉主考閩中之命，請代擬策題及後序，又爲撰問春秋三傳策目一道，加以附注。

劉永福

翁記：（光，九，七，一六。）左相函總署論越事，力持戰，言劉永福乃王德榜部下散勇，令王帶軍械資劉軍。又：（光，九，八，二三。）李相函言法使必欲剿除黑旗，恐以一劉全局受累。又：（光，九，九，二二。）廷寄倪徐激勵劉軍，若建奇功，定加懋賞，先撥十萬犒之。倪信極言劉團之不足恃，劉有即使添餉亦不敢領之語，餘可知矣。

陳汝翼

李記：（光，九，七，二一。）福州陳汝翼（驁）死，往哭之，其妾亦服毒死，烈哉。妾氏吳，河南人，年三十，性頗強悍，而能以烈終，士夫可愧矣。又烈婦生前以汝翼有立嫡之言，遂衣命服，非禮也。其瀕死也，曰：『死當以命服斂我，我以此報主人。』余謂荐仗諸君曰：『夫重視一章服而以身殉之，是當加等以寵之，所以勸烈也。』

何心言

王記：（光，九，八，一六。）何心言蠱發，因問其詳。云黔中有蓄蠱藥者，蠱則蟲獸，藥則毒草，蠱須自蓄，藥則往學，四十九日歸，而園圃自生草，采而乾之，著人輒病。何昔道行，於六月見白菜二本，甚茂，同行皆不見也。遂病，乞解藥，吐之未盡，故時發，發時有乾藥，齧呑酒下即愈，戌初發，亥已愈矣。余所親見，以此爲最奇云。

張煦

翁記：(光，九，十，一。)陝臬張煦來見，癸丑進士，刑部舊識，律例最熟，人頗老靠。又：(光，一八，一一，五。)約張南浦中丞飲。南浦崛梗，頗有風節，不可干以私，其所許量人物亦甚當。

敬信

李記：(光，九，十，二四。)邸鈔，戶部右侍郎宗室敬信請開缺。敬信由宗人府理事官調戶部銀庫郎中，派充定東陵監督，未及一年，驟至閣學，遂還侍郎，兼左翼總兵。其人豈鄙，專交市儈，聚寶堂酒食館，其所設也。去年臺中有欲劾之者，始以館屬所親。及調戶部，以畏閻尙書不敢履任，屢請病假，今遂開缺云。　翁記：(光，二三，正，二六。)上御文華殿，各國公使覲見，敬信帶班。次日德使海靖忽以敬大臣掣伊衣袖，令其由東門出，須敬大臣親到伊館講論此理云云。恭邸面陳此事，余云應攔阻，敬某無過，後竟令敬詣德館謝。

廖壽恒 弟壽豐

翁記：（光，九，一一，四。）廖壽恒封事請勤聖學，宦寺宜擇老成者，並及土木傳辦。其言誠懇，不愧脩士矣。慈禧宮內太監皆守規矩，如皇帝左右有不守法度者，翁同龢即可指名奏辦。又：（光，一三，四，二三。）廖穀士觀察壽豐，仲山弟也，余約為余相宅。又（光，一八，八，一四。）廖仲山來談篆法，甚洽。　葉記：（光，二六，七，二三。）廖座主微服至昌平，求稅駕地，即商之隣廣常生齋骨董肆，有西房可以下榻。薄暮踰墻往謁，執手慰勞，始知師於七月二十夜半徒步出西直門，王中堂貽一騎，兩僕掖之行，遇潰勇，時避高粱中，三日間關始達此，即饋以粥一甌，佐以兩肴，不啻蕪蔞亭之豆粥矣。又：（光，二六，八，一九。）裕壽田丈函為廖師覓得日本文憑，並屬繙譯徐士英到此，照料入都。　翁記：（光，二九，五，二〇。）廖仲山來訪，於時事未談一語。又：（光，二九，九，一〇。）聞廖仲山遽感微疾而逝，回念舊游，零落都盡，其尊人柳城，有『路史』注，其弟穀士補之，仲山又補之，方付刊也。

趙爾巽

翁記：（光，九，一一，廿。）趙爾巽疏，請皇太后勤召對。臣等入見，語多，不免稍有拂忤也。

王記：（光，二六，五，一五。）趙次山爾巽，自新藩丁母憂還，寓泰安，自言死喪之戚，兄弟雖盛無益，但求一文。余初羨趙氏，今又驚愕，許爲其父母作志銘。又：（光，二九，五，七。）與書趙撫辭館，得復書，其文甚美，道府傳觀。又次山來談吏治，隔壁帳也。又盛稱熊希齡。又：見葉景葵，三十許人，能幹之至。又：趙季質言趙撫台之信烘。又：（光，卅，正，八。）晨起，趙次公闖入，久談。又：（光，三一，七，一三。）趙所用人，眞獨具隻眼，似有心疾。又：（甲寅，五，一二。）趙次珊來，老矣，論補齒可衞生。又論修史人材。又訪次珊，遇一袁姓，趙云東三省第一流也。又至清史館聽講，史館而設講堂，亦善學外國者。嚴又陵言修史要精神，講堂亦精神之所存矣。

陳啓泰

翁記：（光，九，一二，八。）陳伯平（啓泰，大同府。）來。伯平庚辰分校，其人恂恂無意氣，淵雅多聞，出守非所願，在台參劾極多，雲南報銷案其尤也。

文良

李記：（光，十，正，六。）前凉州知府冶軒太守文良，前同司掌印郎中廷俊之父也。太守嘗守成都，喜購書，所藏甚富，多精本，八旗中無與比者。叢書尤備，可以供讀。

游百川

翁記：（光，十，正，一九。）游滙東來，力言河工長隄不可恃，拂民情，恐有他虞，語切摯。又：（光，十，一二，三。）游滙東來談河務，君子哉若人也。仍主馬耘分流之說。　王記：（光，七，三，一一。）蜀藩言游臬絕不徇情，不能干以私。又隨人爲臬署捉去，以大喪違制薙髮也。

史念祖

翁記：（光，十，三，廿。）前甘臬史念祖來，號繩之，四十二歲，望之先生之孫也，人浮動。（左帥初頗賞之，後忽被劾，今復起，旋授雲南按察使。）

額爾精額

李記：（光，十，三，一七。）額玉如都轉（額爾精額，成都駐防。）來談一時許。其人亦誠篤而務于節嗇，故極稱閻尙書之爲人。又：（光，十，九，二八。）額玉如書，以所箸駁開鐵路送閱，其說力闢中允崔國因奏疏之謬，深知西夷情狀，言之切盡，必傳之作也。　翁記：（光，一四，二，五。）額裕如天津鹽運使服滿。此三十年故人，講理學，治行可觀者也。又：（光，一五，正，一四。）額裕如運使來，侃侃正論，並以人才爲言，迂而不腐。又論時事尤切至，公廉正直，第一流也。

周馥子學海學銘學熙

李記：（光，十，四，二二。）津海關道周玉山馥來久談。安徽建德人，年四十八。又：周玉山觀察命其三子來執贄門下，呈所業文字，長學海，字澄之，年二十六，去年已得選拔貢生。次學銘，字紳之，年二十四，已補廩生。季學熙，字緝之，年二十，去年食餼矣。又：爲三周生改文字。又：周觀察爲具舟送還京。又：（光，一三，三，二七。）周生學熙言，近治詩經，學銘言，近治儀禮，可喜也。又：周氏兄弟，友愛恂恂，其兄澄之尤謹竺，近日所難得也。又周生緝之，頗究心算學，言近闊代數疏，已能得其奧窔。與之論金元疆域，及東北邊地沿革之略，亦能了了，少年雋才也。翁記：（光，一三，一一，九。）津海道周馥，號玉山，來見，去年戶部奏參革職者也。其人貌似粗疎，細看甚能而練，合肥稱之。

張蔭桓

翁記：（光，十，四，卅。）晚張樵野來談。此人似有文采，熟海疆情形，其言切實，蓋雨生得意人。伊云：法之願議，實畏埃及兵事不了也。又云：山東威海衛，戚大將軍備倭所築，東距旅順，西距燕台，各二百里，必當設重鎮，此島可泊兵船鐵甲。又言對外國人，切不可說夸大語，氣矜語。又：（光，十，七，九，）張樵野已四被劾矣。又：（光，一六，九，二八。）張樵野請吃洋茶，甚可口。又送電氣匣治臂病，試之。又（光，一九，一一，二六。）樵野談帕米爾事，云英與俄已分界，坐待中國之煩言也。又：（光，二一，十，六。）張樵野長談。此人才調，究勝於吾。又：（光，二三，十，一七。）樵野言，借款當與英使商量，合肥辦法，聲名掃地，而必無成。又李相談借款可成，甚詆前此與日本定磅價受虧二千餘萬，其言與樵野大相逕庭，而樵野於定磅一事不認錯也。又：（光，二三，一二，一六。）觀樵野和樊雲門詩，眞絕才也。又：（光，二三，一二，二一。）樵野招至總署觀燈影戲，不過如走馬燈耳，內五星日月蝕爲奇。又（光，二四，四，九。）王鵬運劾余與張蔭桓朋謀納賄，薰蕕同器，涇渭雜流。元規汚人，能無嗟詫。又：（光，二四，五，八。）樵野來告，胡學宸摺，仍斥得賄二百六十萬，與余平分。又云軍機見東朝，極嚴責當辦，先已傳挐，廖公力求始罷，余漫聽漫應之而已。

薛福成弟福保

翁記：（光，十，五，四。）寧紹台道薛福成，字叔耘，福辰之弟，向在曾幕最久，能古文小學，楊性龍高弟弟子也。熟洋務，近與張富年張蔭桓同調引見，備出使外洋，來見，人穩實。

李記：（光，一五，二，一七。）薛福成出使英國，來辭行，以銀一流爲別，並送『庸盦文編』，及全謝山『七校水經注』，叔耘新校刻者也。　王記：（光，五，正，六。）薛季懷（福保，）叔澐之弟也，多所通解，敝衣樸貌，較叔澐尤質實，有風趣，佳人也。

王詠霓

翁記：（光，十，五，九。）門人王詠霓子裳，刑部主事，從前極有名，長駢體，多讀書，今則潛心宋學，爲許竹雲奏帶出洋，將行。　李記：（光，一三，一一，九。）詣台州館晤子裳，觀西洋各國君后等照相，眞螭魅畢見也。其公主太子妃皆裸胸袒臂，凡宴客禮拜皆以此示敬，是禽獸所不爲矣。

倪文蔚

李記：（光，十，五，二三。）倪文蔚（豹臣，廣西巡撫。）亦小人也，久任湖北荊州知府，以貪黷聞。自媚于總督李瀚章，力薦之。己卯冬，以卓異入都引見，厚結其同年生李高陽。又託人以重資進恭邸。遂不一年捷至布政，旋晉桂撫。以張之洞爲高陽所寵，方驟用事，文蔚並厚結之。內閣學士周德潤劾其濫保徇私，並收受李規各節，事事皆實也。

端方

翁記：（光，十，五，二二。）端午橋（方）來談，借『史通』，勤學可喜也。又借歸許『史記』，其人讀書多，與名流往還甚稔。　王記：（光，二九，二，二一。）謁鄂署督端方，勸善人也，神氣不精爽，無火色鳶肩之相，與張幼樵皆所謂聖人無相者。縱談時變，滔滔不能已也。又：（光，二九，三，九。）端公盡出所藏碑帖，如入羣玉之府，爲清理彙集，並加題跋。又：（光，三一，八，二八。）外夷皆欲效專制，而端方乃方議立憲，今之愚也。　葉記：（宣，元，正，七。）端午帥至蘇，十年不見，鬢蒼然矣。書畫金石之外，公私無一語，諄諄以鐵琴銅劍樓爲託，謂有鑑於皕宋樓，而不知良士之非陸純伯也。巽言直言，充耳不聞，幾如小兒之索乳，意在必得，甚可慮也。又：（宣，元，三，一一。）得瞿良士函，傳示浭陽尚書致虞山紳士一電，云瞿氏書籍歸公，帝室圖書館在靜業湖上，即當入奏云，此眞強硬手段也，　王記：（宣，元，五，一四。）端移北洋，樊電約往送行。至南京，端公即來。邀入署，坐一涼處，令余擇客。用筆點左子異，余壽平，何詩孫，易實甫，李文石等八人，蔡伯浩聞而逡巡去。樊雲門約打詩鐘。又：（宣，三，八，二八。）端督已蹈死地矣，倘約來爲我作生也。

文煜

李記：（光，十，閏，一〇。）邸鈔，文煜爲武英殿大學士。故事，大學士必由閣轉殿，此宜靈桂以體仁轉武英，而文煜以特命躐得之，不免銅臭之嘲矣。又文煜前被劾存款阜康，中旨令捐進十萬兩，文煜所寄存者實不下百萬。阜康既倒，胡光墉已稍稍還之，且以杭州所置藥肆名慶餘堂者抵償，亦不下二十萬也。

施補華

棗記：（光，十，六，二四。）劉平國石刻，烏程施均甫（補華）得之，賽里木前無箸錄，且聞石已燬矣。施君有釋文，並考云：此石在今阿克蘇所屬賽里木東北山上，請於節帥張公（曜），命王總戎得魁，張大令廷楫往拓。云云。

馬建忠 馬良

李記：（光，十，八，八，）吳淞招商局之鬻于米夷也，合肥誤信匪人馬建忠之言，聞建忠私取米夷銀五六十萬。建忠素事英夷領事官威妥馬爲父，與李鳳苞唐廷樞等，皆世所謂漢奸也。又（光，十，十，二六。）馬建忠者，市井無賴，與夷厮交結，張樹聲等皆倚任之。前年朝鮮之役，樹聽建忠言執大院君，于是朝鮮遂爲互市通商之國，中外和約，皆與中國並列。時崇綺爲盛京將軍，疏爭之，黃侍郎體芳等屢疏請誅。今朝事益亟，合肥疏謂東事非建忠不能辦，而米國公使亦言招商局售買事須建忠還，蓋皆恐朝廷治建忠罪也。祭酒盛昱請革職羈管，學士延茂請立正典刑，皆不報。而街市傳言將殺馬建忠，菜市口之傭販皆收攤以待行刑，此直道之在人心者也。王記：（光，一五，二，二五。）馬建忠黃通政所謂漢奸者，曾爲郭曾隨員，美秀而文，自言奔走之材，未見凶惡。　翁記：（光，二三，六，二〇。）候補道馬建忠，號眉叔，來見。前十年人爭欲殺，要是儁才，所舉嚴復等，皆通西法者。　王記：（甲寅，五，二七。）參議院見馬良，字湘伯，或云眉叔，眉叔已死，此其兄也。請開宏儒院。

陳夔龍

王記：（光，十，八，二二。）至督府看贅壻陳夔龍，小石與丁四翁孤女昏，穉公弟女也。草草恩恩，不成款式，亦居然成禮。設五席，分五處，席散至新房少坐。又：（光，二七，十，二七。）陳生得漕督，十五年遂欲代丁，信升沈之無定，然亦捷矣。又：（光，二八，六，五。）得陳小石書，居然督撫派。又：（宣，元，一二，五。）陳小石送詩及別敬。小石謹嗇，乃於我大費，詩亦似樊雲門。又：（癸丑，五，三。）看小石近詩，其七律亦自使筆如古，所謂險韻能穩，難對能易者，與樊山同開和韻一派也。又小石來書，力辨與慶邸無往來，市虎相傳，竟不知何因此語流聞三十年矣，乃有此辨，益成疑案。

戴檏

葉記：（光，十，八，二九。）讀褐夫先生集。康熙中罹禍，時其家以遺文置竹筒中，懸之梁上，二百年無人知者。庚申之亂，族裔檏得之，始傳播，題桐城宋潛虛者著，實託名也。

岡千仞

李記：（光，十，九，朔。）日本人岡振衣（千仞）來訪。其人年五十餘矣，號鹿門，居東京，嘗入史舘，撰英法普俄米五國志，有詩文集，人亦誠篤，見余始終去冠，久談而出。又，於其行也，持絹索書，爲題詩送之。又：（光，十，九，二五。）余見日本所刻書，行字之旁，皆有鈎勒，前日嘗以詢岡鹿門。鹿門笑曰：『此敝邦之所以不免爲東夷也，凡書須回環讀之，其義方明。如大學在親民，須先讀民，後讀親，方讀在。若如中國順文讀之，則不能解，譬言吃飯，先言飯，後言吃，方俗如此。』

馬蔚林

李記：（光，十，一一，五。）馬蔚林來，以陳寶琛奏請黃黎洲，顧亭林從祀文廟，禮部堂司各官莫知誰何，紛紜至今。其疏初發鈔時，皆言此疏甚奇，顧某尙有小板『日知錄』一書，可備後塲策料，黃某何人耶？近日尙書畢道遠發憤謂諸司曰：『二人學問，我所不問，但以品行言，二人在康熙時皆抗不出仕，尙得從祀耶？』因擲還所呈國史儒林傳，曰：『我必駁。』蔚林商于余，余曰：『兩先生本不爲今日從祀計，況出于福建子之請，辱已甚矣，而尙求山東不識一字之尙書屈意議准，何以爲兩先生地耶？』蔚林一笑而去。又：（光，一三，六，二三。）聞馬蔚林病歿臨海故里，有老親年皆八十餘，可哀也。蔚林名彥森，丁丑進士，沈篤好學，續刻台州叢書，搜訪甚勤，閱市借人，手自鈔錄。性狷介，官禮部，與同官議論多不合，意尙憤憤。今春乞假歸，謀援例改知縣，而遽至于此，當爲作墓志以傳之。

俞恒治

李記：（光，十，一二，一三。）大興人俞子安恒治，自言本湖州人，亦稱紹興人，以貲爲戶部主事數十年，年已七十六矣。都中小兒向患痘症，多危險，兪始以蒙古醫術刱爲種牛痘法，簡而效速，都人爭傳其術，然莫能及也。兪行之三十年，又管順天采訪忠義局，近復蓺桑育蠶，刻養蠶書，勸導甚力。兪本無子，六十外始得男，今其孫已周晬矣。余初不識之，鄉祠秋祭，始見其人，囂囂長者也。特記之以勸爲善者。

張廷燎

李記：（光，一一，正，二五。）御史張廷燎奏，京師城外白雲觀，每年正月，燒香賽會，男女雜沓，並有闢房屈曲，靜坐暗室，託爲神仙，怪誕不經，請嚴行禁止，詔從其請。都中燕九之節，車馬闐集，百戲塡閧，自明已然。近歲民貧，漸亦衰止，惟八旗婦女及商賈胥吏之家，倡優市井之伍，燒香聚飲，履舄錯雜，其風誠爲可惡。然居今之勢，尙以此等瑣屑掊擽入告，亦可謂不識輕重者矣。張廷燎，河南人，甲戌翰林，嘗分校鄉試，出闈語人曰：『我此次同考，絕不草菅人命』，蓋不識菅，讀爲官也。時又有一翰林，論及時事，慨然曰：『何爲荼毒生靈，』以荼爲茶也。都下以爲絕對。廷燎取名，亦古所未有，其同年翰林，又有一陝西人白遇道，皆姓名之可異者。燕九會神仙之說，卽可以白遇爲隱語，此等皆可入啓顏錄也。

伊藤博文

翁記：（光，一一，二，八。）日使伊藤博文言親遞國書，總署不允。又不欲在天津議，總署亦力持。聞此二事伊亦活動，但稱須有憑據，於文書後批不錯二字云云。又伊藤到總署見王大臣，極穩重，但云其主傳語，與中國一洲，當圖和好，毋爲西人所笑。又倭使議撤兵，而大意在撫恤也。又與李相問答，李相語壯，於撤兵議處二條皆未允，擬畧給撫恤，交朝鮮轉付。

鈕心田

葉記：（光，一一，三，二三。）鈕心田來，非石先生之孫也。即以『說文考異』手槁歸之。心田窮鄉樸學，終年不入城市，潤蘋先生其外王父，河之丈則其中表，藏匪石先生手勘書，珍如拱璧，蓋能傳其世業者也。

張謇

翁記：（光，一一，五，二五。）訪張季直優貢（謇），南通州人，名士也。劇談朝鮮事，以爲三年必亂，力詆撤兵之謬。其人久在吳筱軒幕也。又（光，一一，九，一一。）北元劉若曾，南元張謇，皆余處之卷，皆名士也。又張季直來，以後序託之。又（光，一二，九，四。）張謇號椒儼，江西知縣，欲捐到省而無資，走京師乞書，求江北漕差，因張季直而得。又：（光，一三，八，二二。）王子祥（祖畬）散館改縣，此人理學，有『左傳質疑』，尤長於制義，張季直推爲江南第一。又：（光，廿，四，二一。）殿試得一卷，文氣甚古，字亦雅，非常手也，定第一。捧入，上諦觀第一卷，問誰所取，折封奏名，臣對張謇江南名士，且孝子也，上甚喜。　葉記：（光，廿，五，八。）張季直來，云在鄉治生，頗致蠶桑之利。士大夫所以喪名敗檢，皆由一進之後，欲退不能，故不能退則不進，此言殊有味哉。　翁記：（光，廿，七，一八。）張季直文雲閣先後來談時事，可怕也。又：（光，廿，七，二四。）復張季直書。此時淸議，大約責我不能博采羣言，一掃時局，然非我所能及也。又：（光，廿，九，一四。）張季直來，危言聳聽，聲淚俱下矣。　王記：（光，二二，八，七。）有客談張謇狀元，勸君讀朱子全書。駱成驤狀元，主辱臣死，皆不遵格式，以取高名。　翁記：（光，二四，四，一〇。）張季直殿元服闋來，散館。談江北紗布局，及鹽灘荒地，皆伊所創也。又：（光，二四，四，一八。）看張季直說帖，大旨辦江北花布事。欲辦認捐及減稅二端。又欲立農務會。又海門因積穀滋事，欲重懲阻撓者，此君的是霸才。又：（光，二五，二，十。）季直論書，極服膺蝯叟直起直落，不平不能拙，不拙不能澀，石庵折筆在字裏，蝯叟折筆在字外。又：（光，二八，一一，朔。）張季直送米麵。其僕云：『少爺六歲，甚好，紗廠今年獲利二十餘萬。』 葉記：（宣，三，十，朔。）見夫已氏上項城書，辭宣慰使農工商大臣，指斥乘輿，逼遷九鼎，侃侃而談，絕無瞻顧，若其理甚直而其氣甚壯者，此固名士，固詞臣，固諸侯之上客，固鄉望之錚錚者也。又：（壬子，六，七。）閱報夫已氏罷祀孔子議，其師吾先友也，乃有此高第，初通籍時，都人士即呼之爲小怪，武進屠竟山大令（寄）大怪也。今大怪不怪，不意此怪變而至此，吾友地下有知，殛之而已矣。

丁韙良

翁記：（光，一一，六，二七。）游西山，至寶珠洞，丁韙良居之，隔窗見其手不停揮，亦奇矣哉。八剎惟秘魔崖無洋人，餘皆腥羶狼藉矣。

陳壽卿

葉記：（光，一一，九，九。）建霞談陳壽卿收藏之富，爲古今所未有，『印舉』已成書，銅印至數千。

李鳳苞

翁記：（光，一一，九，一四。）李丹崖（鳳苞）使德歸，來謁，曾見於雨生處，蓋崇明諸生精洋學者也。臨行，懷中出二百金爲贈，力却之。

費念慈

翁記：（光，一一，九，一七。）費念慈號屺懷，徐頌閣之女壻，專精小學，無所不通。又：（光，一五，三，二五。）費屺懷留談，此人蘊藉，有經術，佳士也。　葉記：（光，一五，七，三。）西蠡招飲，至則無客，無肴，無酒。坐良久，其親串家適送饌來，不至如東坡之設毳飯幸矣。　翁記：（光，一七，二，一二。）費屺懷談舊本書極博雅。又，得諸翰林白摺，如費屺懷，王廉生，劉靜皆，眞一時之秀，能以碑帖移入館閣，奇哉。又：（光，二七，一二，一二。）看西蠡『周官政要』，與孫仲容文道希同訂，蓋比附周官而行新法之書。記宋芸子亦有書，大致相同。又：（光，二九，四，九。）西蠡來縱談，人言西蠡患疢痟，似不然。

孫詒經

翁記：（光，一一，一二，九。）命孫詒經在毓慶宮行走。又：（光，一二，一一，二九。）孫子授將銀庫書吏史恩濤斥革，勒令捐銀一萬助黃河隄工，事雖爽然，未妥也。又：（光，一三，二，八。）吏部議孫詒經罰俸，上有不豫色，夜見邸抄，毋庸在毓慶宮行走。孫公懲一蠹吏，何至如是，噫，異矣！又：（光，一六，六，廿。）在朝房，因戶部捐振，與孫子授議不合，彼怫然。又：（光，一六，一一，六。）聞孫子授逝矣，馳往哭之，子授亦諒直之友哉。明日卹典下，毓慶宮一節竟未敘及，子孫未賞官。（按其時同直書房者，皆不能安於位，孫家鼐疽發，張家驤咯血，夏同善外放，而詒經罷直。夏孫子姓，常流涕言之。）

陶模　子葆廉

翁記：（光，一二，一二，一三。）陶子方（模）戊辰庶常，甘省循吏也。談新疆事，謂兵餉舊欠過多，若依戶部所議，恐致譁潰，言極切至。又：（光，一七，六，一五。）新撫陶子方來，此人操守好，能卹民隱，謂回疆郡縣之弊，尤甚於設鎮守之時。通論時局，謂民生窮困，抽釐大減，實征日絀，久則不支，眞名論也。又：（光，二三，四，六。）陶子方之子葆廉，字拙存，有新刊『求己錄』，說時務而引諸宋儒之說爲本，通才也。

馮煦

翁記：（光，一二，四，二二。）一甲第三馮煦，初閱卷，張公之萬以第四易第三進呈，上諭第三卷字較乾，對以字雖乾而較雅，所作爲通場之冠，故置一甲。又馮君在江寧書局二十年，猶是曾文正幕客，通材也。　葉記：（光，二一，八，五。）馮夢華纂修會典，欲以樂律一門見屬，辭之不可。見新譯國書堂子圖，殿室之外，有神樹五株，知說部所傳皆齊東語，不可信也。又夢華云，會典館錄謄，有宗室載武，通音律。　王記：（光，三三，八，四。）程通判言馮煦道學，未之聞也。　葉記：（壬寅，四，卅。）聞秣陵蔣君國榜，年僅二十餘歲，有志古學，輯刻鄉賢遺著，夢華前輩爲主持其事，設局滬上，延訪雋流以任讎校，此誠今之佳子弟也。

陳士杰

翁記：（光，一二，六，二三。）陳俊臣中丞（士杰）來談，與合肥水火，不無過當語，然曾在湘鄉幕府，勝於談洋務者流。　王記：（光，一九，三，一三。）陳雋丞妾服毒，往問其家，皆言其德性堅定，從容殉死，且先割臂而人不知，有識度女子也。詎雋丞死未百日。

潘賦琴

葉記：（光，一二，七，三。）賦琴云，新得劉懿墓志原石一紙。據鬻碑者云，此石在某省一老嫗家，有女相依，贅碑匠某某，拓數百本，並席捲其囊逸去，由是嫗銜若輩刺骨，無論何人，均不許到家拓碑，而世間所傳皆翻本矣。記之，亦異聞也。又聞劉懿墓志道光初年出於忻州，焦解元丙照從藏其家，今則爲太谷溫氏所得。

魏稼孫

葉記：（光，一二，十，一六。）程蒲生談，魏稼孫聞人有舊拓，必請觀；不允，則請以所藏爲質；再不允，則長跪以請；可謂癖好矣。

伊峻齋

李記：（光，二，十，二八。）閩人伊峻齋所刻壽山石名字印三方，刀法殊佳。伊宜化諸生，墨卿太守曾孫也，通曆算。

李金鏞　王賡保

翁記：（光，一二，一一，五。）吉林府李金鏞，號秋亭，無錫人，以辦賑由直省送吉省。其人篤實，心乎民事，言吉林以開墾爲第一要務，本地多不願者，必特派大員。又：（光，一二，一二，一三。）李秋亭痛談漠河金廠事。又言沿邊無民可慮，其人似可用，不過急功名耳。又談東三省事，縱論洋務，知其人有肝膽，能辦事，可與外人爭辨，能實惠及民，未易得之才也，亦頗通達。又：（光，一二，一二，廿。）同邑王賡保慶長，（寶之之子，虞山三大儒之一。）從李秋亭自吉林來，仍隨之去。其人高才，不可一世，然耐勞講學，是吾鄉一人物也。

章嘉呼圖克圖

翁記：（光，一二，一二，一七。）章嘉呼圖克圖請安。故事，進哈達佛，召見，賞哈達。咸豐間，曾面賜金錦桃帽，珊瑚數珠，異數也。今日太后見於養心殿，至座前拉手垂問，蓋殊榮也。年才九歲，聞甚端重，越二年化去。

瑞洵

李記：（光，一三，正，七。）丙戌翰林瑞洵，爲故相琦善之孫，而崇厚之壻也。初官戶部主事，值崇厚得罪，士夫羣相詬詈，瑞洵窘甚，歸詬其妻，其妻怒曰：『他人可罵吾父，若爾，獨不爲汝祖地耶？汝祖不以香港獻于夷，今日何至是。』瑞洵不能答，毆之而出，人傳以爲笑。至世人以琦善爲田雄後人，似未可信。考田雄始封二等侯，康熙中加負義二字，旋改順義。琦善始襲封奉義侯，不知其爵所始，或以奉義順義致傳譌耳。

馮汝騏 弟汝騤

翁記：（光，一三，三，一五。）馮汝騏，字伯麟，丙子覆試門人，有花園在盧溝橋小屯，乃其叔父子所創。種花築室，儼然世外，牡丹芍藥各數百畦，菊花種類冠都下，人呼爲馮家種者也。其堂弟汝騤，余癸未教習，今改戶部主事。

吳講

李記：（光，一三，四，三。）與吳介唐通譜，結兄弟之好。介唐少余七歲，必欲師事余，固辭不得，乃請以兄禮見施，介唐誠實人也。又爲介唐擬國子監課南學經古題。又（光，一四，三，五。）爲介唐擬國子監諸生策問一道，問自漢及明科目流變。又：（光，一五，正，朔。）介唐侍講來，遂同入內至太和殿朝賀，時太和門尙未修復，樹彩棚爲之。又：（光，一五，正，二四。）偕至乾清門觀迎皇后妝奩，先以四亭，黃紬冪之，皆首飾服玩之屬。次以陳設之具，凡一百舁，大率如民間。聞明日尙有百舁，則匡𠤮帷幕牀帳類矣。又：（光，一五，正，二六。）午門觀迎皇后鳳輿，前列畫鳳玻璃鐙數十對，迎入乾清門，夾道列峙龍鳳鐙及雙喜字鐙，絳燭猶晃，宮門懸彩，五雲四映，恭紀以詩。

澤公

翁記：（光，一三，四，一九。）詣澤公賀喜。澤公者，詢公嗣子，指婚桂祥女。聞澤公之本生父是日病故，而吉期未改，嘻，異哉！

馬丕瑤

翁記：（光，一三，四，一一。）馬玉山臬使（丕瑤）壬戌進士，其人爽健類武夫，此固山西循吏最知名者也。其子吉樟，庚辰門生。又：（光，廿，八，六。）馬玉山中丞來，左耳聾而精神甚好，諒直廉能君子也。

李連英

翁記：（光，一三，五，二一。）醇邸面奉懿旨，大婚撥銀傳辦物件，著長春宮總管太監李連英總司傳辦一切。又：（光，一四，五，九。）中人逃走者近極多，首領高姓者，因與李連英口角怨訕，將發遣矣。又：（光，一四，六，五。）長春宮總管劉得印，人呼爲印劉者也，懿旨發黑龍江打牲烏拉。其詞曰：『膽大妄爲』，有招搖情事。又：（光，一六，二，一四。）御前首領馬雙福，訐首領王萬榮得粵海監督廣英銀巨萬，而自認收銀四百，牽控內監十餘人，指爲過付。懿旨交愼刑司嚴訊，專治馬雙福並門毆之尹得壽，餘概不問，聞外皆指摘李連英云。

孫半夜

葉記：（光，一三，七，二○。）韓詩孫談幼時及見孫月坡（麟趾），年七十餘矣，孑然一身，居小顯子巷中，與韓家相近，每過從，必於夜乃去，閽人憾之，呼為『孫半夜』。庚申之難，以詩詞叢稿高尺餘付韓及簃齋，曰：『以此為託』。後竟失之，至今以為恨也。

方宗誠

李記：（光，一三，一二，一四。）前直隸知縣方宗誠，賞五品卿銜，以安徽學政貴恒奏，稱其學行也。宗誠，桐城人，以監生久游督撫幕得官，有巧宦之目。又不學而自名宋學，喜攻漢儒，得此優典，可異也。

徐麟光

李記：（光，一四，正，二八。）徐石甫郎中（麟光），廣東駐防漢軍。故紹興知府鐵孫先生之孫，誠篤有家法，本名受麐，同治中戶部奏留引見，時上指麐字問帶引見者，尚書載齡對曰，讀若米，蓋誤認爲槩字也。既退，戴謂之曰：『上不識汝名，幸我言之。對曰：『此麟之本字，非音米也』。戴愕然良久曰：『我已告上讀米矣，汝亟改名受槩可乎』？對曰：『兄弟有名受槩者，司官小名光，今當曰麟光。』戴曰：『甚善』。于是呈吏部文曰：『徐受麐請改名麟光』。吏部遂去其姓矣。

丁振鐸

翁記：（光，一四，二，一八。）新放鞏昌府丁巡卿振鐸，辛未翰林，御史轉科。此人篤實廉潔，似宗洛學者，其弟振德，福建邵武縣，虧空革職。伊欲呈請以知府養廉代抵，父兄無代賠之例，以友愛可風，擬奏請明旨。

肅王

翁記：（光，一四，二，二九。）至肅王墳觀架松，眞天下之奇矣。凡六松，北二株最大，皆有架，凡九層，所蔭幾五七丈，皆糾龍飛舞，高不過丈餘耳。

華祝三

翁記：（光，一四，三，四。）華堯峰前輩（祝三），先公門人，丁未翰林，廣東南韶道，年七十八矣。耳目聰明，步履強健。問養生法，曰：『子午不用心，夜飯不飽』而已。

屠仁守

翁記：（光，一四，三，六。）屠侍御疏請罷三海工作，緩停蹕，語極忠懇，眞西臺孤鳳也。聖意雖拂然，暫留不辦，信主聖臣直哉。又：（光，一五，正，二一。）御史屠仁守請歸政後，密奏仍達太后裁奪。懿旨議處，原摺擲還。次日見屠君，捧摺折旋而出東華門也。又太后召見，首言屠仁守事。曰：吾鑒前代弊政，故急急歸政，吾心事伊等全不知，然其人尙是台中之賢者。』又曰：『熱河時肅順竟似篡位，吾徇王大臣之請，一時糊塗，允其垂簾。語次涕泣。

沈瘦生

李記：（光，一四，七，二九。）沈瘦生名孳梅，山陰人。其人雖不讀書，性頗不與俗伍，能彈琴，精於醫，居柯山中，喜增飾湖山之美。所居隔岸曰七星巖者，本在荒榛中，瘦生手闢之，蓺花木治亭樹，更於石佛後造精舍，遂爲勝地，游者槧集，至今猶盛。

吳昌綬

葉記：（光，一四，五，一七。）仁和吳昌綬印臣來，其人天資高朗，頗似江生也。又：（甲寅，一二，二五。）得吳印臣孝廉函，寄家刻精本『繡谷亭』『熏習錄』等數種。印臣文社訂交，同受知於醴陵黃子壽師，不見幾三十年，縞紵遠來，精槧悅目，如對故人。

孫葆田

李記：（光，一四，七，朔。）同年孫葆田，山東人，由戶部主事改官知縣，爲合肥令。去年李合肥從子殺人，力持之；而廬州守黃雲本無賴小人，必欲消弭其事，以爲挾命訛詐；皖撫陳六舟亦游移；臬使張君岳年不肯同，故讞久不決。孫君素有學守，既持此獄，合肥人以包孝肅目之。而李合肥與陳六舟書，謂其專務搏擊强家，比之漢書酷吏矣。

李光久

翁記：（光，一四，七，一六。）晤李觀察（光久），忠武之長子，儀觀偉然。又：（光，二一，三，二〇。）李健齋在牛莊血戰，云老湘營僅千人，不可用。　葉記：（光，二一，三，三〇。）聞海城之役，李光久徐劍農兩軍苦戰。又山縣有朋之子，爲李光久部將擊死，倭酋切齒，懸賞得李光久首者予萬金。

宋育仁

翁記：（光，一四，七，二七。）丙戌庶常宋育仁（芸子）來見。此人王壬秋之高弟，善詞章，其言欲令各省解金以爲餉，而國家持之以取利，計一年可得數百萬。又：（光，廿，正，廿〇。）宋芸子編修充英法參贊，以所作時務論見示，此人亦奇傑，惟改制度，用術數，恐能言而不能行耳。又：（光，二二，五，三〇。）宋芸子歸四川辦商礦，戒其勿以欽使自居，勿擅紳董權利。　王記：（光，二五，六，一三。）得宋生育仁書，云被命入京，蓋假此撤之。欲捐官出仕，未知能免否。求進好事，飾以經義，狼狽可愍也。又：（甲寅，十，二〇。）宋生數日未還史館，閧衆指目爲宗社黨，已被捕，夜間兵警來搜宋行李，皇皇如臨大敵。又芸子謀專館事，致此披昌，亦可惜也。又宋芸子兒來檢行李，云明日當遞解，遺輿兒往送之。又遣周嫗私送以二十元。

康有爲

翁記：（光，一四，十，一三。）南海布衣康祖詒上書於我，意欲一見，拒之。又：（光，一四，十，二七。）盛伯義以康祖詒封事來，欲成均代遞，然語太訐直，無益，祇生釁耳，決覆謝之。又：（光，廿，五，二。）康長素『新學僞經考』，眞說經家第一野狐也，驚詫不已。又：（光，二四，正，三。）傳康有爲至總署高談時局，以變法爲主，立制度局，新政局，練民兵，開鐵路，廣借洋債數大端，狂甚。又：（光，二四，四，七。）上命索康有爲所進書，臣對與康不往來，上問何也？對以此人居心叵測。曰前此何以不說？對近見其『孔子改制考』知之。次日，上又問康書，發怒詰責。臣對傳總署令進，上不允，必欲臣詣張蔭桓傳知。臣曰，張某日日進見，何不面諭？上仍不允，退乃傳知張君，正在園寓也。

葉記：（光，二四，四，二五。）邸鈔，工部主事康有爲預備召見。夫子栖栖皇皇，入周廟觀金人，而未嘗得見天子，後聖之遭際，何其隆也。又：（光，一四，六，八。）見諭旨，太后復訓政，康聖人拏問，已遠颺矣。又：（光，二四，八，一一。）聞英使竇乃樂，德使海靖，至總理衙門詰問皇太后訓政之意，若外人因此干預，兩黨庸足蔽辜乎。又：（光，二四，八，一四。）康長素『新學僞經考』，鄙人一見即洞燭之，蔚若使粵，告以此才必不可入彀，蔚若早從吾言，或不致釀此禍也。又：（光，二四，九，九。）聞皇上所幸珍妃，太后禁之高墻，穴一竇以通飲食。皇后爲太后姪，不能逮下，以是母子夫婦之間積不相能，然則康梁之案，新舊相爭，旗漢相爭，英俄相爭，實則母子相爭；追溯履霜之漸，又出於嫡庶相爭，亂匪降自天，生於婦人，豈不信哉。 翁記：（光，二五，一一，二。）報紀論拏康梁，並及余極薦康有其才百倍於臣之語，伏讀悚惕，竊念康逆進身之日，已在微臣去國之後，且屢陳此人叵測，上索其書，由張蔭桓轉送軍機處封遞，不知書中所言何如也。厥後臣若在列，必不任此輩猖狂至此，而轉因此獲咎，惟有自艾而已。 葉記：（光，二六，十，二八。）聞康梁在長江一帶勾結會匪，其所散之票一名富有，一名貴爲，不啻自寫供狀矣。又：（丁巳，二，五。）吳蒼石來言，今日爲康聖人生日，新舊畢集，瞿相國與沈乙庵諸人皆往祝嘏。又：（丁巳，五，一三。）聞聖人北上，言一星期內可措國家於磐石之安，小臣益憂益懼，並怖其言。又：（丁巳，五，二九。）聞復辟已如石火電光，一瞥即逝，聖人伐檀削迹，與張紹軒同入使館，黨人求之甚急。

德馨

翁記：（光，一四，十，五。）懿旨：立桂祥之女爲皇后，封長敍之二女爲嬪。德馨之女，鳳秀之女，志顏之女，均撩牌，各賞大緞四匹，衣面一件。

韓小亭

葉記：（光，一四，十，八。）沈子封云：韓小亭先生收藏書籍金石，晚年局鑰不密，書估李雨亭誘其子盡出而售之。宋刻『金石錄』十卷，先生平生心賞，最後亦竟失之。以詢其子，則云爲人借閱，偶失手墮井中矣。先生大駭，急命淘井索之，不可得，則云爛爲泥矣，懊懊不已。

李興銳

王記：（光，一五，二，二四。）李勉林興銳十九年未見，顏色似更充實，無復前豪耳。

翁記：（光，二三，三，卅。）聞臬李勉林，粹然循吏也，曾文正所重用。

岑春煊

李記：（光，一五，二，一八。）工部捐納郎中岑春煊者，岑毓英之子也，以大婚保案，有旨免補郎中，以應升之缺升用，即可得閣讀學士。比日部院營營保舉，奇聞百出，工部捐納郎中許祐身等五人，皆求保，不論題選咨署四字，而定章凡保四字者，每部不得過二人，工部堂官欲拈鬮決之，皆不肯，乃竟五人盡送。聞前門頂帶荷包諸鋪，花翎藍頂四品補服皆賣盡，士風朝局塗地至此，吾輩尙棲棲宂郎，老病不去，亦可哂矣。　翁記：（光，廿，一二，二二。）見岑雲階京卿春煊，交劉帥差委。劉峴莊不甚許可，令赴前敵繪圖，僅給書手二名，兵十名，非所願也。爲函託吳蹇齋。

劉樹棠

王記：（光，一五，四，五。）劉景韓樹棠擢蘇臬，孤生無援，忽有顯授，未知所由也。又：（光，一五，八，八。）至吳門，景韓迎入署，云李眉生畫樣所造者。又：（光，一七，二，八。）景韓調浙藩，書言錢少，行小洋角，甚爲急智，計臣才也。又：（光，一五，九，二八。

）得劉景韓書，墨著紙如刻印，大有工力。又：（光，二五，一二，二一。）至杭城，詣撫署，景韓似有憂者，言語恩恩。又：（光，二六，正，二二。）景韓似有明白氣，惜余將行矣。又：（光，二六，一二，一四。）陳六翁書云，景韓尚有餘累，未知何以得過也。

唐仁廉

王記：（光，一五，四，五。）唐仁廉提督來，雜亂無章，勇將難以理求，頗似演義張飛李逵一流人物。　翁記：（光，廿，九，二九。）太后召見，論軍事，余薦唐仁廉忠赤可用，允之。又唐仁廉來見，慷慨自任，以爲須三萬人，則橫行無阻。唐號元圃，廣東提督，鮑超舊部，軍中稱爲唐矮子。其語極壯，惟瀕行忽欲稱門生，此爲可鄙，嚴拒之。又：（光，廿，十，一。）唐仁廉云，已面奉旨，允馳往奉天，與裕祿等議城守。告以大連灣有敵登岸。伊扼腕長吁曰：『奉天不守矣，此間亦可危，宜圖長安居。』頗有遠慮，不似武夫。

譚鍾麟

翁記：（光，一五，六，一三。）譚文卿歸過陝西，遇良醫，一鍼而右目復明，左目亦微有驗，神乎技矣。又：（光，一六，三，二五。）譚敬甫中丞繼洵談西疊事，云帑藺庫積二百餘萬，文卿之力也。　王記：（光，一六，一二，二三。）譚文卿來，有志軍大，不嫌閩甘，誠爲上進。　翁記：（光，一七，二，一八。）文卿同年應召來京，右目已明，左目仍昏，五步外不了了，精神却好，今年七十矣。又文卿來，頗談人材消歇，民生困頓，相面嗟歎。又文卿召對，問新疆事極詳。又：（光，一七，一二，二五。）訪文卿，見其弟三子，秀發，年十三，看書多，所作制義奇橫可喜，殆非常之才也。又：（光，一八，五，二五。）譚文卿老督撫，閱事多，非吾所及。又臨行贈洋椅，并留用其轎夫，皆淮安人。　王記：（光，三一，四，二。）聞譚文卿之喪，挽以聯，文卿吝而厚我，一聯太薄，更送一嶂，又：爲文卿撰墓碑成。

景籌

翁記：（光，一五，七，二。）弔景額駙壽。此公與先公同在弘德殿，龢亦同直者十餘年。公有異相，終日兀坐，而食飲皆無聲息，有僕事之十五年，僅與一語耳。四次崇文門稅差，貧不能自活。

趙次侯

翁記：（光，一五，八，二七。）住趙次侯舊山樓下，此居先公館趙氏時授書之所也。次侯所住曰梅顚閣，與樓相屬。閣小，而窗櫺面面皆有趣。劇談，觀字畫，極樂。有宋抄『太宗實錄』五册，士禮居物。王陽明硏一，背刻主試山東墨程一篇，最奇。

張鴻祿

翁記：（光，一五，九，十。）過滬，游張氏花園，主人張叔龢（鴻祿，道員。）無錫賈人也。花木房室，皆洋式，器具亦洋式，饌極精，談商務極透，眞市豪哉。

王廷鼎

葉記：（光，一五，一二，二。）舊友王夢薇，以末秩在浙需次，不修邊幅，致罣吏議，然在風塵俗吏中，則終不失爲巨擘，出所著『說文佚字輯說』見示。

徐亞陶

李記：（光，一六，二，一六。）同年徐亞陶比部，以道光己巳冬所繪『雨香室雅集圖』屬題，室在石門城東靑陽菴，亞陶婦弟蔡學博所築。時集者六人，嘉興張叔未解元，年七十八，最長，亞陶年二十九，今四十餘年矣。菴及室久燬于兵，而圖幸存。亞陶言蔡氏嗜風雅，收藏頗富，嘗刻歷代名人畫帖，經亂無一存者。

鄭孝胥

翁記：（光，一六，三，三〇。）鄭蘇龕孝胥及張季直文雲閣約來見，鄭稍後至，竟未見，三君皆名流。又：（光，二一，十，四〇。）鄭蘇龕來見，鄭在日本長崎充領事，其人識力議論皆好，較丁叔衡沈子培爲伉爽。

梁不通

葉記：（光，一六，五，一一〇。）梁杏叔同年有金石癖，藏拓本四千通，粵人稱之爲梁不通。仲約閣學謂不通正未易得也。

張祖翼

葉記：（光，一六，五，二七。）埃及殘石，美國斐爾士所藏，張祖翼逖先游泰西主其家，見之，乃古時石槨，僅存殘石二片，文字奇古，尚在希臘以前四千年也。張君欲打本，斐爾士恐損石，初拒不允，告以中國碑版所以流傳甚遠者，皆氈蠟之功，始拓得十餘通以歸。又：（壬寅，九，二四。）桐城張逖先，素未通介紹，讀拙著『語石』，心折求見，以埃及古文爲贄。

黃思永

翁記：（光，一六，六，一六。）永定河決，黃愼之思永挾米千斤赴南苑散放，云苑南五十村，房屋僅十之一，路不通，伊拚命往也。又：（光，二四，正，一八。）黃愼之來談昭信股票事，伊原奏，故欲與聞。

程文炳

翁記：（光，一六，九，一一。）程從周軍門文炳，初見。此人通敏不類武人，極言湖北鍊鐵可得大利，織布機器亦然。又從周在袁午帥麾下，五次入壽州圍城，文勤兄待之極厚。又：（光，二一，六，三。）昨在督辦處見程文炳之圉人河南馬金剛，長七尺，大數圍。又：（光，二九，五，二八。）程從周之子紹周恩培來訪，此人於各國情形皆熟，曾偵探日本，並嫺工藝。

衞汝貴

翁記：（光，一六，十，一一。）天津帶盛字營提督衞汝貴，號達三，送米十六石，平生未識也。又：（光，廿，六，一六。）北洋電派衞汝貴帶六千人進平壤。（旋以吞餉潰敗，革拿治罪。）又：（光，廿，一二，二一。）衞汝貴罪，刑部奏上，奉旨改立決。太后諭：『汝等有無議論，可從寬否？』三問莫對。又諭：『吾非姑息，但刑部既引律，又加重，不得不愼。』諸臣因奏不殺不足以伸軍律，始定。

李盛鐸

葉記：（光，一七，正，二一。）李木齋出示所藏宋元明本約百種，泰半皆臥雪樓袁氏物，爲之心醉。又：（光，一七，五，二九。）訪木齋，其寓爲明嘉定伯周奎舊第，有林木之勝，天忽大雷電以風，屋瓦振動，大木盡仆，爲心魄悚悸者久之。又：（光，一九，一一，二〇。）聞木齋揚州寓廬火，藏書二百篋盡燬，中多明人集部，世間不經見之本，亦江左文獻之厄也。又：（光，廿，八，二九。）木齋來，約聯名請起用恭邸，因南上兩齋先入告，聖意欲得外廷諸臣協力言之也，同署諸臣集議，道希屬稿。　翁記：（光，廿，一一，一六。）李編修（盛鐸）至督辦處爲文案，榮仲華所薦也。又：（光，二一，四，二〇。）李木齋御史第一，今忽告歸，他日封疆選也。

趙舒翹

翁記：（光，一七，二，二三。）趙展如（舒翹）刑部舊屬，今鳳陽府，語切直而勁，賢吏也。又：（光，一九，六，二二。）浙臬趙展如來見，其人有體有用，深於易理者也。又：（光，二一，三，二四。）蘇撫放趙舒翹，賢者也。此人吾識拔之于刑曹。又：（光，二六，一二，一二。）吳穎之編修來，言京城事皆目擊，有茶館人與拳匪有隙，因告莊王，拏送刑部，前後一百餘人，老弱婦女，悉數駢誅，時大司寇爲趙公也，冤哉。　葉記：（光，二七，二，九。）聞天水尙書授命時，執陸鳳石手，以電告急于劉張兩帥，覆電一云無能爲力，一云無可設法，聞之慘沮。

史竹孫

翁記：（光，一七，三，二九。）史竹孫看風水，談醫頗精，云每夕摩氣海，享上壽，彼村中人皆九十餘，得此法也。前後陰之間曰氣海。

宋書升

翁記：（光，一七，六，四。）宋生書升，號晉之，來見，誠篤人也。山東人目爲小康成。

張百熙

王記：（光，一七，九，二四。）聞張冶秋（百熙）得南齋，蓋作詩之力。又：（光，二八，一二，一八。）聞張司空有書與撫臺，言船山書院，此非管學及巡撫所宜問也。又：（甲寅，四，二三。）嶽雲別業爲張冶秋祠，云其故宅也。

端木子疇

翁記：（光，一八，正，一一）過觀音院問端木子疇疾，兀坐一樓者數十日矣。子疇孝子也，江寧優貢。其妻孝婦也，母在，孝婦侍母，子疇終身不入室。母亡，妻亦卒，遂不娶。館於祁氏，文端以國士薦之。一介不取，工書，長詞賦，曾輯通鑑中人君宜法者數十條，手繕成册，余爲進呈。又：（光，一八，二，十。）弔端木子疇，其嗣孫某，甚知禮。

壽富

翁記：（光，一八，正，一一。）寶竹坡之長子壽富，號蘭客，余戊子所取士。竹坡歿，壽富寢處苦塊，并鹽酪不入口，今二年矣。薩廉謂爲矯情，余敬之愛之。

蔡元培

翁記：（光，一八，五，一七。）新庶常蔡元培，號鶴青，紹興人，乃庚寅貢士，年少通經，文極古藻，雋材也。在紹興徐氏校刻各種書。

葉記：（光，二四，三，二八。）蔡鶴廎來，欲觀王萬隱遺集，卽請其編校，鶴廎萬隱門人也。

羅廸楚

翁記：（光，一八，七，二六。）新科羅迪楚旁景湘來。此生吾所激賞，不特經學，卽經世之學亦頗講求，非常之才也。又以知縣分湖北，將來著作必成，民事亦必不苟也。

黃翼升

翁記：（光，一八，八，十。）長江提督黃昌岐（翼升）來，年七十五矣，精神矍鑠，自言道光十五年入伍，大小數百戰，誓不取兵一錢，不掠民一物也。

隆培

王記：（光，一九，正，一五。）隆道台（書村，名培。）待幕友甚厚，有賓主之情。滿洲俗厚，近數百年不澆，所謂堯之遺風也。又：（光，廿，三，一七。）隆兵備言太后萬壽，前引大臣派福壽綿長，以人爲戲，可謂俳優畜之矣。又：（光，二七，五，三。）隆書村以忤袄遣戍，書來求救，銜閔歸獄，巡道兪撫首施兩端，何于此而有作爲，爲之一歎。

廷雍

翁記：（光，一九，三，二六。）廷邵民以所畫江南春橫幅見寄。又：（光，二二，五，卅。）廷邵民將赴奉錦道任。名士氣而有俗情。又贈王石谷山水卷，再拒之。

裕庚

翁記：（光，一九，六，一九。）湖北道員裕朗西（庚），爲八旗才子，幼從英西林屢被劾，今以辦武穴教案開復。目空一切，云香濤志大才疏。又此人不醇，然可用。又：（光，二二，五，二一○。）與裕閬西談，彼昨晤林董，提及歸遼事，欲中倭面講，恐未得當也。又，裕與美使田貝善，曾爲我周旋。

吳俊卿

翁記：（光，廿，二，十。）江蘇試用縣吳俊卿送詩幷印譜。其人曾館吳平齋家，能篆書，似不俗，亦不甚倜儻。又：（光，二四，一一，七。）吳滄石自蘇來，以篆刻圖章見貽。　葉記：（丁巳，二，五。）安吉吳昌石別號，年七十四矣，精神尚强固，惟有聾疾，兩耳重聽，談前日扶乩，濟顚臨壇，乙庵與古微同往問休咎，神示神龍再見。（是夏果復辟。）又襄陽來一黃冠，自言三十年辟穀，斷指療母，割肝療父，慈聖臨朝日，曾賜號曰仁孝眞人。又普陀有一僧，欲上書政府，請行釋教，云云。

徐乃昌

翁記：（光，廿，二，一八。）新門生徐乃昌所刻『積學齋叢書』，其人翩翩公子也，徐仁山之胞姪。　葉記：（光，三二，十，二五。）藝風爲徐積餘觀察作介，欲取不佞字學二種札記付刊，不知草創尚未成也。又：（癸丑，正，卅。）爲積餘題訪碑圖卷。又以『小檀欒室勘詞圖』屬題。又：（癸丑，五，六。）積餘招飲，同坐有陳伯嚴同年三立，胡瘦唐侍御思敬，李梅庵觀察瑞清，皆初識荆。瘦唐椎髻，梅庵羽冠氅衣，竟作羽士裝。又：（癸丑，二，十。）盧江劉建之觀察名體乾，前川督劉文莊之公子，長於碑版之學，亦富藏弆，有蜀石經兩本，皆在黃松石所收一本之外，與積餘同鄉至好，今來求題。

汪康年　辜湯生

翁記：（光，廿，四，一二。）汪穰卿康年談鄂事，力言蔡道有脾氣。又言福建辜湯生幼在外國，心實內嚮，有繙譯美約傳教一條，洋文並無到處建堂之語，極有功。　葉記：（宣，三，六，九。）閱『芻言報』，爲汪穰卿主筆，專糾各報之橫議，亦警世鐘也。

志銳

翁記：（光，廿，六，一五。）志銳奏參總署因循，北洋疲玩。劾葉志超丁汝昌，保姜桂題雷起勝等。又請派重臣視師。又請連英伐倭，摺甚多，並有起。又：（光，廿，十，二九。）太后召見樞臣於儀鸞殿，次及宮闈事，謂瑾珍二妃有祈請干預事，降爲貴人。臣再請緩辦不允。是日上未在坐，因請問上知之否？諭云：皇帝意正爾。次日上語及昨事，意極坦坦。又次日，太后諭及二妃，語極多，謂種種驕縱，肆無忌憚，因及珍位下內監高萬拔諸多不法，若再審問，恐興大獄，於政體有傷，應交內務府撲殺之。即寫懿旨交辦。又：（光，廿，一一，三。）懿旨，撤志銳回京當差。招募團鍊均停辦。又太后諭及志銳舉動荒唐。又回溯同治年事，慈顏爲之戚然。

袁世凱

翁記：（光，廿，六，二一。）令袁世凱來京備詢韓事。又：（光，廿，七，一六。）袁世勳來，爲袁慰廷事。慰廷前使高麗，頗得人望，今至津不得入國門，李相飭赴平壤，欲求高陽主持，因作一扎予之。又：（光，二一，五，二九。）溫處道袁世凱來見，此人開展而欠誠實。又：（光，二一，八，一一。）袁慰亭談洋隊事，此人不滑，可任也。又洋隊計七千人，每年需百萬，無乃太侈乎？　葉記：（光，二一，六，九。）袁慰庭觀察同飲廣和居，詢東事。袁君外眞率而內精靈，子靜栩緣之言不虛也。　翁記：（光，二三，三，一三。）袁慰亭自津來，以新建陸軍相商。此軍眞練，卻未可以常例繩之。痛言淮軍庸劣者呂本元數人，力保姜桂題宋得勝爲慶軍廉將。餘不記憶。又：（光，二三，八，四。）新直臬袁慰亭來，此人究竟直爽可取。又：（光，二四，二，二五。）袁慰亭來談時局，慷慨自誓，意欲辭三千添募之兵，而以籌大局爲亟。云須每省三四萬兵，且以瓜分中國畫報示我。又：（光，二四，五。）南歸過津，袁慰亭遣使厚贐，堅却之　葉記：（宣，三，一一，卅。）聞諭袁世凱爲副監國，又以唐紹怡電奏諭改政體。朝廷愛民，聞者感泣，彼受恩至深而反噬最先者，眞窮奇饕餮之不若矣。　王記：（宣，三，一二，二六。）電報和局，袁定送清停戰，又說文無凱字，纖思讖即凱也，省幾爲几，當由隷改。又：（壬子，正，二〇。）電報袁世凱爲總統，清廷遂以兒戲自亡。又補廿四史所未及防之事變。又蕭武弁極頌袁公，歐小道談袁事多張皇之詞，眞所謂時無英雄也。又：（壬子，三，七。）聞談段祺瑞電報，有似唱戲賈充，亦袁氏之恥也。又：（壬子，一一，一六。）袁世凱遣迎，正欲送女北上，怯於盤纏，即欣然應之。　葉記：（癸丑，正，一九。）閱報，驚聞隆裕皇太后上賓，都下訛言繁興，據醫云，去冬病浮腫，漸成臌脹，致不治。然何以聖躬先未聞不豫？蓋聞由夫己氏強迫移宮所致，國破家亡，終以身殉，哀哉。又：（癸丑，六，一九。）閱報中山君有三電數袁罪，其詞鋒甚可畏，有云清帝不忍人民之塗炭，公寧忍之？公若欲一戰，宜用於效忠清室之時，又云，公辭職外無他策。昔日爲任天下之重而來，今日爲息天下之禍而去。誅心之論，咄咄逼人，袁能因其一言而去乎？　王記（癸丑，九，二三。）夏生言袁世凱八字甚佳，尙有好運。江寧尙未血洗，不爲多傷。又：（癸丑，一二，西。）陽歷卅日而非除夕，外間不行，惟王莽行之，袁世凱不知爲此，此乃倭生所教，袁不敢違耳。又：（甲寅，三，一四。）用名片謁袁世兄，在客房外，迎入洋坐，坐客位，談久之，無要話，換茶乃出。又：（甲寅，五，二三。）袁大公子請入談，問鴻範。又袁四公子來學詩。又：（甲寅，七，一六。）參議院傳至總統府，入居仁堂，云即儀鸞殿，賽金花寢室也。兩總統對談，語不可聞。又：（乙卯，十，二三。）看報，惜鄭汝成以生命博封侯，而袁氏報之亦甚厚。　葉記：（乙卯，一一，九。）報登夫己氏申令，以君主立憲政體布告天下，改本大總統之稱曰予，漸進之詞也。其文言萬衆一心，厭棄共和云云。莽操受禪，九錫三讓，昔何其煩難而瞻顧，今何其便巧而肆橫，誠一世之雄哉。又：（乙卯，一二，一〇。）警廳送洪憲紀元告示，劉姬請付一炬。王記：（丙辰，二，二三。）討袁兵起，取銷猴元，成笑柄矣。

李秉衡

翁記：（光，廿，七，二三。）李鑑堂中丞秉衡，樸實平易，兵事將材，均極留意，良吏也，偉人也。又：（光，二三，十，二二。）德兵船入膠澳，電飭李秉衡毋輕言戰，貽誤大局。又海使必欲重辦李撫，提六條，與辨論，略定。李秉衡止稱不可做大官，去永不敘用字。又：（光，二四，正，一一。）部議李秉衡處分，上言李某全不以迭次諭旨為意，致有此變，勉予降調。並申言如再有事，惟地方官是問。

王之春

翁記：（光，廿，九，十。）王爵棠方伯（之春）來，此人在霆營幕中，曾左沈皆曾保之，最後彭剛直調赴廣東，張香濤令分界，由是峻擢。又：（光，二一，八，五。）王爵棠奉使俄國，以頭等欽差優待，並有肺腑語，此機胡可失哉。

立山

翁記：（光，廿，九，二二。）萬壽貢物，託立豫甫代辦。初奉懿旨，毋庸呈進，衆皆謂然，惟禮邸尚猶豫，其後樞廷諸君仍秘進，乃與高陽樵野同訪託之。又以徐汪諸人皆託之，伊皆許。此等事非此君不辦也。

赫德

翁記：（光，廿，九，二八。）赫德進馬車一乘，極精，馬四，僕四，夫頭一，四品花翎。又：（光，二一，七，二五。）赫德來見，以二事囑留意：一，稅務司用人，請勿撓其權；一，教皇如欲派使，務力持不可。因與痛談，彼亦了了，此人可用也。又彼熟於孟子書，旁及墨子，奇哉。又：（光，二三，一二，二四。）晤赫德，伊言四十餘年食毛踐土，極思助中國自强，前後書數十上，無一准行者，大約疑我不實不公耳。今中國危矣，雖欲言無可言矣。即如日本賠款，當時我獻策將海關洋稅全扣，每年二千萬，十年可了。今還債兩倍於本，孰得孰失耶？膠事辦此榜樣，各國生心，英本欲中國興旺，商務有益，今恐各國割據，則亦不免要挾矣。又我近呈旁觀末論，亦知中國萬不能行，特盡我心耳。其言絕痛，有心哉，此人也。

董福祥

翁記：（光，廿，一二，二八。）見董星五提督（福祥），忠勇無飾詞。　葉記：（光，二六，五，一六。）董福祥軍戕日本書記官，崇受之（禮）馳往綏頰。告以交涉事不能如此，亦不允。又聞董福祥召對後，即統軍備與洋兵開仗，榮相檄令撤調，不允。又：（光，二八，十，三。）至固原州。董星五宮保罷官後，寓戚家堡，寄語願見，輕騎往訪。沿途所見，精壯勇丁，絡繹不絕，將至堡門，健兒持白蠟桿子蜂擁而來，視從騎寥寥，皆趦趄而退。旣見，絕無寒暄，即自陳無異志，省帥何以見疑？氣湧如山，忿忿不平，形於詞色。其語操土音，十不得二三，一幕客鄂人爲之傳譯。臨別贈言，諷以逃禪。　王記：（光，三四，三，二五。）報載董福祥家資八千萬，槍炮無數，仲穎太師以後，又一富家翁也。

葉麻子

王記：（光，二一，正，九。）葉麻子（德輝）來，躁妄殊甚，湘潭派無此村野童生派也。　葉記：（光，二二，八，七。）葉煥彬吏部來談，煥彬本吾郡洞庭西山人，其祖游幕楚南，遂籍湘潭。論家譜甚殷，僕告以君楚籍，眞吳人，余吳籍，眞越人也。又，煥彬欲借醫心方。又，煥彬述所著有宋元版本攷，論泉絕句，自是吾宗巨擘。僕告以君讀世說太熟，舉止謦欬，皆可入臨川之筆，不覺大笑。　王記：（光，二四，四，五。）長沙人云葉德輝聲名甚盛，以能折梁啓超也。梁之來此，乃爲葉增價耳。又：（光，二七，一二，二。）召劇宴客，葉麻不來，無人管班，戲無精神。又：（光，二八，正，七。）葉自云日作冶游，以爲得意，亦太無恥矣。又：（光，三四，二，二五。）看葉麻叢書，亦有可觀。　葉記：（宣，三，五，四。）煥彬吏部自長沙來，精於流畧之學，去年湘省民變株連，與王益吾祭酒同落職，新舊交鬨，非其罪也。以譜系相商，必欲聯寒宗爲一族，並屬輯吾宗撰述目。又：（宣，三，六，二一。）煥彬至，論湘學，上自船山，下逮曾文正郭筠仙，今之湘綺葵園，皆有微詞，大言炎炎十餘紙，此亦學中之强項也。　王記：（宣，三，八，二四。）聞鄂變，遇葉麻亂談。　葉記：（宣，三，一一，二六。）葉煥彬衡陽函，言長沙軍變，隻身遁於南嶽僧寺，志在披薙，仍携譜稿纂輯不輟。又：（癸丑，五，一四。）煥彬來談刼後事，自言與民黨爲敵，前刋『翼教叢編』鳴鼓而攻，無可規免，此時祇能以戰爲守，日與黨人鬨於里門。此殆自夸，若果然者，何以免於今之世耶？王記：（甲寅，三，一二。）方表電請救葉麻，既告段，又告湯，猶恐無效也。旋煥彬來見，又送詩來。又，葉煥彬談往事，云曾奉詔逮，初未聞也。

李佳白

翁記：（光，二二，正，一九。）美國教士李佳白，至督辦處求見，欲投效軍營，奇哉。又李佳白來見，號啓東，頎長，意在以言語見長，似亦通道理，蓋彼國之善士也。　王記：（壬子，一二，二七。）李佳白約赴尙賢堂爲思賢會演說，意極殷殷。又：（甲寅，五，二一。）北京孔教會請至衍聖分府講學，又見李佳白，亦居京也。

喻長霖

翁記：（光，二一，四，二四。）殿試卷第三改第一，駱成驤；第十改第二，喻長霖；上所特拔也。諭：『今年試策有不拘舊式者，寫作均好，故拔之。又：（光，二一，五，六。）喻生長霖來見，久在南學，苦寒有志節，貌陋，頗有礙。　葉記：（光，二五，二，二三。）黃巖喻太史長霖來談，方嚴峭直，君子人也，但食古未化耳。

梁啓超

翁記：（光，二一，五，十。）梁啓超來見，康之弟子也。　王記：（光，二五，正，廿○。）看經世新編，梁啓超之作也。以余爲不談洋務，蓋拾筠仙唾餘而稍變者。康梁師弟私淑郭王，不意及身而流弊至此。又：（宣，三，八，晦。）康梁保皇以革命，其計甚狡。又：（甲寅，三，一五。）梁卓如率其子女來，面貌全改，亦不識矣。又至湖廣會舘，卓如爲父祝壽，賓客甚盛，見袁三少耶，侗五耶。坐待侗王孫出臺。又見惲薇孫串戲。

徐用儀

翁記：（光，二一，五，一二。）與徐小雲論事不合，至動色相爭，平生受侮，類如此耳。又：（光，二一，五，一九。）與小雲談借款事，彼此齟齬，竟致忿爭，觀其意殆將引去。是日見起，彼未上，云有疾，比退則已拂衣去久矣。幸無事可辦，否則失却君房矣，可歎可歎。又晚約樵野商借款事，訂正小雲所發九三扣電之誤。又：（光，二一，五，二六。）御史張仲炘封奏未下，內傳徐某不必見起，既入，上手奏命諸臣看，則彈俄款九三一事，謂故意將百十萬畀人，并參同官當責分賠云云。臣力爲辨，上意乃解。又：（光，二一，六，一一。）王鵬運奏劾徐用儀比附孫毓汶，并及借款事，邸等皆爲申辨，上怒未回，令候懿旨。（旋罷軍機）又：（光，二二，九，一五。）徐小雲侍郎車過棋盤街，忽有人狙擊，幸未中，特頰爲玻璃劃傷耳。奇事奇事獲旗人林光，類瘋顚，云爲其弟報仇。

豐紳泰 善年

翁記：（光，二一，五，二六。）山東運使豐紳泰（荷亭）來見，其人孝友，頗清廉，銀庫舊屬也。伊言國子監助教善年，號俠卿，傳其已死，實隱大房山，廿年前賣卜人，呼爲善半仙者也。余在祭酒任稔知之。

夏毓秀

翁記：（光，二一，五，二七。）松潘鎮總兵夏毓秀，雲南人，身面二十九傷，鼻斷，唇褰膝破，勇將也。戰功皆在雲南，談川邊礦務甚詳。光緒七年，丁文誠委令自松潘歷兩金川打箭爐至建昌，瓜土司木里土司礦最旺。

陳熾

翁記：（光，二一，五，卅。）陳次亮（熾）來，吾以國士遇之，故傾吐無遺，其實縱橫家也。又：（光，二三，六，一三。）陳次亮以摺示我，全是風話，內有涉余名者一句，以墨筆批出還之，不如此不能斷此妖也。又：（光，二三，八，二七。）陳次亮竟得心疾，奉其母來，廹其母去，顛倒昏謬，旋即奉諱，本擬賻助，今送十金耳。

游智開

翁記：（光，二一，八，一三。）游子岱（智開）來，此君爲曾文正所識拔，有政績，今特召來，今年七十九，齒未脫，耳目如少年，誠朴人也。

蔭昌

翁記：（光，二一，九，二〇。）直隸候補道蔭昌，由學生至德國當繙譯，投入營當兵，升哨官，靈變而伉直，可用。又：（光，二三，一二，二〇。）蔭五樓曾入德奧兵隊，與德王同學，今在天津武備學堂帮辦，挑帶八旗子弟百五十八入學，頗鯁直，無習氣，與論人物，云在津無所見。

王記：（甲寅，五，二七。）見蔭侍從，紅絲纏身，軍服，頗標致也。

蔡鈞

翁記：（光，二一，九，二五。）蘇道蔡鈞，號和甫，湖北籍京城人，歷辦洋務，有能名，亦有小人之目。曾刻書，被御史劾燬板。卞頌臣力保，張香濤不用，其言聯五大國邦交，次辦鐵路，多借洋債也。

兪廉三

王記：（光，二一，一一，六。）兪廙仙（廉三）新臬使，其人蓋能吏也。廙，行屋也，即離宮，從來不見用此名字。山陰人，起家幕友，久在山西。又：（光，二三，二，一三。）爲兪廙仙題臥遊圖，令人畫冊，而到處徵題，殊難著筆。又：（光，二七，五，一八。）與書兪巡撫，爲隆兵備求免戍。兪方欲避庇隆之名，必急遣之，以明己之不忤祆也。又：（光，二八，九，二九。）彭稷初言兪撫三聘賀金聲而後殺之，與殺譚楊同意。又：（光，二九，二，一三。）聞撫台爲洋人所擠去，殊出意外。又，撰送兪中丞歸山陰序。

楊崇伊

葉記：（光，二二，一二，七。）聞彊學書局爲楊莘伯所劾，奉旨封禁，到台第一疏也。前邵伯英彈毛西河，亦虞山人也。又鄭𨞟門請禁用說文，掎摭及於許叔重，則莫釐山人也。他日當爲三御史贊以表彰之。又聞北城於查封書局後出示，至詆爲不肖京官，副憲楊榮波命往揭之，此老尙有是非也。又：（光，二四，八，六。）政局全翻，發難者仍楊侍御也。並聞先商之王廖兩樞臣，皆不敢發，復赴津，與榮中堂定策，其摺係由慶邸遞入。又：（光，三四，九，二二。）閱報，記楊莘伯觀察爲瑞方伯嚴辦，詳由督撫會參，革逐嚴管，從來紳士獲咎，未有如此者，況曾列諫垣詞舘者乎。

容閎

翁記：（光，二三，四，三。）江蘇候補道容閎，號純甫，久住美國，居然洋人矣。談銀行頗得要，前爲江南至英法購辦機器，曾侯曾保之。

楊度

王記：（光，二二，四，五。）楊晳子來問公羊，論王制犆祫，甚有心思。又：（光，二八，三，一二。）晳子來言，定出洋，余告以當恤名，意殊不止，讀書信不能變化氣質也。又，楊生欣欣治裝，予謾云各從其志而已。王船山醜詆犬羊，而其子求試焉，三徐不似舅，有何可歎。又：(光，二八，一一，二六。)楊郎歸，問東洋所學，乃欲抹殺君父以求自立，新學有此一派，然必期於流血，則又西洋好殺之習。日言宗旨，仍是空談。又：(光，二九，七，一一。)楊度被緝，已逃東海，書癡自謂不癡，故至於此。又：(光，三一，九，一一。)馴子言，楊度女為女界特色云云。又：(光，三三，一一，一九。)楊度請開國會，尋余領名作呈詞，一味取鬧，余為改定。又：(宣，元，一二，一一。)外間皆言楊梁入京運動，何鬼祟如此。又：(宣，三，二，一七。)藕生云楊度乃拜袁門之力，聞所未聞。又：(甲寅，三，二六。)至京，晳子來接，同車至宅。又迎至西苑謁袁。又，夜與楊談，云南北禪代，已有其功，蓋與黃興密約也。又：(甲寅，一一，二六。)史館派楊度護理。又：(乙卯，八，九。)聞勸進事又作罷，楊生徒挨一頓罵耳。

譚嗣同

翁記：(光，二二，四，二三。)譚嗣同號復生，江蘇府班，敬甫同年繼洵子。通洋務，高視闊步，世家子弟桀傲者也。又：(光，二三，三，二七。)譚敬甫中丞來，此人拘謹，蓋禮法之士，從前不知，而有此子何也。

曾廉

王記：（光，二二，五，廿。）訪曾廉伯隅，近來志節士也。楊哲子亦在其寓。云邵陽有賀秀才（金聲），亦節士。又：（光，二七，五，二七。）楊生論衡閒一獄，曾廉等宜直往夷使處詰責索罪之謬，但恐廉等私書爲夷所輕賤，不復以人禮待之耳。昔耆英與李太伯語，李出其奏稿質之，耆遂遁還，賜死，所謂行蠻貊者必忠信也。

沈瑜慶

翁記：（光，二三，五，一九。）門人沈藹蒼（瑜慶），江南道員，此人識略極好，且有斷制，不愧爲沈文肅之子。

夏旹

翁記：（光，二二，五，二三。）前四川辦理官鹽局道員夏旹，號菽孫，樸實懇摯，談川事中肯。　王記：（光，二九，八，二九。）贛撫夏生，使江峰青致夏書，肫肫請至南昌，詞頗雅飭，疑榜眼筆也。又：（光，二九，一一，二一。）至南昌，叔軒自來迎。又，住豫章書院，大宴集，延見教習學生。又，生日，撫臺來請，云已結綵棚爲我祝壽，主人衣冠設拜。又，辭歸，主人設餞，傾城出送。又：（光，卅，二，九。）夏撫遣船來迎，與書，告以未能即行。又，得夏生復，似有怨意，文人不廣，作書諭之。又：（光，卅，四，十。）復至章門，撫臺率司道公迎。又，入署，要二陳（伯嚴，復心。）密談。又：（光，三一，二，一八。）聞夏撫被劾開缺矣，旋聞至陝督幕。又：（光，三一，一一，七。）游陝，叔軒父子送至華清，同浴而別。又：（光，三二，七，七。）聞竹軒病故。竹軒署似胡文忠，胡能行志，夏齎志耳。吾負胡而未負夏，張孝達乃以爲政出多門，誤矣。

姚文棟弟文枏

翁記：（光，二三，五，二五。）上海姚志樑（文棟），直隸道員，此人龍門書院高才生。其弟文枏，舉人，亦名士也，曾隨使日本俄德，又勘雲南與緬甸邊界，著有『勘界記』，文秀而議論正，欲以周官參西人教養之術，有心哉。

徐慶璋

翁記：（光，二三，五，二九。）徐慶璋，號璵齋，保遼陽州，統團練萬餘人，有青天之目。此人甚粗疎，而有血性，品評諸將皆中肯，有戰事記，頗詳。

羅應旒

翁記：（光，二二，七，二〇。）四川人羅應旒，號星潭，奇士也。曾任貴東道被議，或傳其在青城山學術，殆未成也。送詩畫扇，嘗從駱籲門劉霞仙用兵西番越南，今自遼東歸，久在徐邦道處，依將軍特薦之，交鹿傳霖差委。

黃遵憲

翁記：（光，二二，九，二一。）黃遵憲號公度，舉人，道員，新加坡領事。新從江南來，江南官場多不滿之，詩文皆佳。又：（光，二三，十，一八。）英使說黃道在新加坡有扣商人四萬元，欲入已，今留在新加坡總督署，堅拒不接待。又：（光，二三，五，卅。）黃公度新授湖南鹽法道，來談：第一開學堂；二，綏海軍，急陸軍，重在延德人練德法；三，海軍用守不用戰。三大可慮：一教案，一流寇，一歐洲戰事，有一於此，中國必有瓜分之勢。論人材少許可，于晦若，沈子培，鄭蘇龕，梁啓超，沈尙能辦事。又，朱之榛，盛杏孫並好手。又：（光，二四，正，二三。）上向臣索黃遵憲『日本國志』，臣對未洽，頗致詰難。　王記：（光，二四，四，一三。）黃鹽道（遵憲）欲巡撫用禮拜日休息，不知何意。與康進士欲改正朔從耶蘇者同耶？

葉記：（光，二四，九，三。）使日大臣黃公度同年，先有密諭交兩江督臣看管，因日本伊藤侯爲之緩頰，英人又遣兵保護，遂得旨放歸。

季鳳台

翁記：（光，二三，三，一八。）新派海參崴委員李家鏊，云季鳳台山東人，在海參崴有大舖。又廣源盛，上海婦人也，嫁洋人，在伯利開舖，號令行於一方。（俄佔旅大，季鳳台隨至，及庚子，爲俄軍充運輸，獲利尤豐，大連商業歸其掌握，日俄戰後始衰，旋卒。）

聶士成

翁記：（光，二三，五，一二。）直隸提督聶士成，曾從文勤兄於壽州，談保守，聲淚俱下。其人樸實不貪財，舉宋得勝等可當一面。言朔方邦交宜防。昨日東朝召見，賜虎字並活計以奬之。又看聶功亭『東游記程』，於中俄邊界注意畫圖，不可謂非有心人矣。

馬玉崑

翁記：（光，二三，八，一八。）馬鎮玉崑，號景山，蒙城人。曾在關外十六年，日本之役，屢打勝仗，宋慶所部，宋老矣，將以兵付之。其人直爽，亦深於世故。

禮邸

翁記：（光，二三，一二，一七。）問禮邸疾，云精神恍惚顚倒，未能見客。又，（光，二四，二，四。）聞禮邸是心疾，慈聖遣內官往問，則舉手向上，又披胸前，忽云病，忽云無病。（按恭醇爭政，禮得其利，然左右兩難，而慈聖尤不易逢迎，宜其病也。）又：（光，二四，二，二五。）吳子備從南來，仲華約爲禮邸看病也。又：（光，二四，四，一三。）交旨：世鐸病稍痊，即銷假。（按恭醇既歾，禮可銷假矣。）

劉佛青 振青

葉記：（光，二四，三，一。）劉佛青農部贈所著『囈言』一冊，抑商一篇，能探其本，非湯鄭二公所能知也。又：（光，三三，十，二一。）得劉振青同年訃，歿於都門，年僅四十有九，曾一充湖北考官，一官不達，甫至侍講，遽夭天年，老母尚在，可哀也已。寶應三劉皆舊交也，佛青戶部，丙戌先舉進士，君與我三同年爲從昆季，同登己丑文榜，於佛青爲從子，族屬已疏，並承叔俛先生之餘緒，文章經術，具有本原，而君學行尤邃，望之弱不勝衣，而處事堅忍不可怵誘，失此畏友，良用憮然。

熊希齡

王記：（光，二四，五，二六。）熊吉士方攻王祭酒，陳撫父子助熊，三山長被逐矣。又：（宣，二，二，十。）熊秉三來，肥白穩重，知非祭酒所能殺也。復職且京卿矣。又：（乙卯，三，二一。）至國務院前內閣熊寓，主人出見，云攝政王府也，府未成而王失政，猶欠工五十萬金。

八指頭陀

王記：（光，二四，五，二五。）八指頭陀來，多識時務，市僧也。又：（光，二六，六，一一。）寄禪來，荒唐似有狂疾。又寄禪來商改詩，云衡州無人商量，此僧定詩魔矣。又：（甲寅，三，三。）聞寄禪在京示寂，還柩天童。

鹿傳霖

王記：（光，二五，二，二八。）夢與鹿滋軒論吏治，滋軒尚是三四十歲時，科頭談笑，不似爲督撫後大架子。　葉記：（光，二七，三，九。）鳳石函云，李蠡莼疏請迎鑾，上意頗動，爲吻吻者所阻。吻吻窟穴在秦，滿腹私心，睚眦必報，識者稱爲識字之剛相，與夔相大相齟齬，不知滬上報章騰筆肆罵，呼之爲頑固餘孽，豈褎如充耳乎？　王記：（宣，二，九，一二。）作鹿滋軒挽聯，鹿重然諾。

汪榮寶

葉記：（光，二五，一一，一五。）汪袞甫以所著『法言跡証』相貿，吾鄉後起中傑出才也。又：（乙卯，一一，一二。）汪袞甫參議（榮寶）寄所刻『法言跡證』，跡通証明，訓故爾雅，王氏廣雅錢氏方言之亞也。刻書之意，爲莽大夫平反，亦自傷所遇也。

沈鵬

翁記：（光，二五，一一，二五。）連日爲沈鵬在京欲訐大臣，同邑公議逐令出京。旋天津報登其疏稿，而論者遂疑余主使。沈既歸，又作辨誣一篇，於是同鄉益憤，痛斥之，始允不再鬧事。噫，沈一癡子耳，其人不足惜，而欲累及師門，亦奇矣哉。又：（光，二六，二，三。）聞沈癡提省甚好，可根究也。又聞沈發省永禁，與陳鼎吳式釗同罪，有喪心病狂語，連日謠言百出，可以息矣。

李蟠

王記：（光，二六，正，一六。）鄒元吉談貴州事，甚推李蟠戰功及高潔過彎琴云。九龍大王妻復仇，蟠一戰摧之，遂降百砦，肅清千里，歸隱屠肆，授總兵不拜，奇人也。

端邸

葉記：（光，二六，五，一六。）聞端邸到譯署，改照會爲飭知，令各國使臣此後毋許傳教；所有折毀房屋者，自行修理；人命亦置不管。又亂民將燒東交民巷使館，或云不可啓釁，映之云：紅燈慶自天而下，不啻天火，何能尤人。又云：都城無鬼子，從此可享太平矣。又：（光，二七，一一，九。）遇楊內翰卓林，舊館端邸，開缺之大阿哥，即其高足弟子也。 李記：張牧莊內翰（錫申），嘗館端邸，授貝勒載漪讀書，去館歸後，貝勒猶月致脩餔。

崑岡

葉記：（光，二六，八，十。）聞留京大小諸臣，猶各樹標幟，崑相裕壽田阿雲亭諸公爲一班，敬子齋惲薇孫爲一班，郭春楡與樞曹諸君爲一班，于晦若李亦元諸君爲一班。崑相已聯名具摺請安，並請議款。又聞煇薇孫約子齋尙書敬信見洋酋，請其約束兵丁，勿使擾民。又栩緣贈崑師百金，今日遣伻送去，云其紀綱猶有額外需索，眞末如之何矣。又：（光，二七，二，二七。）謁崑相師，尤轉商之日本官，交回史館，即暫未能，或但往查文籍。師言行在諸公，顯分畛域：

以匿蹕者爲第一等，奔赴者爲第二等，留京者爲第三等。吾輩効死危城，不知何負於朝廷也。又：（光，二七，六，二○。）徐供事云，今隨內閣諸吏入禁城，館門嚴扃，踰垣啓鍵而入，大堂及科房門窗洞闢，書庫未動，惟公牘狼藉，不可收拾，言之浩歎。又：（光，二七，八，五○。）和議成，禁城始交回，卽接收史館，堂中列櫃封識雖開，圖書無恙，崑相師言，卽日馳奏。

希廉

葉記：（光，二六，九，三○。）紹甫同年希廉，短衣賣鹽花度日，國子先生至此，眞不忍聞矣。

王儀鄭

葉記：（光，二七，二，八○。）聞皖人王伯穀挾洋人之勢，欲佔江蘇會館爲東文學堂，王承之廉惠卿左右之。王名儀鄭，本江湖游食者流，並無實學，高懸名士招牌，潘文勤作古，送輓聯，託之夢徵，自述知己之感，其實文勤夾袋中未嘗有其名氏也。段少滄比部憫其無嗣，以一婢贈之，豈知伯牛有疾，並婢亦身染惡瘡，眞無賴之尤。惠卿不曉事，爲所牽率，可惜也。

曹棫卿

翁記：（光，二七，五，三。）江陰人曹棫卿，以所藏繆文貞萬歷四十一年會試硃卷請題，再拜捧讀，如見鬚眉。跋稱不知所自來，在農家三百年矣，奇物也。

屠寄

葉記：（光，二七，六，一三。）屠竟山云，去年七月在黑龍江將軍壽山幕府，上書三千言，勸勿與俄人開釁，幾遭不測，自草地入關，流寓大同，兩次被劫，書籍一空。又：（壬子，十，一七。）閱報，屠竟山居鄉，出爲民政長，其子任教育，父子罔利，輿論大譁，毗陵人士攻而去之。竟山吾故人也，儷體不在晉宋以下，詩筆可繼洪黃而起，晚節披昌至此，可惜。

夏孫桐

翁記：（光，二八，二，一九。）辰門人夏孫桐，號閏枝，翰林，廣東試差旋，得信並贄禮五十金，蓋猶修承乎故事也。雀羅之門，何遽得此。（孫桐宣統年知杭州府，公正有聲，後爲清史館總纂，撰列傳，筆削尤嚴。）

王樹枏

葉記：（光，二八，九，四。）中衛縣王晉卿大令，丙子同年，饋所箸各書。在隴上同官中，固爲巨擘；北方之學者，南皮以外，亦未能或之先也。大令保定新城人。又：王大令言廣武城一帶，晚穫損於霜災；靖遠及平遠境，又有碩鼠爲害；兵兆也。語重心長，咨嗟而別。

汪栗庵 張闇如

葉記：（光，三九，一一，一二。）汪栗庵太令自敦煌拓寄經洞大中碑，及舊佛象一幅，寫經四卷。聞此經出千佛洞石室中，室門鎔鐵灌之，終古不開，前數年始發鍵而入，中有石几石榻，榻上供藏經數百卷，卽此物也。當時僧俗皆不知貴重，各人分取，恒介眉都統，張又履張筱珊所得皆不少，大中碑亦自洞中開出，此經疑卽大中寫本也。栗庵自述其所撰楹帖云：夏無酷暑，多不奇寒，四季得中和景象；南倚雪山，西連星海，九州尋嶽瀆根源。非俗吏之吐囑。又：（宣，元，十，一六。）張闇如言，敦煌又新開一石室，唐宋寫經畫象甚多，爲一法人以二百元捆載去。俗吏邊氓，安知愛古，令人思汪栗庵。又贈鳴砂山石室秘錄一冊，卽敦煌之千佛山莫高窟也，中藏經籍，碑版，釋氏經典文字，無所不有，其精者大半爲法人伯希和所得，置巴黎圖書館，英人亦得其畸零。中國守土之吏，熟視無覩，鄙人曩行部至酒泉，已聞石室發見事，而竟不能罄其寶藏，輶軒奉使之謂何，愧疚不暇，而敢責人哉。

王宗海

葉記：（光，卅，九，五。）敦煌王廣文宗海，以同譜之誼，餽唐寫經兩卷，畫象一幀，皆莫高窟中物也。廣文云：莫高窟開於光緒二十六年，僅一丸泥書然，扃鐍自啓，豈非顯晦有時哉。

陸鍾琦

翁記：（光，卅，正，廿。）門人陸中甫觀察（鍾琦）來謁，戊子舉人，己丑翰林。其弟鍾岱，兩次與兄同榜。其祖母年八十四，尙健在。其祖心鑑，瞽而善卜。其父老諸生，盛伯羲之師也。

譚延闓

王記：（光，卅，三，一五。）看京報，文卿兒得會元，補湘人三百年缺憾，襲榜眼流輩也。又：（光，三二，一二，二三。）譚會元來求撰文卿碑。又出李東陽像請題。又：（光，三二，正，六。）譚會元談收心法，以寫字為日課。又：（宣，元，九，朔。）開諮議局，會元投票為議長。又：（宣，三，五，九。）譚大五來言，組安留京不還，以避爭路風潮。又：（宣，三，八，二六。）會元來，約同往撫署，官紳數十人，殊無秩序，大致言鄂變耳。又：（宣，三，九，廿。）甘權局逃還，求致書譚會元，告以不與賊通。又：（癸丑，三，一六。）女學監督康生來，云省派撥經費五千，譚會元新政也。又：（癸丑，七，一一。）譚人鳳專人來迎，蓋欲倚我更易軍事廳，會元得力人也。又聞譚欲委罪於譚，故未去。

升允

葉記：（光，卅，一二，七。）邸抄：升吉甫中丞調察哈爾都統。升中丞清廉中正，能持大體，不避權貴，鯁直敢言，在近時疆臣中，不獨旂員之委蛇，卽南皮項城，一以學問見推，一以幹略自負，然皆亂世之能臣，有安社稷臣者，以安社稷爲悅，非公無足當之。卒以直道不容於權倖，不能不爲朝廷惜也。

島田翰

葉記：（光，三二，二，二八。）日本島田翰寄贈古文舊書考。其父號篁邨，父子皆校勘家，從竹添光鴻學，盡見其所藏唐鈔宋槧，並徧校內府書。校讎簿錄之學，與鄙人同嗜，我國錢遵王，季滄葦，錢竹汀，顧澗蘋諸家之論，皆肄業及之。楮印精惡，版幅寬廣，行字之大小疏密，宋諱訛奪，辨析毫芒，精謹無比，不意島國乃有此人。此種舊學，卽中國亦將成絕調，如島田者，眞舊到家矣。

宋法灝宋炳文魯承先

葉記：（光，三二，三，七。）臯蘭廩生宋法灝，宋炳文，魯承先遞公呈，言能化鐵爲銅，其法以巖石先用鏹水化合；再浸鐵片三四日。爐火鎔鍊，卽成紅銅，與日本所產無異。自陳上取之本草綱目，下取之化學家言，初頗疑其不經，今在洋務局當面試驗，居然如法鍊成，此理不可解也。

曹樹勛

葉記：（光，三二，五，二。）過西安，至撫署謁曹竹銘師。違侍踰十年，師生皆皤然老矣。舊時師氣體豐偉，有曹獅子之稱，今精神雖未十分憔悴，語言微澀，步履甚艱，聞在滇患偏中風，幸而得愈也。

湯壽潛馬浮

王記：（光，三三，六，朔。）看湯壽潛『危言』，皆施行矣，亦策士千載之遇。　葉記：（甲寅，十，五。）見朱舜水遺書。湯蟄仙命其女夫馬浮校刊，前有湯序，觀其文，此老之初心晚節，洞然若揭，雖同處季朝，曷可自附於舜水哉。（按壽潛本名震，翁記有以湯震危言進呈云云）

吳慶坻子士鑑

王記：（光，三四，五，八。）吳學臺請客，主人便衣，尚有京派。見雲南昭通新出漢碑，及紅匣拓本。又贈其子絅齋所作『補晉書經籍志』，經籍藝文，古今名異，此補宜名藝文，以多散篇，不成籍也。又：（宣，二，一二，二八。）過子修，言開復王祭酒事，巡撫不敢，改建存古學堂，則可奏也。

瑞澂

王記：（宣，二，四，四。）紳衆意畏瑞澂，不知其行尸走肉，不日將敗也。又：（宣，二，五，五。）瑞督有坐省委員，隨時可稟撤道府。又：（宣，三，八，二五。）瑞澂逃矣。

魏光燾

王記：（宣，二，四，六。）過魏午莊。聞名卅年始相見，乃昔從沅浦攻吉安，亦老營務也。樸厚有湘將之風，但無可談。又魏督又來謝，蓋謙謹殊甚。又：（宣，三，九，二六。）朝命已更鄂督，使魏代袁，傳云魏不敢去，起魏自是轉機，然魏懼非其人也。

楊葆光

葉記：（宣，二，十，一三。）楊古醞太守自雲間來。年八十一矣，步履精神尚矍鑠。在新昌縣任爲浙撫張曾敭劾罷，老驥伏櫪，壯心未已，惓惓國粹，義形於色。

程德全

葉記：（宣，三，正，一四。）程中丞倡修寒山寺。新刻寒巖詩，後附拾得豐干詩，來索寒山題詠，方輯寒山寺志，即錄付之。又寒山寺志成，中丞欲拙稿付寫官，並送鄭小坡參訂，此老服膺鄭學也。又鄭叔問所簽，如囈如吠，悍然奮筆，大言不怍，著書義例，全未夢見，妄人奚足校也。又俄領事格羅思，以寒山寺公燕在座，求附簡末，外人亦好名耶？請中丞自酌之。又：（宣，三，九，一五。）聞中丞宣告獨立，謂欲免生靈塗炭，不得不出此權宜之策。警道與觀察抗議，即檄罷之。人言此公腹有鱗甲，深沈難測，今始知非虛也。又：（壬子，七，二三。）去年輯寒山寺志，爲夫己氏也。屬稿時，其人假面猶未剝，朝廷畀以疆寄，儼然重臣也。今再加一序，以寓誅貶，辨奸之論，討逆之檄，絕交之書，皆於是乎在。

費樹蔚

葉記：（宣，三，三，一○。）費仲深，芸芳前輩之子也。屬題雲自在圖卷，中有其先德手跡，庚子拳亂失之，今從廠肆贖歸，亦一重文字緣也。又：（乙卯，八，二三）費仲深應肅政使之召，進京不十日，不辭而返，楊廉夫詩云：『白衣宣至白衣還』，既汚僞命，視老鐵雖差一間，見機不可謂不早也。

章鈺

葉記：（宣，二，五，一九。）章式之來。已由吏部改調外務部，兼領圖書館，述所藏秘冊，有『宋太宗實錄』殘本，又有『民鈔記畧』，言董華亭有子不肖，得罪鄉里，署書楹帖，思翁尺蹏寸紙皆毀滅，潞宮仆碑不啻也。民者輿論，鈔者籍沒之詞。又言黃蕘翁所見錄稿本十餘冊，歿後付瞿木夫，庚申刧後，爲陸存齋所得，其所著『羣書校補』，郭象之竊莊也。皆聞所未聞。又：（壬子，一二，二六。）得式之津門書，言以校書遣日，假人舊校，迻錄新本，一歲已得六百餘卷。此亦荆棘叢中安身之一法也。又：（癸丑，二，十。）式之津門函，文采斐然，把玩不能釋手，但推挹過甚耳。

李瑞清　陳三立　左孝同　秦炳直等

王記：（壬子，六，二。）作書問訊海上避地諸子：樊雲門，沈子培，陳小石，瞿子久，俞廙仙，余壽平，易石甫，李仲宣，李梅盦（瑞清自號清道人，道裝賣字，嗜蟹，衆稱曰李百蟹。）陳伯嚴（三立，號散原，寶箴子。），左子異（孝同，程德全獨立，孝同大罵而行，不愧文襄之後。），秦子質（炳直，提督。）曹東瀛（廣權，法部參議，善書，似石庵。）岑堯階（春萱），袁海觀（樹勛），沈幼嵐（秉堃），金殿臣（蓉鏡）。憶似甚多，而又何其少也。又：（壬子，一二，二七。）至上海，樊山坐小艇來談。碩甫，伯嚴，子玖，子修，小石，重伯，梅癡同集飲，皆言宜留此度歲。宿瞿寓。章一山，宋芸子，袁海觀，余壽平，劉健之，吳劍華等先後來。張讓三送詩，寶子申（巽）改名李穠，云招遠人，蜀官子而冒爲蜀人也。何詩孫（維樸）視我爲子貞子姓行，誤矣。金殿臣自嘉興隻身來，眞我客也。李瑞琴（稷勳）亦來，眞奇緣也。曹東瀛爲診疾。王采臣（人文）送詩。梁心海已截辮。林貽書（開謩）送詩，認眞大做，亦殊可敬。劉葱石約飲，客有吳絅齋，沈愛蒼，傅苕生，並邀趙伯藏亦來相見，正待伯藏，喜其已至。又：乘岳陽船歸。又：（癸丑，閏，一五。）電約伯嚴協撰，復云『刻不能來』，誤譯作萬不能來，一字出入大矣。

宋教仁

王記：（壬子，一一，二九。）宋教仁來談，似講史學家沈子培之流也，豈亦聞松筠十友之風者歟？又：（癸丑，二，二八。）聞宋教仁被槍死，湘教育開會，云袁所爲也。

王秉恩

葉記：（癸丑，正，八。）王雪澂廉訪來。言在嶺南得劉猛健碑，巍然巨石，已聾而致之滬。又見遵義莫氏藏濟火碑拓本，即鄭子尹所見者。字青石赤，形模甚奇，惟日月二字可釋。又言在黔見洪厓石刻，高廣如數間巨屋，道咸間呂堯仙刺史遣碑工架梯拓之，乃墨書於巖壁，非刻文，不可施氈蠟，以雞蛋白和麵爲屑，範爲碑陽文，又縮刻於石，今傳世者是也。又：（癸丑，五，二六。）雪澂來，談金石，談校勘，談貴州莫鄭之學。又聞貴州獨立時，撫署會議，僅一人按劍而起，而沈靄蒼遁矣。

李詳

葉記：（癸丑，三，一四。）興化李審言，名詳，熟精選學，舊在蒯禮卿處課讀，今爲劉聚卿延教其子弟。介績餘同來，衣冠甚古，望而知爲樸學。出所箸『媿生叢錄』爲贄，其自號也。又：（癸丑，五，一一。）李審言交『海上流人錄徵事啓』，駢文胎息甚古，然欲仿永嘉流人之例，爲海上寓公人作小傳，近標榜矣。

劉世珩

葉記：（癸丑，四，五。）劉葱石贈唐崔忻『井闌題記』拓本，今在金州旅順口，光緒乙未，登萊青道貴池劉含芳搜得於黃金山陰，築亭以護之。又：（乙卯，三，五。）舊藏碑版八千通，葱石願以千金易之，告以當請積餘爲張懷瓘，不可面談。乃伻來，丁寧拓本無爲他人着先鞭，並不欲使積餘知，其意不可測，即告以至好不敢論値，請作二千元，非善價也。又葱石即日遣其紀綱與寫官到此，聽候鈔寫碑目，其意在編輯，鄙人三十年精力所聚，忍痛一割，爲療貧計，豈能爲任編纂之役。又再來函，則變售碑之說爲編目，並要經幢殘稿，請爲足成，即復一函謝之，此約毀矣。又：（丙辰，九，一○。）訪葱石，其居雖在租界，已遠市塵，臨曠野，開門小有泉石，花木扶疏，亭臺掩映籬落間，此君享受不淺。

楊鍾羲 震鈞

葉記：（癸丑，六，一○。）子勤同年鍾廣，漢軍旗籍也，由詞科截取知府，分發浙江，匋齋督兩湖，調赴鄂，又隨節移江南，復漢姓爲楊，改名鍾羲，調淮安，調首府。辛亥之刼，僑居海濱，宦囊如洗，遭母憂，至無以庀喪事。古惟子培兩君爲言於翰怡，延司校勘，助以四百金，始克攜櫬歸窆，廉吏可敬，宦途之下塲亦可歎也。又：（丙辰，九，五。）唐元素亦旂人，與子勤至好，原名震鈞，著有『天咫偶聞』等。

劉承幹

葉記：（癸丑，一一，一九。）劉翰怡藏有今上御筆屬題。小臣曾侍講帷，宜謹書其後，河陽方狩，何以下筆耶。又：（甲寅，十，一二。）劉翰怡刻叢書，徵鄙人撰述，舊篋叢殘，諱不敢宣，但以『邠州石室錄』付之。又：（乙卯，一二，二十。）翰怡延輯『四史校勘記』，以三年爲期。翰怡前議刻四史，誠不朽盛業。校勘之說，發自鄙人，不可辭也。又：（丙辰，五月。）翰怡以車來迓，即造其廬。層樓華煥，留賓一椽，亦精潔。主人偕嘉善錢銘伯觀察同出見，其泰山也，尙是文社舊交，又同官京朝，解組後家居不出，今以嫁女到此。又此間同事儀徵劉謙甫，爲恭甫同年之弟，而誠甫禮部之兄也，在此爲補輯『宋會要』。武林張硯生掌書記。又有盋庵，辭愚。又翰怡出示羣籍，皆書肆送來樣本，屬爲甲乙。又翰怡淫於書，書估踵門者如市，舊刻舊鈔，日爲評隲。又：（丙辰，六，二七。）在蔣孟蘋處觀其藏書，翰怡之戚也。

朱祖謀

葉記：（甲寅，二，二二。）朱古微召集別墅；其地分吳氏兩壘，軒之一角有園亭池石，亦勝跡也。又：（乙卯，十，二三。）彊村前輩以顧鶴逸所作『彊村塡詞圖』求撰序，云彊村在吳興山中，白傅有：『惟有上彊村舍好，最堪游處未曾來』之句，今其地石壁上摩厓刊『最堪游』三字。

蔡鍔

王記：（甲寅，七，一。）蔡鍔來。蔡欲徙民，亦一善計。又：（丙辰，正，一一。）得功兒書，言袁蔡事甚趣。又：（丙辰，二，二三。）廣西起兵應滇蔡，袁甚皇懼，將退位矣。

徐世昌

王記：（甲寅，九，十。）送徐相國壽聯云：『多士師爲百僚長，廿年相及杖朝時，』不可移一字，奇作也，但不對耳。徐乃慨不受，或畏有諷刺者乎，余非諂巴結也。

廉泉

王記：（甲寅，十，一六。）廉惠卿示其妻書畫，不惜資本，皆付景印，或云弄錢一法也。又答訪廉泉，因爲題姚廣孝畫。張君立又出姚廣孝書石磵詩卷相示。

顧燮光

葉記：（乙卯，二，二十。）得會稽顧襟癯信，並所著『非儒非俠齋詩稿』。顧君燮光，舊號鼎梅，襟癯其改字也。襟字字書皆不載，未詳其音義。自序稱隨宦江左，其父名家相，爲萍鄉令。襟癯今在衞輝道署編纂『河朔古蹟志』搜得新出土石刻六十餘通，是亦好古之士，詩筆亦不俗。此函因見拙稿『語石』，以贈書爲羔雁也。又：（乙卯，一二，二三一。）鼎梅函，新從濬縣大伾山訪得宋元人題名八段，唐開元天寶石浮圖，皆前人所未著錄者。此君訪古樹幢，精進不已，無幽不到，勇猛可羨，亦由濟勝之具優也。又：（丙辰，二，一一。）顧鼎梅來，神交已久，今始識荆。諸葛子瑜長面公，衣冠樸素，自言襟癯之襟音讀如扎，出史記封禪書，而古今字書皆未收。與談金石著錄，滔滔不絕，氈椎四出，窮幽極邃，長談而去，舉步如飛。以貌取人，失之子羽，今於此君見之矣。又：（丁巳，二，七。）鼎梅侍其尊人輔臣太守（家相）來談，留贈『河朔新碑目』一冊，皆前人所未著錄者。太守曾建議續修阮文達『兩浙金石志』，並訪求『釋六舟續志』稿，何夢華亦聞輯有是書，均未刊行，不易得矣。又：（丁巳，四，二九。）顧鼎梅函，摘拙稿『語石』中徐霞客好游而不好古，陳壽卿好古而不好游，自言能兼擅其勝。又自稱金石探險家，其言雖大而非夸也。

王存善

葉記：（丙辰，五，二二。）王子展觀察不見三十年，鬚鬢亦皓然如雪，神觀矍鑠，則遠勝羸軀也。己酉六月生，長於余三月，長談不倦，藏書及碑版甚富，以精騎見示。沈文起校聖宋文集爲甲拓本，有道因法師碑，墨彩騰奮，世所稱宋本，闕筆皆尙清朗，竟似北宋拓，展老從插架抽示，口講指畫，前冊甫展，後冊又至，眞如雲煙一瞥，心目皆炫，遂訂後約而別。

畢利和

葉記：（丙辰，六，二二。）張鞠生京卿招飲，有法國畢利和，卽在敦煌石室得古書携歸其國者，今來中土，研究古學，甚願與吾國通人相見。能操華語，携照片九紙，云是經典釋文。『堯典』『舜典』兩篇殘帙，唐時寫本未經宋人竄改，可以發梅頤僞之伏，而得其所從來。然畧閱之，以王氏之學爲主，而外馬鄭，切音多而舊儒音義甚寥寥，是否果陸元朗之書，尙有待於商榷也。

章梫

葉記：（丁巳，二，二四。）章一山太史（梫），今之謝皋羽也，居青島，奔走海上，今方新自都門歸。此次進京，與翰怡同撰『綸旅金鑑』進呈，今上各賞一扁，一山曰『言炳丹青』，翰怡得『抗心希古』四字。又翰怡假閱『中興綱目』，其進御『綸旅金鑑』，即以此書爲椎輪，一山補輯，原本爲吾吳徐樹丕石農撰，此鄉先哲不傳之帙也，亟扶病錄之。又：（丁巳，五，二九。）復辟事去，未知一山諸君何如。

劉廷琛

葉記：（丁巳，四，二十。）劉幼雲章一山聯翩入都，聞魯戈逐日，頗有進步，此誠小臣所馨香以禱者也。又：（丁巳，五，一四。）閱報皇上復辟，張大帥左輔，康聖人右弼，都門皆高揭龍旗。又報載登極上諭，並不恭錄於首，而題曰共和國竟有上諭出見，小臣自此不願再閱報矣，又：（丁巳，六，九。）益庵函，言都門僨事，議建炎之獄，獨歸咎於劉光世也。（丁巳復辟。張勳入都，初未決行，廷琛責以欺君賣友，勳乃僨而發難。其左右萬繩栻胡嗣瑗等，實廹成之。劉萬皆與勳同鄉里，胡有才幹，激直敢言，衆或不諒，余終稱之。）

附錄

傳芷秋 芷儂

李記：（同，三，四，一三。）聽四喜部芷秋芷儂演『獨占』，情態極妍，倘有舊院承平風韵。又：飲隸華堂，芷郎索書扇爲贈。芷儂能作晉唐人小楷，又以素絹屬友人畫『沅江秋思圖』，自製小序。又：德甫嘗云，芷秋冷不可近，予不能從也。又：（同，四，五，六。）詣芷秋話別，芷秋言昨夢送君至寶店，雞鳴而別，不圖今日猶得見君也。又：（光，二，七，二八。）招芷秋，聞其閉門戒飲，不赴人招，今日作書與之，始爲一出也。又：（光，二，一一，四。）傳芷秋物故，不見才六日耳，玉折蘭燒，感愴何已。又：哀傳生文，有序曰：『傳芝秋，字曰四，京師人也。長生玉立，眉目如畫。吐辭清亮，有士夫風。性善飲，工談笑。嘗爲余言幼入樂部爲弟子，其師程長庚拘而愎，不許弟子出侍酒。及長，某中丞閱其伎賞之，遂邀與偕。某在皖與故提督李世忠交最歡，李亦奇賞生，從某乞生去，生以李故盜渠，意不可測，亟辭歸。生故善串演，諧媚百出，余每飲必招之，生亦日與余親，嘗至越縵堂，倚燭共語，皆至夜分。生初見余居處容服，以爲富人也，一日遽覺之，語余曰：「君儻歲有千金，某必從君執鞭矣」。生近以屢病誓戒烟，不三日而死。』

錢秋蔆

李記：（同，一三，八，一五。）錢秋蔆，名青，小字桂蟾。貌不揚而按曲妍靜。能作小行書，有魏晉人風格。人亦閒雅。潘星丈及秦宜亭皆極賞之。今年諸同年燕集安徽館，演『驚夢』一齣，趙桐孫歎爲僅見。予曰：『君未見傳芷秋，若令比藝，不止拔茅棄旌矣。』然潘鳳洲遂因此惑之。其人亦頗知親文士，近日都伶之秀出者也。又：（光，二，十，六。）錢秋蔆名蟾，故吳人，所居曰熙春。滇人高某，慕其色，歲耗其金數千，秋蔆鄙之不一顧，而偏暱就余。嘗曰：『聞君招而不至者，蓋非人也。』

朱霞芬

李記：（光，二，一一，六。）朱霞芬名愛雲，父吳伶也，以善歌名。霞芬事景龢梅蕙仙爲弟子。樂部故事，每三年亦發榜，嘗以狀元屬霞芬。又：（光，四，三，一九。）有西陵一女子求賣爲妾，年十七，羸瘠殊甚，而貌韶秀，頗似霞芬，惆悵遣之。又：（光，五，十，八。）霞芬娶婦，乞書楹聯，夜飲雲龢堂，霞芬偕其新婦出拜，爲譜一詞。

時琴香

李記：（光，二，一一，六。）時琴香名小福，吳人。所居曰綺春，色藝傾人，顧甚眷余。其生日，獨乞余書以爲光寵，至數十請不厭。

梅蕙仙

李記：（光，八，一一，七。）四喜樂部頭梅蕙仙出殯廣慧寺，聞送者甚盛。蕙仙名巧齡，揚州人，以藝名。喜親士大夫，偶與余解逅相見，必致殷勤，霞芬其弟子也。余始招霞芬，蕙仙戒之曰：『此君理學名儒也，汝善事之。』今年夏，余在天寧寺招玉僊，玉僊適與蕙仙等羣飲右安門外十里草橋，蕙仙謂之曰：『李公道學先生，汝亦識之，爲幸多矣。』此曹見識，遠勝公卿，然余實有媿焉。自孝貞國卹，班中百餘人失業，皆待蕙仙舉火，前月驟病心痛死，其曹號慟奔走，士夫皆歎惜之。蕙仙喜購漢碑，工八分書，遠在其鄉人董尙書之上。卒時年四十一，蕙仙後更名芳，字曰雪芬。

一盞燈 十三旦一陣風

李記：（光，二，一一，二八。）至會元堂觀劇，以近聞山右來一旦脚，名一盞燈者，都下風狂，傾倒一時，王公以下招致恐後，至有以與余之文章並論者，故一往觀之。又至福壽堂觀劇，其旦脚有十三旦，及上海新來名一陣風者，蹻捷絕倫，帖地反腰，有飛花滾雪之勢。聞前日一滿洲都統及兩侍郎往觀，賞以百千，欲其登樓一謝，不顧也。又：（光，五，一二，七。）詣天樂園觀劇，有西伶十三旦演『珍珠衫』，盡態極妍，勝觀周昉畫美人矣。

陳石頭 余莊兒

翁記：（光，一八，六，二六。）賞聽戲於甯壽宮，所謂陳石頭余莊兒者，連日皆見。舊例，宮內戲皆用高腔，其法曲則猶張得天等所擬，大率神仙之事居多，咸豐年始有雜劇，近年則有二黃，亦頗有民間優伶應差矣。

讀歷史45　史地傳記類　PC0372

近世人物志
——晚清人物傳記復刻典藏本

編　　著/金　梁
導　　讀/蔡登山
責任編輯/陳佳怡
圖文排版/楊家齊
封面設計/王嵩賀

發 行 人/宋政坤
法律顧問/毛國樑　律師
出版發行/秀威資訊科技股份有限公司
114台北市內湖區瑞光路76巷65號1樓
電話：+886-2-2796-3638　傳真：+886-2-2796-1377
http://www.showwe.com.tw
劃撥帳號/19563868　戶名：秀威資訊科技股份有限公司
讀者服務信箱：service@showwe.com.tw
展售門市/國家書店（松江門市）
104台北市中山區松江路209號1樓
電話：+886-2-2518-0207　傳真：+886-2-2518-0778
網路訂購/秀威網路書店：https://store.showwe.tw
國家網路書店：https://www.govbooks.com.tw

2014年4月　BOD一版
2020年7月　二刷
定價：500元

國家圖書館出版品預行編目

近世人物志：晚清人物傳記復刻典藏本 / 金梁原著；蔡登山編. -- 一版. -- 臺北市：秀威資訊科技, 2014.04
面； 公分. -- (史地傳記類)
BOD版
ISBN 978-986-326-136-0(平裝)

1. 人物志 2. 清代

782.17 102011901

讀者回函卡

感謝您購買本書，為提升服務品質，請填妥以下資料，將讀者回函卡直接寄回或傳真本公司，收到您的寶貴意見後，我們會收藏記錄及檢討，謝謝！如您需要了解本公司最新出版書目、購書優惠或企劃活動，歡迎您上網查詢或下載相關資料：http:// www.showwe.com.tw

您購買的書名：______________________________

出生日期：________年________月________日

學歷：□高中（含）以下　□大專　□研究所（含）以上

職業：□製造業　□金融業　□資訊業　□軍警　□傳播業　□自由業

□服務業　□公務員　□教職　□學生　□家管　□其它_____

購書地點：□網路書店　□實體書店　□書展　□郵購　□贈閱　□其他

您從何得知本書的消息？

□網路書店　□實體書店　□網路搜尋　□電子報　□書訊　□雜誌

□傳播媒體　□親友推薦　□網站推薦　□部落格　□其他__________

您對本書的評價：（請填代號　1.非常滿意　2.滿意　3.尚可　4.再改進）

封面設計____　版面編排____　內容____　文／譯筆____　價格____

讀完書後您覺得：

□很有收穫　□有收穫　□收穫不多　□沒收穫

對我們的建議：______________________________

____

____

____

請貼
郵票

11466
台北市內湖區瑞光路 76 巷 65 號 1 樓

秀威資訊科技股份有限公司 收

BOD 數位出版事業部

(請沿線對折寄回，謝謝！)

姓　　名：＿＿＿＿＿＿＿＿ 年齡：＿＿＿＿ 性別：□女 □男

郵遞區號：□□□□□

地　　址：＿＿＿＿＿＿＿＿＿＿＿＿＿＿＿＿

聯絡電話：(日) ＿＿＿＿＿＿＿＿ (夜) ＿＿＿＿＿＿＿＿

E-mail：＿＿＿＿＿＿＿＿＿＿＿＿＿＿＿＿